슬기로운 부동산 생활

저자 김판기

충북대학교 출판부

머리말

대학생 정도의 나이에 있는 사람이라면 '부동산'이라는 말을 들어보지 못한 사람은 없을 것이다. 특히 최근에 들어서는 주식과 함께 부동산에 대해 다양한 관심을 가진 사람들이 많다. "○○○가 아파트를 샀는데 이게 엄청 올라서 큰 돈을 벌었다.", "많은 2030 세대들이 영끌을 해서 부동산 구입에 열을 올리고 있다.", "○○○가 집을 빌렸는데, 알고 보니 집주인이 아니었고, 그 사람이 내 전세금을 가지고 도망을 갔다.", "○○○가 빌라왕에게 전세사기를 당했다.", "○○○는 종부세 세금폭탄을 맞았다." 등의 이야기는 우리 주변에서 쉽게 들을 수 있는 말들이다. 이처럼 현대 생활에서 부동산이 가지는 의미는 특별히 강조할 필요조차 없을 정도로 중요하며, 많은 사람들이 부동산에 대해 관심을 가지고 있다.

부동산을 둘러싼 현상은 정치, 경제, 사회, 문화의 변동과 깊이 연결되어 있다. 최근에는 이러한 변동이 더욱 급속화 되는 경향을 보이고 있다. 부동산은 우리의 일상생활과 밀접히 연관되어 있는 중요한 요소이다. 그러나 부동산에 관한 지식이나 경험의 부족으로 부동산과 관련된 다양한 어려움에 직면하는 경우가 빈번히 발생한다.

우리는 부동산에 관한 실용적인 지식을 습득하고 이를 활용하여, 일상생활 속 부동산 관련 문제를 해결할 수 있는 역량을 키울 필요가 있다.

필자는 현재 재직 중인 충북대학교에서 "슬기로운 부동산 생활"이라는 교양교과목을 2022년부터 개설하여 강의해 왔다. 필자는 우리가 일상생활에서 부동산을 몰라서 불편함이 생기는 일은 없도록 하는 것을 수업의 기본적인 목적으로, 부동산의 기초 개념부터 부동산과 관련된 직업까지 부동산을 둘러싼 주요 쟁점들을 강의내용으로 구성하여 강의를 진행하였고, 매학기 수강생들로부터 긍정적인 반응을 얻었다. 이에 필자는 조금 더 욕심을 내어 그 동안 수업을 통해 축적된 자료 등을 수정하고 보완하여 책으로 출간하여 좀 더 많은 사람들과 공유하면 좋겠다는 생각을 가지게 되었다. 그런데 때마침 2024년에 충북대학교 임용 후 두 번째 연구년을 맞게 되어 이러한 생각을 실천에 옮길 수 있었다.

필자는 이 책을 집필함에 있어 "우리가 일상생활에서 부동산을 몰라서 불편함이 생기는 일은 없어야 한다."는 것을 기본 목표로 삼고, 일반인이 보더라도 쉽게 그 내용을 이해할 수 있도록 기술하고자 노력하였다. 다만 다양하고 어려운 법적 개념 등으로 인해 독자의 입장에서는 아직도 다소 난해한 부분은 있을 것으로 생각된다. 이 부분은 계속해서 수정·보완해 나갈 예정이니, 독자들의 너그러운 양해를 부탁드린다.

2025년 2월

김 판 기

목 차

제1장 부동산 공부를 위한 기초개념 익히기

제1절 물건으로서의 부동산

▮ 권리와 그 객체

우리는 일상생활에서 '권리'라는 표현을 많이 사용한다. 권리는 어느 측면에서 바라보는지에 따라 다양한 정의를 내릴 수 있다. 개인간의 법률관계에서 '권리'는 일정한 사회생활상의 이익을 누리기 위하여 법이 인정하는 힘이라고 정의할 수 있으며, 이러한 권리는 최종적으로 국가에 의하여 그 실현이 보장된다. 권리는 그 내용에 따라 재산권, 인격권, 가족권, 사원권으로 분류하기도 하고, 권리의 작용에 따라 지배권, 청구권, 형성권, 항변권으로 분류하기도 한다.

권리의 내용이나 목적이 성립하기 위해서는 일정한 대상이 필요하다. 예를들어 물건을 직접 지배하여 배타적인 이익을 누릴 수 있는 권리인 물권의 대상은 일반적으로 물건이고, 채권자가 채무자를 상대로 채무의 이행을 청구할 수 있는 권리인 채권의 대상은 채무자의 행위(급부)이다. 이와 같이 권리의 대상이 되는 물건, 채무자의 행위 등을 권리의 객체라고 한다.

▮ 물건이란?

물건은 사전적 의미로 '일정한 형체를 갖춘 모든 물질적 대상'을 말하지만, 우리 법에서는 권리의 객체로서의 물건을 '유체물 및 전기 기타 관리할 수 있는 자연력'으로 정의하고 있다(민법 제98조). 여기서 유체물이란 무체물에 대응되는 개념으로 공간의 일부를 차지하고 사람이 오감에 의하여 지각할 수 있는 유형적 존재를 말한다. 관리할 수 있는 자연력은 무체물 중 관리가 가능하여 물건으로 인정되는 전기, 수력, 풍력 등과 같은 자연의 에너지를 말한다. 물건은 사인(私人)에 의한 배타적 지배가 가능해야 하고, 배타적 지배를 위해 독립성을 가져야 하는 것이 원칙이다. 또한 물건은 비인격성을 가져야 하므로 사람 또는 신체의 일부분은 원칙적으로 물건이 될 수 없다.

물건의 분류

물건은 민법상 부동산과 동산(민법 제99조), 주물과 종물(민법 제100조), 원물과 과실(민법 제101조, 제102조) 분류하고, 강학상으로도 여러 기준에 따라 물건을 분류한다.

부동산은 토지 및 그 정착물을 말하고, 동산은 부동산 이외의 물건을 말한다. 부동산과 동산에 관한 설명은 다음 항에서 상세히 설명한다.

물건의 소유자가 그 물건의 상용에 공하기 위하여 자기 소유인 다른 물건을 이에 부속하게 한 때에는 그 상용을 받는 물건을 주물이라 하고, 그 부속물을 종물이라고 한다(민법 제100조). 종물이 되기 위해서는 ① 주물과 독립한 별개의 물건이어야 한다. 독립한 것이라면 부동산과 동산을 불문하지만, 종물이 주물의 구성부분이어서는 안된다. ② 종물이 되기 위해서는 주물의 상용에 供하여야 한다. '상용에 공한다'는 것은 사회관념상 경제적으로 주물의 경제적 효용을 지속적으로 돕기 위한 기능을 한다는 것을 의미한다. ③ 종물이 되기 위해서는 동일 소유자에게 속하여야 한다. 그리고 ④ 두 물건이 일정한 장소적 관계에 있어야 한다. 주물과 종물의 관계가 인정되면, 종물은 주물의 처분에 따르게 된다(민법 제100조 제2항). 여기서 처분이란 소유권의 양도라든지 저당권의 설정과 같은 물권적 처분만이 아니고 매매나 임대차와 같은 채권적 처분도 포함한다. 다만, 이 민법 제100조 제2항의 규정은 임의규정이다.

과실이란 원물로부터 발생한 경제적 수익이고, 원물은 과실을 발생시키는 물건을 말한다. 과실에는 천연과실과 법정과실이 있다. 천연과실은 물건의 용법에 의하여 수취하는 산출물을 말한다(민법 제101조 제1항). '용법에 의하여'라 함은 원물의 경제적 목적에 따른다는 의미이다. '산출물'이란 과실, 우유 등과 같이 자연적, 유기적으로 산출된 물건에 한하지 않고 광구에서 수취한 광물이나 광석, 석재 등과 같은 인공적, 무기적으로 채취한 물건도 포함한다. 법정과실은 물건의 사용대가로서 받는 금전 기타 물건을 말한다(민법 제101조 제2항). 천연과실은 물건에서 분리되는 때에 이를 수취할 권리를 가지는 자에게 속한다(민법 제102조 제2항). 천연과실을 수익할 권리를 가지는 자란 물권법 기타 규정에 따른다. 법정과실은 이를 수취할 권리의 존속기간 일수의 비율로 취득한다(민법 제102조 제2항).

물건은 강학상 다음과 같이 분류할 수도 있다.

① 단일물, 합성물, 집합물으로 분류할 수 있다. 단일물은 형체상 단일한 하나의 물건이다. 합성물은 여러 개의 물건이 각각 개성을 잃지 않고 결합하여 단일한 형체를 이루고 있는 물건이다. 집합물은 단순히 다수의 물건이 집합하였으나 경제적으로 단일한 가치를 가지고 거래상으로도 일체로서 다루어지는 것이다.

② 물건의 성질상 한 번 사용하면 다른 동일한 용도에 사용할 수 있는가에 따라 소비물과 비소비물로 구분할 수 있다.

③ 물건의 성질 또는 가격을 현저하게 손상하지 않고 분리할 수 있느냐에 따른 구분으로서 손상하지 않고 분리할 수 있으면 가분물, 그렇지 않으면 불가분물로 구분할 수 있다.

④ 당사자의 의사에 의하여 급부의 목적물을 특정하여 다른 물건으로 바꿀수 있는지 여부에 따라 특정물과 불특정물로 구분할 수 있다.

⑤ 일반 거래관념상 물건의 개성이 중요시되느냐에 따라 대체물, 부대체물로 구분할 수 있다.

⑥ 사법(私法)상 거래의 객체가 될 수 있는지에 따라 융통물과 불융통물로 구분 할 수 있다.

부동산과 동산

부동산은 토지 및 그 정착물을 말하며, 부동산의 가장 대표적인 예가 토지와 건물이다. 그리고 수목·미분리과실·농작물 등이 토지의 정착물로서의 부동산에 해당되는지 여부가 논의되고 있다.

토지란 일정한 범위의 지면과 정당한 범위에 있어서 지면의 상하, 즉 공중과 지하를 포함하는 것을 말한다. 토지는 연속하고 있으나 인위적으로 그 지표에 선을 그어서 경계로 삼아 구별하며, 지적공부인 토지대장 또는 임야대장에 등록된다(공간정보의 구축 및 관리 등에 관한 법률 제64조). 등록된 각 구역은 독립성이 인정되며, 그 개수는 필로써 계산하며 독립한 지번이 부여된다. 그러므로 독립된 지번이 부여된 각 필지가 1개의 토지가 되는 것이다. 한 필지를 수 필지로 나누거나, 수 필지를 한 필지로 합하려면 분필 또는 합필의 절차를 밟아야 한다(공간정보의 구축 및 관리 등에 관한 법률 제79조 이하, 부동산등기법 제35조).

* 한계심도

토지 소유자의 통상적 이용행위가 예상되지 않으며, 지하철 등 지하시설물 설치로 인해 일반적인 토지 이용에 지장이 없는 것으로 판단되는 기준이 되는 깊이로 사적 지하권과 공적 지하권의 경계점 깊이를 말한다. 참고로 서울특별시 도시철도의 건설을 위한 지하부분토지의 사용에 따른 보상기준에 관한 조례 제8조는 한계심도를 고층시가지는 40미터, 중층시가지는 35미터, 저층시가지 및 주택지는 30미터, 농지·임지는 20미터로 규정하고 있다.

토지의 정착물이란 토지에 고정적으로 부착되어 용이하게 분리할 수 없는 물건으로 거래의 관념상 계속적으로 토지에 부착되어 이용할 수 있도록 인정되는 물건을 말한다. 건물은 토지의 정착물 중에서(민법 제99조) 가장 대표적인 것이며, 우리 법에서는 토지로부터 완전히 독립한 별개의 부동산으로 취급된다(부동산등기법 제14조·

제15조). 따라서 토지와는 독립한 물권의 객체가 된다. 문제가 되는 것은 건축 중인 건물을 언제부터 독립한 부동산으로 볼 것인지, 또 헐고 있는 건물을 언제부터 건물이 아닌 것으로 볼 것인지 등인데, 이는 물리적 구조에 의해서 정해지지 않고 사회통념 내지 거래관념에 의하여 결정된다. 건물은 건물등기부상의 하나의 등기기록을 갖추어 등기되어 있는 것을 1개의 건물로 봄이 보통이다. 따라서 1동의 건물은 1개의 물건으로 보아 1개의 소유권이 성립됨이 원칙이나, 민법은 여러 명이 한 채의 건물을 구분하여 각각 그 일부분을 소유할 수 있는 것으로 하였다(민법 제215조). 이것을 「구분소유」라 한다. 땅속의 토사나 암석은 토지의 구성부분에 지나지 않기 때문에 독립한 부동산이 될 수 없으나, 지중의 광물은 국가가 채굴·취득권을 가지기 때문에 그 범위에서는 토지소유권의 내용에 포함되지 않는다.

수목은 토지의 정착물이며 독립하여 물권의 객체로 되지 못하는 것이 원칙이다. 그러나 수목은 토지 위에 자라고 있는 채로 토지와 분리하여 거래할 필요가 있으므로, 입목에 관한 법률에 의해 등기된 입목이나, 명인방법을 갖춘 입목은 예외적으로 독립한 물권의 객체가 된다.

미분리과실은 수목의 일부에 지나지 않으나 독립해서 거래되어야 할 사회적 필요성이 있고, 또한 공시방법으로서 명인방법을 구비할 수 있으므로 명인방법을 갖춘 때에는 독립한 물건으로서 거래의 목적으로 할 수 있다. 명인방법을 갖춘 미분리과실은 부동산으로 보는 것이 일반적이다.

농작물은 파종 후 수개월 내에 수확할 수 있으므로 비록 이것이 남의 토지에 위법하게 경작·재배된 것이라도 경작자에게 귀속한다는 것이 판례의 태도이다. 따라서 그 한도 내에서 토지의 정착물 중 농작물만은 그것이 부착하고 있는 토지와는 별도로 독립한 물건으로 다루어진다.

* 명인방법(明認方法)

제3자가 지상물의 소유권이 누구에게 있는지를 명백하게 알 수 있도록 공시하는 방법을 말한다. 명인방법을 갖춘 경우 지상물을 토지로부터 분리하지 않은 채 토지의 소유권과는 별도로 그 자체를 독립해서 거래할 수 있다. 예를들어 곧 벌채할 목적으로 매수한 나무의 껍질을 벗겨서 소유자명을 쓴다거나, 미분리과실에 새끼를 두르고 표찰을 세워서 미분리과실을 매수한 것을 공시하는 것과 같이 법정의 형식에 의하지 아니하고 관습에 따라 나무나 과실 등의 권리를 공시한다.

동산이란 부동산 이외의 물건으로서(민법 제99조 제2항) 토지에 부착된 것이라도 정착물이 아니면 동산이다. 선박, 자동차, 항공기 등도 동산이지만 특별법에 의하여 부동산과 같이 다루어진다. 가치에 중점이 있는 금전에 대하여는 견해가 대립하지만 이 역시 동산으로 취급된다.

일반적으로 부동산은 토지, 건물처럼 고정되어 장소의 이동이 불가능한 물건으로 '토지와 그 정착물'이고, 동산은 장소의 이동이 용이한 물건으로 '부동산 이외의 물건'을 말하지만, 이 둘의 구별은 쉽지 않다. 부동산과 동산의 가장 큰 차이는 '외부에 권리관계를 알리는 방법'인 「공시방법」에서 나타난다. 부동산은 등기소에서 관리하는 「등기」에서 그 권리관계를 쉽게 파악할 수 있지만, 동산은 그러한 절차가 존재하지 않아 '현재 점유하고 있는 사람이 그 물건의 주인으로 추정'된다. 이 외에도 취득시효, 공신력, 무주물의 귀속 등에서 부동산과 동산은 차이가 있다.

	개념	공시	공신력	취득시효	담보물권	무주물
부동산	토지와 그 정착물	등기	부정	20년, 10년	유치권, 저당권	국가소유
동산	부동산 이외의 것	점유	긍정	10년, 5년	유치권, 질권	선점자소유

제2절 부동산으로서의 토지

▌토지의 특성

토지의 특성은 토지 자체가 지니고 있는 본질적 성격인 자연적 특성과 토지와 인간과의 관계에서 나타나는 인문적 특성으로 구분해 볼 수 있다.

자연적 특성으로는 ① 영속성(불괴성), ② 고정성(부동성), ③ 부증성(비생산성), ④ 개별성, ⑤ 인접성 등이 있다.

토지는 동산과는 달리 소멸 또는 마모 등으로 인한 물리적 변화가 사실상 없어서 영속적인 사용과 보존이 가능하다(영속성). 다만 이러한 영속성은 경제적 의미의 영속성을 의미하는 것은 아니기 때문에 토지의 경제적 가치는 주변 상황이 변함에 따라 언제든지 변할 수 있다.

토지는 물리적 위치가 변하지 않지 않기 때문에 부동산 시장을 지역적, 국지적으로 만들고 수급불균형의 문제를 발생시킨다(고정성). 이로 인해 토지는 토지거래허가제 등과 같은 법적 규제의 대상이 되기도 한다.

토지는 인위적으로 만들 수 있는 것이 아니라 자연적으로 주어지는 것이다(부증성). 간척이나 매립을 통해 사용할 수 있는 토지의 면적을 증대시킬 수는 있으나 이는 토지를 새롭게 만들어 낸 것이 아니라 토지의 용도를 전환시킨 것에 불과하다.

토지는 위치, 크기, 모양 등에 있어 많은 차이를 보이기 때문에 물리적으로 동일한 토지는 존재하지 않는다(개별성). 이로 인해 토지의 가격이 달라지고, 토지의 거래가 불안정하게 된다.

토지는 물리적으로 반드시 다른 토지와 연결되어 있어서 인접토지와 긴밀한 공간관계에서 서로 영향을 주고 받는다(인접성). 이로 인해 토지의 이용관계의 조절을 위한 법적 제한이 이루어지기도 한다.

* 토지거래허가제

- 일정 면적 이상의 토지를 거래할 때는 사전에 관할지역의 시장이나 군수의 허가를 받아야만 땅을 사고팔 수 있는 제도를 말한다.
- 거래 당사자들은 토지의 이용 목적과 규모·가격 등을 명시, 관할 시·군에 허가를 신청해야 하며, 시·군은 이를 심사해 25일 이내에 허가 또는 불허처분 결정을 통보해 주어야 한다.
- 허가 대상에는 소유권 이전뿐만 아니라 지상권·전세권·임차권 등의 설정도 포함된다. 허가 없이 계약을 체결한 후 적발되면 그 계약은 무효가 되고, 허가증을 첨부하지 않으면 등기 이전이 불가능하다.

인문적 특성으로는 ① 용도의 다양성, ② 분할·합병 가능성, ③ 사회적·행정적·경제적 위치의 가변성 등이 있다.

토지는 여러 가지 용도로 활용될 수 있는 가능성을 가진다(용도의 다양성). 농지로 사용되던 토지가 상업용지나 주거용지로 바뀌기도 한다.

토지는 법령이 허용하는 범위내에서 분할과 합병이 가능하다(분할·합병 가능성). 이를 통해 토지의 용도를 더욱 다양하게 이용할 수 있고, 분할이나 합병을 통해 토지의 가치가 증가하거나 감소될 수도 있다.

토지를 둘러싼 인문적인 환경이 변화함에 따라 토지의 상대적 위치가 달라지고 가치가 변할 수 있다(사회적·행정적·경제적 위치의 가변성). 행정적 위치는 다양한 정책이 변함에 따라 토지의 이용 등이 달라지는 것을 말하고, 경제적 위치는 도로나 철도의 신설, 공항개발 등 경제정책에 따라 토지의 위치가 달라지는 것을 말하고, 사회적 위치는 신도시로 개발되거나 구도심이 슬럼화 되는 등으로 주민들이 변경되거나 사회·문화적 위치가 변경되는 것을 말한다.

1필지(筆地) 1지목(地目)의 원칙

지목은 토지의 주된 용도에 따라 토지의 종류를 구분하여 지적공부에 등록한 것을 말하며, 지목이 무엇인지에 따라 그 토지의 경제적 가치가 달라진다. 우리나라는 1필지마다 1개의 지목을 설정하는 것을 원칙으로 하고 있으며, 지목의 종류와 내용을 법으로 규정하는 지목법정주의를 취하고 있다. 현재 지목은 28종으로 정하고 있으며, 그 구체적인 내용과 지적공부 등록시 표기하는 부호는 아래 표와 같다(공간정보의 구축 및 관리 등에 관한 법률 제67조, 동법 시행령 제58조). 하나의 필지가 2 이상의 용도로 활용되고 있는 경우에는 주된 용도에 따라 지목을 설정하게 된다. 예를 들어 지상에는 도로가 있고 지하에는 지하철이 지나고 있어 1필지가 도로와 철도용지의 용도로 사용되는 경우 주된 용도인 도로로 지목을 등록하게 된다.

	지목	내용	부호
1	전	물을 상시적으로 이용하지 않고 곡물·원예작물(과수류는 제외한다)·약초·뽕나무·닥나무·묘목·관상수 등의 식물을 주로 재배하는 토지와 식용(食用)으로 죽순을 재배하는 토지	전
2	답	물을 상시적으로 직접 이용하여 벼·연(蓮)·미나리·왕골 등의 식물을 주로 재배하는 토지	답
3	과수원	사과·배·밤·호두·귤나무 등 과수류를 집단적으로 재배하는 토지와 이에 접속된 저장고 등 부속시설물의 부지	과
4	목장용지	축산업 및 낙농업을 하기 위하여 초지를 조성한 토지, 축산법에 따른 가축을 사육하는 축사 등의 부지와 이의 토지와 접속된 부속시설물의 부지	목
5	임야	산림 및 원야(原野)를 이루고 있는 수림지(樹林地)·죽림지·암석지·자갈땅·모래땅·습지·황무지 등의 토지	임
6	광천지	지하에서 온수·약수·석유류 등이 용출되는 용출구(湧出口)와 그 유지(維持)에 사용되는 부지	광
7	염전	바닷물을 끌어들여 소금을 채취하기 위하여 조성된 토지와 이에 접속된 제염장(製鹽場) 등 부속시설물의 부지	염
8	대	영구적 건축물 중 주거·사무실·점포와 박물관·극장·미술관 등 문화시설과 이에 접속된 정원 및 부속시설물의 부지, 관계 법령에 따른 택지조성공사가 준공된 토지	대
9	공장용지	제조업을 하고 있는 공장시설물의 부지, 관계 법령에 따른 공장부지 조성공사가 준공된 토지와 이의 토지와 같은 구역에 있는 의료시설 등 부속시설물의 부지	장
10	학교용지	학교의 교사(校舍)와 이에 접속된 체육장 등 부속시설물의 부지	학
11	주차장	자동차 등의 주차에 필요한 독립적인 시설을 갖춘 부지와 주차전용 건축물 및 이에 접속된 부속시설물의 부지	차
12	주유소용지	석유·석유제품, 액화석유가스, 전기 또는 수소 등의 판매를 위하여 일정한 설비를 갖춘 시설물의 부지, 저유소(貯油所) 및 원유저장소의 부지와 이에 접속된 부속시설물의 부지	주

	지목	내용	부호
13	창고용지	물건 등을 보관하거나 저장하기 위하여 독립적으로 설치된 보관시설물의 부지와 이에 접속된 부속시설물의 부지	창
14	도로	일반 공중(公衆)의 교통 운수를 위하여 보행이나 차량운행에 필요한 일정한 설비 또는 형태를 갖추어 이용되는 토지, 관계 법령에 따라 도로로 개설된 토지, 고속도로의 휴게소 부지, 2필지 이상에 진입하는 통로로 이용되는 토지	도
15	철도용지	교통 운수를 위하여 일정한 궤도 등의 설비와 형태를 갖추어 이용되는 토지와 이에 접속된 역사(驛舍)·차고·발전시설 및 공작창(工作廠) 등 부속시설물의 부지	철
16	제방	조수·자연유수(自然流水)·모래·바람 등을 막기 위하여 설치된 방조제·방수제·방사제·방파제 등의 부지	제
17	하천	자연의 유수(流水)가 있거나 있을 것으로 예상되는 토지	천
18	구거	용수(用水) 또는 배수(排水)를 위하여 일정한 형태를 갖춘 인공적인 수로·둑 및 그 부속시설물의 부지와 자연의 유수(流水)가 있거나 있을 것으로 예상되는 소규모 수로부지	구
19	유지	물이 고이거나 상시적으로 물을 저장하고 있는 댐·저수지·소류지(沼溜地)·호수·연못 등의 토지와 연·왕골 등이 자생하는 배수가 잘 되지 아니하는 토지	유
20	양어장	육상에 인공으로 조성된 수산생물의 번식 또는 양식을 위한 시설을 갖춘 부지와 이에 접속된 부속시설물의 부지	양
21	수도용지	물을 정수하여 공급하기 위한 취수·저수·도수(導水)·정수·송수 및 배수 시설의 부지 및 이에 접속된 부속시설물의 부지	수
22	공원	일반 공중의 보건·휴양 및 정서생활에 이용하기 위한 시설을 갖춘 토지로서 「국토의 계획 및 이용에 관한 법률」에 따라 공원 또는 녹지로 결정·고시된 토지	공
23	체육용지	국민의 건강증진 등을 위한 체육활동에 적합한 시설과 형태를 갖춘 종합운동장·실내체육관·야구장·골프장·스키장·승마장·경륜장 등 체육시설의 토지와 이에 접속된 부속시설물의 부지	체
24	유원지	일반 공중의 위락·휴양 등에 적합한 시설물을 종합적으로 갖춘 수영장·유선장(遊船場)·낚시터·어린이놀이터·동물원·식물원·민속촌·경마장·야영장 등의 토지와 이에 접속된 부속시설물의 부지	원
25	종교용지	일반 공중의 종교의식을 위하여 예배·법요·설교·제사 등을 하기 위한 교회·사찰·향교 등 건축물의 부지와 이에 접속된 부속시설물의 부지	종
26	사적지	국가유산으로 지정된 역사적인 유적·고적·기념물 등을 보존하기 위하여 구획된 토지	사

	지목	내용	부호
27	묘지	사람의 시체나 유골이 매장된 토지, 「도시공원 및 녹지 등에 관한 법률」에 따른 묘지공원으로 결정·고시된 토지 및 「장사 등에 관한 법률」 제2조제9호에 따른 봉안시설과 이에 접속된 부속시설물의 부지	묘
28	잡종지	갈대밭, 실외에 물건을 쌓아두는 곳, 돌을 캐내는 곳, 흙을 파내는 곳, 야외시장 및 공동우물, 변전소, 송신소, 수신소 및 송유시설 등의 부지, 여객자동차터미널, 자동차운전학원 및 폐차장 등 자동차와 관련된 독립적인 시설물을 갖춘 부지, 공항시설 및 항만시설 부지, 도축장, 쓰레기처리장 및 오물처리장 등의 부지, 그 밖에 다른 지목에 속하지 않는 토지	잡

토지이용의 제한 - 용도지역

용도지역은 토지의 쓰임새라고 이해할 수 있다. 용도지역은 국가가 국토를 경제적이고 효율적으로 사용하기 위해 건폐율, 용적률, 높이 등을 제한하는 것을 말한다. 만약 토지이용을 전적으로 개인의 자유에 맡긴다면 무질서한 개발로 인하여 토지의 효용이 크게 떨어질 질 수 있으므로 국가가 일정한 범위에서 제한을 가하고 있는 것이다.

우리나라에 존재하는 모든 토지는 그 용도에 따라 ① 도시지역, ② 관리지역, ③ 농림지역, ④ 자연환경보전지역으로 구분하여 지정하고 있다(국토의 계획 및 이용에 관한 법률 제6조). 도시지역은 인구와 산업이 밀집되어 있거나 밀집이 예상되어 체계적 개발·정비·관리·보전 등이 필요한 지역을 말하며, ⓐ 주거지역, ⓑ 상가지역, ⓒ 공업지역, ⓓ 녹지지역으로 구분된다. 관리지역은 도시지역의 인구와 산업을 수용하기 위하여 도시지역에 준하여 체계적으로 관리하거나, 농림업의 진흥, 자연환경 또는 산림의 보전을 위하여 농림지역 또는 자연환경보전지역에 준하여 관리가 필요할 지역을 말하며, ⓐ 보전관리지역, ⓑ 생산관리지역, ⓒ 계획관리지역으로 구분된다. 농림지역은 도시지역에 속하지 아니하는 농지법에 따른 농업진흥지역 또는 산지관리법에 따른 보전산지 등으로서 농림업을 진흥시키고 산림을 보전하기 위하여 필요한 지역을 말한다. 자연환경보전지역은 자연환경·수자원·해안·생태계·상수원 및 국가유산기본법

제3조에 따른 국가유산의 보전과 수산자원의 보호·육성 등을 위하여 필요한 지역을 말한다.

□ 용도지역의 종류(21가지) [2024. 12. 현재]

- 국토의 계획 및 이용에 관한 법률 제6조(국토의 용도 구분), 제36조(용도지역의 지정)
- 국토의 계획 및 이용에 관한 법률 시행령 제30조(용도지역의 세분), 제84조(용도지역 안에서의 건폐율), 제85조(용도지역 안에서의 용적률)

용 도 지 역			건폐율	용적률
도시지역	주거지역	제1종 전용 주거지역	50% 이하	50% 이상 100% 이하
		2. 제2종 전용 주거지역	50% 이하	50% 이상 150% 이하
		3. 제1종 일반 주거지역	60% 이하	100% 이상 200% 이하
		4. 제2종 일반 주거지역	60% 이하	100% 이상 250% 이하
		5. 제3종 일반 주거지역	50% 이하	100% 이상 300% 이하
		6. 준 주거지역	70% 이하	200% 이상 500% 이하
	상업지역	7. 중심 상업지역	90% 이하	200% 이상 1500% 이하
		8. 일반 상업지역	80% 이하	200% 이상 1300% 이하
		9. 근린 상업지역	70% 이하	200% 이상 900% 이하
		10. 유통 상업지역	80% 이하	200% 이상 1100% 이하
	공업지역	11. 전용 공업지역	70% 이하	150% 이상 300% 이하
		12. 일반 공업지역		150% 이상 350% 이하
		13. 준 공업지역		150% 이상 400% 이하
	녹지지역	14. 보전 녹지지역	20% 이하	50% 이상 80% 이하
		15. 생산 녹지지역		50% 이상 100% 이하
		16. 자연 녹지지역		50% 이상 100% 이하
관리지역		17. 보전 관리지역	20% 이하	50% 이상 80% 이하
		18. 생산 관리지역		50% 이상 80% 이하
		19. 계획 관리지역	40% 이하	50% 이상 100% 이하
농림지역		20. 농림지역	20% 이하	50% 이상 80% 이하
자연환경 보전지역		21. 자연환경 보전지역	20% 이하	50% 이상 80% 이하

* 건물을 실제 지을 때는 위 건폐율과 용적률 범위 내에서 각 시·군에서 도시계획조례로 정한 건폐율과 용적률을 따르게 된다.

▢ 용도지역 중 도시지역의 구체적 내용

법에 의한 용도지역	시행령에 의한 용도지역		용도지역의 구체적 내용
주거지역	전용 주거지역 (양호한 주거환경을 보호하기 위하여 필요한 지역)	제1종 전용주거지역	단독주택 중심의 양호한 주거환경을 보호하기 위하여 필요한 지역
		제2종 전용주거지역	공동주택 중심의 양호한 주거환경을 보호하기 위하여 필요한 지역
	일반 주거지역 (편리한 주거환경을 조성하기 위하여 필요한 지역)	제1종 주거지역	저층주택 중심의 양호한 주거환경을 보호하기 위하여 필요한 지역
		제2종 주거지역	중층주택 중심의 양호한 주거환경을 보호하기 위하여 필요한 지역
		제3종 주거지역	중고층주택 중심의 양호한 주거환경을 보호하기 위하여 필요한 지역
	준주거지역		주거기능을 위주로 이를 지원하는 일부 상업기능 및 업무기능을 보완하기 위하여 필요한 지역
상업지역		중심상업지역	도심·부도심의 상업기능 및 업무기능의 확충을 위하여 필요한 지역
		일반상업지역	일반적인 상업기능 및 업무기능의 확충을 위하여 필요한 지역
		근린상업지역	근린지역에서의 일용품 및 서비스의 공급을 위하여 필요한 지역
		유통상업지역	도시내 및 지역간 유통기능의 증진을 위하여 필요한 지역
공업지역		전용공업지역	주로 중화학공업, 공해성 공업 등을 수용하기 위하여 필요한 지역
		일반공업지역	환경을 저해하지 아니하는 공업의 배치를 위하여 필요한 지역
		준공업지역	경공업 그 밖의 공업을 수용하되, 주거·상업 및 업무기능의 보완이 필요한 지역
녹지지역		보전녹지지역	도시의 자연환경·경관·산림 및 녹지공간을 보전할 필요가 있는 지역
		생산녹지지역	주로 농업적 생산을 위하여 개발을 유보할 필요가 있는 지역
		자연녹지지역	도시의 녹지공간의 확보, 도시확산 방지, 장래 도시용지의 공급 등을 위하여 보전할 필요가 있는 지역으로서 불가피한 경우에 한하여 제한적인 개발이 허용되는 지역

부동산 용어 이해하기

☐ 건폐율: 대지면적에 대한 건축면적의 비율

건폐율(建蔽率) = 건축면적/대지면적×100

蔽 : 덮을 폐

예) 100평의 대지에 70평짜리 건물의 건폐율은 70%
(70/100×100=70). 건폐율이 클수록 건물을 넓게 지을 수 있다.

☐ 용적률: 대지면적에 대한 건물의 연면적비율

건물의 연면적: 건축물 각 층의 바닥면적의 합계

용적률(用積率) = 건축물 연면적/대지면적×100

積 : 쌓을 적

예) 100평의 대지에 바닥면적이 70평인 건물을 3층으로 지었다면 이 건축물의 연면적은 210평이 된다. 따라서 용적률은 210%가 된다 (210/100×100=210).

토지이용의 제한 - 용도지구

용도지구는 토지의 이용 및 건축물의 용도·건폐율·용적률·높이 등에 대한 용도지역의 제한을 강화하거나 완화하여 적용함으로써 용도지역의 기능을 증진시키고 미관·경관·안전 등을 도모하기 위해 도시·군관리계획으로 결정하는 지역을 말한다(국토의 계획 및 이용에 관한 법률 제2조 제16호). 용도지구는 용도지역의 규제를 더욱 세분화하여 특정 지역의 특성에 맞게 개발과 보전을 동시에 추구하는 규제이다. 용도지구는 각 용도지역 내에서 특정한 필요에 따라 추가적인 규제를 가하는 것으로, 예를들어 상업시설이 많지 않은 준주거지역을 활성화시키기 위해 해당 지역을 개발진흥지구로 지정하는 동시에 도시미관을 가꾸기 위해 경관지구로 지정할 수 있다. 이때 준주거지역에 적용되는 건폐율과 용적률이 용도지구에 따라 완화되거나 강화된다.

법에 의한 용도지구	시행령에 의한 용도지구	용도지구의 구체적 내용
경관지구	자연경관지구	산지·구릉지 등 자연경관을 보호하거나 유지하기 위하여 필요한 지구
	시가지경관지구	지역 내 주거지, 중심지 등 시가지의 경관을 보호 또는 유지하거나 형성하기 위하여 필요한 지구
	특화경관지구	지역 내 주요 수계의 수변 또는 문화적 보존가치가 큰 건축물 주변의 경관 등 특별한 경관을 보호 또는 유지하거나 형성하기 위하여 필요한 지구
방재지구	시가지방재지구	건축물·인구가 밀집되어 있는 지역으로서 시설 개선 등을 통하여 재해 예방이 필요한 지구
	자연방재지구	토지의 이용도가 낮은 해안변, 하천변, 급경사지 주변 등의 지역으로서 건축 제한 등을 통하여 재해 예방이 필요한 지구
보호지구	역사문화환경보호지구	국가유산·전통사찰 등 역사·문화적으로 보존가치가 큰 시설 및 지역의 보호와 보존을 위하여 필요한 지구
	중요시설물보호지구	중요시설물(공항, 항만, 군사시설, 교정시설 등)의 보호와 기능의 유지 및 증진 등을 위하여 필요한 지구
	생태계보호지구	야생동식물서식처 등 생태적으로 보존가치가 큰 지역의 보호와 보존을 위하여 필요한 지구
취락지구	자연취락지구	녹지지역·관리지역·농림지역 또는 자연환경보전지역안의 취락을 정비하기 위하여 필요한 지구
	집단취락지구	개발제한구역안의 취락을 정비하기 위하여 필요한 지구
개발진흥지구	주거개발진흥지구	주거기능을 중심으로 개발·정비할 필요가 있는 지구
	산업·유통개발진흥지구	공업기능 및 유통·물류기능을 중심으로 개발·정비할 필요가 있는 지구
	관광·휴양개발진흥지구	관광·휴양기능을 중심으로 개발·정비할 필요가 있는 지구
	복합개발진흥지구	주거기능, 공업기능, 유통·물류기능 및 관광·휴양기능중 2 이상의 기능을 중심으로 개발·정비할 필요가 있는 지구
	특정개발진흥지구	주거기능, 공업기능, 유통·물류기능 및 관광·휴양기능 외의 기능을 중심으로 특정한 목적을 위하여 개발·정비할 필요가 있는 지구

토지이용의 제한 – 용도구역

용도구역은 토지의 이용 및 건축물의 용도·건폐율·용적률·높이 등에 대한 용도지역 및 용도지구의 제한을 강화하거나 완화하여 따로 정함으로써 시가지의 무질서한 확산방지, 계획적이고 단계적인 토지이용의 도모, 토지이용의 종합적 조정·관리 등을 위해 도시·군관리계획으로 결정하는 지역을 말한다(국토의 계획 및 이용에 관한 법률 제2조 제17호). 용도구역은 우리나라 모든 토지에 적용되는 것이 아니라 필요한 지역에만 적용된다. 용도구역이 설정되어 있으면 용도지역에서 허가가 되는 건물이라고 하더라도 용도구역의 기준이 우선하여 적용된다.

용도구역 구분	용도구역의 구체적 내용
개발제한구역	도시의 무질서한 확산을 방지하고 도시주변의 자연환경을 보전하여 도시민의 건전한 생활환경을 확보하기 위하여 도시의 개발을 제한할 필요가 있거나 보안상 도시의 개발을 제한할 필요가 있다고 인정되면 지정
도시자연공원구역	도시의 자연환경 및 경관을 보호하고 도시민에게 건전한 여가·휴식공간을 제공하기 위하여 도시지역 안에서 식생(植生)이 양호한 산지(山地)의 개발을 제한할 필요가 있다고 인정되면 지정
시가화조정구역	도시지역과 그 주변지역의 무질서한 시가화를 방지하고 계획적·단계적인 개발을 도모하기 위하여 대통령령으로 정하는 기간 동안 시가화를 유보할 필요가 있다고 인정되면 지정
수산자원보호구역	수산자원을 보호·육성하기 위하여 필요한 공유수면이나 그에 인접한 토지에 지정

용도지역, 용도지구, 용도구역의 비교

용도지역, 용도지구, 용도구역이라는 용어는 모두 도시계획과 관련된 토지 규제의 개념이지만 그 목적과 적용방식에서 차이가 있다. 이 세 가지 규제는 각기 다른 목적을 가지고 상호보완적으로 작용하여 도시와 국토의 균형적인 개발에 중요한 역할을 한다.

용도지역은 토지의 기본적인 용도를 규제하여 도시의 질서를 유지하고 개발을 유도하는 개념으로 대한민국에 존재하는 모든 토지를 대상으로 지정되는 것이며, 용도지역 간 중복지정이 불가능하고 대통령령으로 건축행위 제한을 하는 것이 원칙이다.

용도지구는 용도지역 내에서 특수한 목적에 따라 세부 규제를 추가로 적용하는 개념으로 경관 보호, 역사적 보전 등 특정한 이유로 추가 규제가 가해진다. 용도지구는 국토의 일부 토지를 대상으로 부가적으로 지정되는 것으로 지구 간 중복지정이 가능하고 지역과 무관하게 지정할 수도 있으며, 건축행위 제한에 대해서도 특별시, 광역시 등 조례로 정하는 것이 원칙이다.

용도구역은 도시 전체 또는 특정 지역의 보호 및 개발을 위한 대규모 규제 구역으로 환경보호나 재난예방, 개발 제한 등을 목적으로 한다.

[부동산 용어 이해하기 - 기타 토지의 분류]

분류	내용
택지	감정평가상의 용어로, 주거용, 상업용, 공업용 등의 용도로 이용되고 있거나 조성된 토지
부지	건물이나 시설을 건축하거나 설치하기 위해 계획된 토지(아파트부지, 하천부지, 철도부지)
대지	건축법상 건축이 가능한 토지(주거용, 상업용)
농지	농작물의 경작을 위해 이용되는 토지
임지	산림조성에 이용되었거나 장차 이용될 토지(산림지와 초지를 모두포함)
맹지	도로와 맞닿은 부분이 없는 토지
나대지 (나지)	토지에 정착물이 없고 토지의 사용 및 수익을 제한하는 사법상의 권리가 설정되어 있지 않은 토지
공지	필지 중 건물을 제외하고 남은 부분의 토지
건부지	건물이 들어서 있는 토지
소지	택지 등으로 개발되기 이전의 자연적 상태 그대로의 토지
선하지	토지위에 고압선이 가설되어 있는 토지
포락지	토지가 물에 침식되어 수면 밑으로 잠긴 토지

분류	내용
법지	법으로만 소유할 뿐 활용실익이 없는 토지로, 택지나 도로 및 철도부지 등의 조성을 위해 흙 등으로 쌓은 경사면 부분의 토지
빈지	해안선으로부터 지적공부에 등록된 지역까지의 바닷가 토지
유휴지	농촌 토지로 바람직하지 못하게 놀리는 토지
휴한지	농토의 비옥도를 높이고 지력을 회복하기 위해 정상적으로 쉬게 하고 있는 휴경 중인 토지
공한지	도시 토지로 지가상승을 기대하고 장기간 방치하는 토지

제3절 부동산으로서의 건물

▌건물과 건축물

우리는 일상에서 '건물', '건축물'이라는 용어를 자주 사용한다. 사전적 의미로 '건물'은 사람이 들어 살거나, 일을 하거나, 물건을 넣어 두기 위하여 지은 집을 통틀어 이르는 말로 정의되고, '건축물'은 땅 위에 지은 구조물 중에서 지붕, 기둥, 벽이 있는 건물을 통틀어 이르는 말로 정의되어 서로 비슷하면서도 다른 의미를 가지고 있어 명확한 구별이 쉽지 않다.

법률적 의미로는 '건물'에 관한 명시적인 규정은 없으나 여러 민법 규정에서 '건물'이라는 사용하고 있고, 판례에 의한 해석론으로 독립된 부동산으로서의 건물이라고 하기 위하여는 최소한의 기둥과 지붕 그리고 주벽이 이루어져야 됨을 요구하고 있다. 이에 반해 '건축물'은 건축기본법 제3조 제1호에서 토지에 정착하는 공작물 중 지붕과 기둥 또는 벽이 있는 것과 이에 부수되는 시설물을 의미한다고 규정하고 있고, 건축법 제2조 제1항 제2호에서 토지에 정착하는 공작물 중 지붕과 기둥 또는 벽이 있는 것과 이에 딸린 시설물, 지하나 고가의 공작물에 설치하는 사무소·공연장·점포·차고·창고, 그 밖에 대통령령으로 정하는 것을 의미한다고 규정하고 있다.

건물과 건축물을 현행 법령을 기준으로 인정대상의 범위 측면에서 구별하자면 건축물이 건물보다는 넓은 개념이라고 할 수 있으며, 건물은 주로 독립된 거래의 객체로서 고려되는 사법(私法) 영역에서, 건축물은 행정적 측면의 공법(公法) 영역에서 주로 사용이 되고 있다.

* 건물과 건축물의 개념

구분	개념 및 인정기준	
재산권의 객체	판례	〈건물〉 최소한의 기둥과 지붕 그리고 주벽을 갖추고 사회관념상 독립된 부동산으로 볼 수 있는 정도에 이른 것
부동산등기의 대상	등기예규	〈건물〉 정착성, 외기분단성, 용도성
건축물대장 등재 대상	건축법	〈건축물〉 토지에 정착하는 공작물 중 지붕과 기둥 또는 벽이 있는 것과 이에 딸린 시설물, 지하나 고가의 공작물에 설치하는 사무소·공연장·점포·차고·창고, 그 밖에 대통령령으로 정하는 것
과세의 대상	지방세법	〈건축물〉 토지에 정착하는 공작물 중 지붕과 기둥 또는 벽이 있는 것과 이에 딸린 시설물, 지하나 고가의 공작물에 설치하는 사무소·공연장·점포·차고·창고, 그 밖에 대통령령으로 정하는 것(건축법 제2조 제1항 제2호)과 토지에 정착하거나 지하 또는 다른 구조물에 설치하는 레저시설, 저장시설, 도크(dock)시설, 접안시설, 도관시설, 급수·배수시설, 에너지 공급시설 및 그 밖에 이와 유사한 시설(이에 딸린 시설을 포함한다)로서 대통령령으로 정하는 것
감정평가의 대상	감정평가 실무기준 (국토교통부 고시)	〈건물〉 토지에 정착하는 공작물 중 지붕과 기둥 또는 벽이 있는 것과 이에 부수되는 시설물, 지하 또는 고가(高架)의 공작물에 설치하는 사무소, 공연장, 점포, 차고, 창고, 그 밖에 건축법 시행령으로 정하는 것
법정지상권의 대상	판례	〈건물〉 사회관념상 독립된 건물로 볼 수 있는 정도에 이르지 않았다 하더라도 최소한의 기둥과 지붕 그리고 주벽이 이루어지는 등 건물의 규모, 종류가 외형상 예상할 수 있는 정도까지 건축이 진전될 것. 다만, 매각대금 완납시까지 독립된 건물로 인정되기 위한 최소한의 요건을 갖추어야 함

건물의 특성

건물이 가지고 있는 특성은 ① 비영속성, ② 생산가능성, ③ 동질성, ④ 종속성 정도로 구분할 수 있다.

건물은 인위적인 구조물로서 시간의 경과에 따라 소모, 마멸되어 버리는 특성을 가지고 있다(비영속성). 또한 건물은 필요한 경우에 재생산이 가능하며, 개보수 등을 통해 그 수명을 연장시키거나, 증축 등을 통해 그 규모를 증가시킬 수도 있다(생산가능성). 건물은 동일한 설계도와 건축자재를 이용하면 같은 건물을 만들어 낼 수 있으므로, 같은 사업자가 특정 단지내에 동일 평형과 동일 구조의 아파트를 같은 시기에 건축할 수 있다(동질성). 최근 건축기술의 발달로 조립식 건물이나 모빌하우스 등 이동가능성이 높은 건물들이 많아지고는 있다. 그러나 일단 건축된 건물은 토지와 분리되어 이동하는 것이 쉽지 않으며, 건축 시에도 토지의 모양이나 용도에 영향을 받을 수밖에 없다(종속성).

건물의 종류

단독주택과 공동주택

주거용 건물은 주택법에 명시된 주택 세대의 세대원이 장기간 독립된 주거생활을 영위할 수 있는 구조로 된 건축물의 전부 또는 일부 및 그 부속토지를 말하며, 이는 단독주택과 공동주택으로 구분하는 기준이 된다.

단독주택은 건축법 시행령 별표1 제1호에서 명시된 주거시설로서 단독주택의 종류는 단독주택, 다중주택, 다가구주택, 공관으로 구분되며 단독주택의 형태를 갖춘 가정어린이집·공동생활가정·지역아동센터·공동육아나눔터·작은도서관 및 노인복지시설(노인복지주택은 제외한다)을 포함한 것을 말한다.

① 단독주택

단독주택은 면적제한이 없는 단일가구(세대)를 위한 주거용건물을 말하며, 일반적으로 전원주택 및 정원 등의 시설물이 있는 하나의 필지에 건축된 건물을 말한다. 1부동산 1등기의 원칙에 따라 단독주택은 주택 전부에 대해 하나의 등기가 가능하다.

② 다가구주택

다가구주택은 아래와 같은 일정한 기준에 해당하는 공동주택 이외의 주택을 말한다.

▷ 주택으로 쓰는 층수(지하층은 제외한다)가 3개 층 이하일 것. 다만, 1층의 전부 또는 일부를 필로티 구조로 하여 주차장으로 사용하고 나머지 부분을 주택(주거 목적으로 한정한다) 외의 용도로 쓰는 경우에는 해당 층을 주택의 층수에서 제외한다.
▷ 1개 동의 주택으로 쓰이는 바닥면적의 합계가 660㎡ 이하일 것
▷ 19세대(대지 내 동별 세대수를 합한 세대를 말한다) 이하가 거주할 수 있을 것

* 다가구주택과 다세대주택

다세대주택은 가구 수 규정이 따로 없고 주택 층수가 4개층 이하라는 점이 다가구주택과 다를 뿐 면적 기준(동당 660㎡)은 같다. 다가구·다세대주택 개념은 건축법 시행령에 규정돼 있다. 다만 외관상 둘을 구분하기가 쉽지 않다. 다가구와 다세대를 나누는 본질적 차이는 구분등기가 가능한지 여부이다. 다가구는 건축법상 '단독주택'으로 분류돼 가구별 구분소유가 불가능하다.

③ 다중주택

다중주택은 아래와 같은 일정한 기준에 해당하는 공동주택 이외의 주택을 말한다.

▷ 학생 또는 직장인 등 여러 사람이 장기간 거주할 수 있는 구조로 되어 있는 것

▷ 독립된 주거의 형태를 갖추지 않은 것(각 실별로 욕실은 설치할 수 있으나, 취사시설은 설치하지 않은 것을 말한다)

▷ 1개 동의 주택으로 쓰이는 바닥면적(부설 주차장 면적은 제외한다. 이하 같다)의 합계가 660㎡이하이고 주택으로 쓰는 층수(지하층은 제외한다)가 3개 층 이하일 것. 다만, 1층의 전부 또는 일부를 필로티 구조로 하여 주차장으로 사용하고 나머지 부분을 주택(주거 목적으로 한정한다) 외의 용도로 쓰는 경우에는 해당 층을 주택의 층수에서 제외한다.

▷ 적정한 주거환경을 조성하기 위하여 건축조례로 정하는 실별 최소 면적, 창문의 설치 및 크기 등의 기준에 적합할 것

④ 공관

총리공관, 도지사 공관 등과 같이 공적 사용 주택을 말한다.

공동주택은 건축물의 벽·복도·계단이나 그 밖의 설비 등의 전부 또는 일부를 공동으로 사용하는 각 세대가 하나의 건축물 안에서 각각 독립된 주거생활을 할 수 있는 구조로 된 주택을 말한다(주택법 제2조 제3호). 공동주택의 종류와 범위는 건축법에 의한 아파트, 연립주택, 다세대주택 및 기숙사로 구분할 수 있다(건축법 시행령 별표 1). 공동주택(집합건물)은 모두 구분등기가 가능하고 각각 세대별로 독립하여 거래의 객체가 된다.

① 아파트

아파트는 주택으로 쓰이는 층수가 5개층 이상인 단독주택 이외의 주택을 말한다. 다만 아파트 층수를 산정함에 있어서 1층 전부를 필로티 구조로 하여 주차장으로 사용하는 경우에는 필로티 부분을 층수에서 제외한다.

② 연립주택

연립주택은 단독주택 이외의 주택으로서 일정한 기준을 충족하는 주택을 말한다. 즉 층수가 4개층 이하인 주택을 말한다. 다만 연립주택 층수를 산정함에 있어서 1층 전부를 필로티 구조로 하여 주차장으로 사용하는 경우에는 필로티 부분을 층수에서 제외한다. 그리고 1개동의 바닥면적(지하주차장 면적제외)의 합계가 660㎡를 초과하는 주택이어야 한다.

③ 다세대주택

다세대주택은 주택으로 쓰이는 1개 동 바닥면적(지하주차장 면적제외)의 합계가 660㎡ 이하이어야 하고 건물의 층수가 4개층 이하인 주택이어야 한다. 다만 다세대주택 층수를 산정함에 있어서 1층 바닥면적의 2분의 1 이상을 필로티 구조로 하여 주차장으로 사용하고 나머지 부분을 주택 외의 용도로 사용하는 경우에는 해당 층을 주택의 층수에서 제외한다.

④ 기숙사

기숙사는 일반기숙사와 임대형기숙사로 구분할 수 있다. 일반기숙사는 학교 또는 공장 등의 학생 또는 종업원 등을 위하여 사용하는 것으로서 해당 기숙사의 공동취사시설 이용 세대 수가 전체 세대 수(건축물의 일부를 기숙사로 사용하는 경우에는 기숙사로 사용하는 세대 수로 한다.)의 50% 이상인 것(「교육기본법」 제27조제2항에 따른 학생복지주택을 포함한다)을 말한다. 임대형기숙사는 「공공주택 특별법」 제4조에 따른 공공주택사업자 또는 「민간임대주택에 관한 특별법」 제2조제7호에 따른 임대사업자가 임대사업에 사용하는 것으로서 임대 목적으로 제공하는 실이 20실 이상이고 해당 기숙사의 공동취사시설 이용 세대 수가 전체 세대 수의 50% 이상인 것을 말한다.

임대주택

임대주택은 민간임대주택(민간임대주택에 관한 특별법)과 공공임대주택(공공주택 특별법)으로 구분할 수 있다.

민간임대주택은 임대 목적으로 제공하는 주택(준주택: 오피스텔, 주택외 건축물을 기숙사로 리모델링한 건축물)으로서 임대사업자가 등록한 주택을 말하며, 민간건설임대주택과 민간매입임대주택으로 구분한다. 민간건설임대주택은 임대사업자가 임대를 목적으로 건설하여 임대하는 주택 또는 임대사업자 등록을 한 후 주택건설사업자가 사업계획승인을 받아 건설한 주택 중에서 사용검사 때까지 미분양된 주택으로 임대되는 주택을 말한다. 민간매입임대주택은 임대사업자가 매매 등으로 그 소유권을 취득하여 임대하는 주택을 말한다.

공공임대주택은 영구임대주택, 국민임대주택, 행복주택, 통합공공임대주택, 장기전세주택, 분양전환공공임대주택, 기존주택등매입임대주택, 기존주택전세임대주택으로 구분한다.

주상복합건물

주상복합건물은 주거와 상업용도가 혼재된 용도복합 건물을 말한다. 즉, 단일기능의 건축물이 가지는 문제점을 해결하기 위해 주거기능을 포함하여 업무, 상업, 쇼핑, 문화 등의 다양한 활동이 가능하도록 건축된 형식의 건물을 의미한다. 주상복합이란 말은 법률용어가 아니어서 건축법과 주택법에서 찾아볼 수 없다. 법적 정의가 없지만 공동주택의 한 종류로서 일반적으로 '상업지역 또는 준주거지역에 들어서 있고, 주거와 상업 용도가 복합되어 20세대 이상이 주거하는 건물'을 의미한다.

지식산업센터(舊 아파트형 공장)

지식산업센터란 동일 건축물에 제조업, 지식산업 및 정보통신산업을 영위하는 자와 지원시설이 복합적으로 입주할 수 있는 다층형 집합건축물로서 3층 이상의 집합건축물 안에 6개 이상의 공장이 동시에 입주할 수 있는 다층형 집합건축물이어야 한다((산업집적활성화 및 공장설립에 관한 법률 제2조 제13호, 동법 시행령 제4조의 6). 지식산업센터는 아파트형공장에 정보통신산업 등 첨단산업의 입주가 증가하는 현실을 반영하여 기존 아파트형공장을 지식산업센터로 명칭을 변경하고, 제조업 외에 지식산업 및 정보통신산업 등을 영위하는 자와 기업지원시설이 복합적으로 입주하는 건축물로 재정의된 것이다. 지식산업센터에는 ① 제조업, 지식기반산업, 정보통신산업, 그 밖에 특정 산업의 집단화와 지역경제의 발전을 위하여 산업단지관리기관 또는 시장·군수·구청장이 인정하는 사업을 운영하기 위한 시설, ② 벤처기업을 운영하기 위한 시설, ③ 그 밖에 입주업체의 생산 활동을 지원하기 위한 시설로서 금융·보험업 시설, 기숙사, 근린생활시설 등의 시설이 입주할 수 있다.

상가

상가는 상업용도를 위하여 사용되는 건물을 말하며, 근린상가, 단지내상가, 주상복합상가, 테마상가, 역세권상가, 택지개발지구내상가, 상가주택, 쇼핑몰, 지하상가, 민자역사, 전통시장 등으로 구분한다.

제2장 개별 부동산의 현황 및 권리관계 파악하기

제1절 부동산에 대한 권리

▌ 부동산과 권리

많은 상품이 공장에서 대량생산되어 그 개성을 잃고 있는 현대사회에서 부동산은 가장 개성이 많은 거래의 대상이라고 할 수 있다. 이로 인해 부동산을 둘러싼 분쟁은 다른 물건에 비해 중요하다고 할 수 있으며, 특히 부동산의 거래는 거래금액이 크고 인간의 생존에 불가결한 주거에 관한 것이 많기 때문에 분쟁에 휩싸이는 경우에 입게 되는 피해가 크다.

부동산에 대한 권리는 크게 부동산의 이용권과 취득권으로 구분해 볼 수 있다. 정당하게 부동산에 대한 권리를 가진 사람은 부동산의 사용·수익·처분 등을 통해 일정한 이익을 누릴 수 있게 된다. 그러나 부동산에 대한 권리관계를 제대로 이해하지 못하는 경우에는 부동산의 이용 또는 취득시에 예기치 못한 손해를 입을 수 있다. 예를 들어 X토지에 부동산 소유권이전등기 청구권 보존을 위한 가등기가 있음에도 이를 간과하고 X토지를 매수하는 경우 X토지의 소유권을 잃게 되는 상황이 발생할 수도 있다. 또한 시가 2억 원의 Y건물에 피담보채권 2억 원의 저당권이 설정되어 있음에도 이를 간과하고 별다른 특약 없이 Y건물을 이용 또는 매수하기로 한다면 나중에 손해를 보는 일이 발생할 수 있다.

우리는 슬기로운 부동산 생활을 위해 부동산의 권리관계를 명확히 파악할 수 있는 최소한의 분석력을 가질 필요가 있고, 그 출발점은 부동산에 대한 권리를 익히고 올바로 이해하는 것이다.

▌ 물권과 채권의 구별

재산법상의 권리는 크게 물권과 채권으로 구분할 수 있다. 일반적으로 물권은 물건을 직접 지배하여 이익을 얻는 배타적인 권리이다. 물건을 직접 지배한다는 것은 물권자의 힘이 타인의 행위에 의존함이 없이 직접 물건 위에 미친다는 것을 의미한다. 그리고 물권을 가지는 사람은 물건을 배타적으로 지배하기 때문에 그 물건으로부터의 이익을 독점적으로 누리고, 누구에게라도 그 지배상태의 존중을 요구할 수 있다. 그 결과 물권에는 다음과 같은 결론이 도출된다.

① 하나의 물건 위에 같은 내용의 물권이 중복하여 성립할 수 없다(우선적 효력·배타성이라는 의미의 일물일권주의).
② 물권자는 물건으로부터의 이익의 향수를 방해하는 자에 대해 그 침해를 배제할 수 있는 힘을 갖는다(물권적 청구권).
③ 물권의 배타성을 실현하기 위해서는 그 물건에 물권을 가지고 있다는 것을 외부에 알려 주어야 한다(공시의 원칙). 그리고 배타성·공시의 원칙을 확보하기 위하여 물권의 종류와 내용은 법률의 규정에 의하여 한정된다(물권법정주의).
④ 직접·배타적 지배권을 규정하는 물권법은 강행법규이다.

채권은 어떤 특정인(채권자)이 특정인(채무자)에 대하여 특정의 행위(일정한 재화 또는 노무의 급부)를 요구할 수 있는 권리이다. 당사자간 1개의 권리·의무의 관계에 있어서 권리의 측면에서 보면 채권이고, 이것을 가지고 있는 자가 채권자이다. 반대로 의무의 측면에서 보면 채무이고, 이러한 의무를 부담하는 자를 채무자라고 한다.

물권과 채권은 재산권이라는 점에서 공통되지만, 그 권리의 내용면에서 본질적인 차이가 있다. 즉 물권은 물건을 직접 지배하는 권리인데, 채권은 특정인에게 급부를 청구할 수 있는 권리라는 점이다. 다만 물권과 채권은 관념적으로 대조적인 권리이지만, 시대 흐름에 따라 물권과 채권의 구별이 모호해지는 부분이 생겨나고 있다(예: 부동산임차권등기, 주택임대차보호법). 물권과 채권의 차이를 간단히 소개하면, 물권의 객체는 일반적으로 물건이지만 채권의 객체는 채무자의 일정한 행위이다. 물권은 물건을 직접 지배하지만 채권은 채무자의 행위를 통하여 물건을 간접적으로 지배한다. 물권에는 배타성이 있지만 채권에는 배타성이 없다. 그 결과 같은 내용의 채권이 동시에 둘 이상 병존할 수 있다. 또 병존하는 채권은 모두 평등하며 성립시기의 선후에 의한 우열의 차이가 없다. 물권은 그 권리의 성질상 당연히 양도성을 가진다. 채권도 원칙적으로 양도성이 인정되지만 채권의 성질·당사자의 의사표시·법률 등에 의한 제한이 가능하다. 물권은 물건을 직접 지배하는 권리이므로 모든 사람에게 주장할 수 있고, 모든 사람으로부터 침해를 받을 수 있는 절대권이다. 반면 채권은 원칙적으로 특정의 상대방에 대해서만 주장할 수 있고, 그 상대방으로부터만 침해를 받을 수 있는 상대권이다.

▌부동산 물권의 개념

부동산물권은 물권 중 그 객체를 부동산으로 한정하여, 해당 부동산을 소유하거나 이를 사용·수익·처분하는 것을 내용으로 하는 권리라고 정의할 수 있다.

우리 민법은 물권법정주의의 원칙을 취하여 물권의 종류와 내용을 법률로 정하는 것에 한정시키고 있다. 이에 따라 물권의 종류와 내용은 민법 기타 법률이나 관습법으로 정하는 것에 한하여 인정되며, 당사자가 자유로이 물권을 창설하지 못한다(민법 제185조). 이러한 물권법정주의의 원칙에 의해 물권법은 임의법규성이 강한 채권법과는 달리 강행법규성을 가지게 된다.

물권법정주의를 규정하고 있는 민법 제185조에서의 ‘법률’은 국회에서 제정한 형식적 의미의 법률만을 의미하고, 명령·규칙 등을 포함하지 않는다. 물권은 제3자의 이해관계에 큰 영향을 미치므로 행정기관의 명령 등에 의하여 물권을 창설케 하는 것은 부당하기 때문이다. 참고로 민법 제1조에서의 '법률'은 명령, 규칙, 자치법규, 조약, 헌법재판소 결정 등도 포함되는 광의의 개념이다.

민법 제185조 규정상 물권법정주의에 관습법에 의한 물권의 창설이 당연히 포함된다. 관습법에 의한 물권의 성립을 인정하는 것은 경제사회의 발전에 따른 새로운 물권에 대한 거래계의 수요에 부응하기 위한 것으로, 정형적인 물권법정주의의 결함을 보충하고 있다고 할 수 있다. 그런데 이러한 관습법에 의한 물권이 성문법상의 물권에 대하여 어떠한 지위에 있는가에 관하여는 견해(보충적 효력설, 대등적 효력설, 변경적 효력설)의 대립하고 있다.

민법 제185조의 '창설하지 못한다'는 ① 법률 또는 관습법이 인정하지 않는 새로운 종류의 물권을 만들지 못한다는 것(종류강제)과 ② 법률 또는 관습법에 의해 인정되는 물권이라 하더라도 법률 또는 관습법이 인정하는 것과 다른 내용을 부여하지 못한다(내용강제)는 두 가지의 의미를 가진다.

물권을 법정해 놓는 경우에는 물권이 고정화되는 까닭에 실제사회의 움직임에 따라갈 수 있는 탄력성을 가지지 못하게 되어 경제거래관계의 발전에 따른 새로운 종류의 물권에 대한 거래계의 수요가 있어도 이에 응할 수 없는 폐단을 가져온다. 또한 토지에 관한 관습을 충분히 조사하지 못한 채 외국법을 계수한 우리나라의 실정으로서는 물권 관계를 모두 성문법 테두리에 한정하는 것은 너무나 무리한 것이다. 이러한 이유 때문에 현행 민법은 물권의 요건을 법률 또는 관습법이라 규정하여 명문으로 관습법에 의한 물권의 창설을 인정함으로써 물권법정주의의 결함을 시정하고 있다. 다만, 관습법도 엄격한 성립요건·관습법 존재의 불분명성 등으로 인한 결점이 있으므로 적절한 입법으로 보완하는 것이 필요하다.

▌부동산 물권의 종류와 내용

물권은 다양한 기준에 따라 구분할 수 있다. 민법이 정하는 물권은 ① 본권과 점유권, ② 소유권과 제한물권, ③ 용익물권과 담보물권, ④ 부동산물권과 동산물권으로 구분할 수 있으며, 민법 이외의 법률로서 상법이나 기타 특별법에 의해서도 물권이 분류될 수 있다. 또한 관습법상의 물권으로서 관습법상의 법정지상권과 분묘기지권으로 분류될 수 있다.

우리 민법이 규정하고 있는 물권 중에는 점유권, 소유권, 지상권, 지역권, 전세권, 유치권, 저당권을, 관습법에 의한 물권 중에는 관습법상 법정지상권과 분묘기지권 등을 부동산물권의 범주에 포함시킬 수 있다.

<table>
<tr><th>구분</th><th colspan="4">종 류</th></tr>
<tr><td rowspan="8">민법상 물권</td><td colspan="4">점유권 - 동산, 부동산</td></tr>
<tr><td rowspan="7">본권</td><td colspan="3">소유권 - 동산, 부동산</td></tr>
<tr><td rowspan="6">제한물권</td><td rowspan="3">용익물권</td><td>지상권 - 토지</td></tr>
<tr><td>지역권 - 토지</td></tr>
<tr><td>전세권 - 토지, 건물</td></tr>
<tr><td rowspan="3">담보물권</td><td>유치권 - 동산, 부동산</td></tr>
<tr><td>질권 - 동산, 채권</td></tr>
<tr><td>저당권 - 부동산(원칙)</td></tr>
<tr><td rowspan="2">관습법상 물권</td><td colspan="4">분묘기지권</td></tr>
<tr><td colspan="4">관습법상 법정지상권</td></tr>
</table>

점유권

점유란 물건에 대한 사실상의 지배를 말하며, 점유권은 물건의 사실상 지배관계(본권의 유무불문)가 권리로서 법률상 보호되는 것을 말한다. 점유권은 물권의 일종이지만 본권으로서의 물권과는 그 성격이 매우 다르다. 점유권은 점유라는 사실적 측면을 문제 삼는데, 본권은 그 권리의 취득원인을 문제 삼는다.

점유권은 원시취득, 승계취득 등을 통해 취득할 수 있다. 물건을 사실상 지배하면 점유가 성립되고 그 법률효과로서 당연히 점유권을 취득한다(원시취득). 또한 점유권 양도의 합의와 점유물의 인도로 점유권을 취득할 수 있고(승계취득-특정승계), 상속 등에 의해 점유권을 취득할 수도 있다(승계취득-포괄승계). 점유권이 승계된 경우 그 승계인은 이전 점유자의 점유를 승계하는 한편, 승계인 자신이 원시적으로 그 물건에 대한 점유를 취득한 것이라 할 수 있다. 따라서 점유의 승계인은 자기의 점유만을 주장하거나 자신의 점유와 이전 점유자의 점유를 아울러 주장할 수 있다(민법 제199조 제1항). 다만 이전 점유자의 점유를 동시에 주장하는 경우에는 이전 점유자의 하자도 승계하게 된다(민법 제199조 제2항).

점유권은 다른 물권과 그 성질을 달리 하기 때문에 점유자가 물건에 대한 사실적 지배를 상실하면 점유권도 상실된다(민법 제192조 제2항). 그러나 타인의 침탈에 의하여 점유를 상실한 때에 점유자가 1년 이내에 점유회수청구에 의하여 점유를 회복하면 점유는 처음부터 상실하지 않았던 것으로 다루어진다(민법 제192조 제2항 단서, 제204조).

점유권은 점유의 추정적 효력(민법 제197조, 제198조, 제200조), 점유보호청구권(민법 제204조~제206조) 등을 가진다. 추정적 효력으로는 ① 권리태양의 추정(점유자가 소유의 의사로 선의·평온 및 공연하게 점유한 것으로 추정), ② 점유계속의 추정(전후양시에 점유한 사실이 있는 때에는 그 점유는 계속한 것으로 추정), ③ 권리적법의 추정(점유자가 점유물에 대하여 행사하는 권리는 적법하게 보유한 것으로 추정)이 인정되고, 점유보호청구권으로는 점유물반환청구권, 점유물방해제거청구권, 점유물방해예방청구권이 인정된다.

소유권

소유권은 소유자가 법률의 범위 내에서 자유로이 물건을 사용·수익·처분할 수 있는 권리이다(민법 211조). 사용이란 책을 읽는다든가, 양복을 입는 것처럼 목적물을 통상의 용법에 따라 사용하는 것을 말한다. 수익이란 목적물로부터 생긴 과실을 취득하는 것을 말하며, 소유자가 스스로 사용하여 천연과실을 취득하는 것뿐만 아니라 목적물을 타인에게 임대하여 지료(地料)·차임(借賃) 등 법정과실을 취득하는 것도 포함된다. 처분이란 물건의 교환가치를 실현하는 것으로 목적물을 소비하거나 변형·개조·파괴하는 물리적 처분과, 목적물을 양도하거나 목적물에 용익물권이나 담보물권을 설정하는 법률적 처분을 말한다.

근대법의 초기에는 개인주의에 입각하여 소유권은 절대불가침인 것으로 생각되었으나(소유권절대의 원칙), 오늘날에 와서는 사회 일반의 복지의 요구에 따라서 소유권의 사회성 내지 공공성의 요구가 강하게 되었다. 이에 우리 헌법도 모든 국민의 재산권은 보장하되 그 내용과 한계는 법률로써 정하고, 재산권의 행사는 공공복리에 적합하도록 하며, 또 공공의 필요에 의하여 법률로써 재산권을 수용·사용·제한할 수 있다고 규정하여(헌법 제23조) 소유권의 제한을 선언하고 있다.

소유권의 취득원인에는 크게 법률행위와 법률의 규정 두 가지가 있다. 전자에 대해서는 법률행위에 의한 물권변동의 원칙이 그대로 적용된다. 후자에 대하여는 민법 제245조 이하에서 취득시효·선의취득·무주물선점·유실물습득·매장물발견·첨부 등에 관해 규정하고 있다.

* 부동산 취득시효

물건 또는 권리를 점유하는 사실상태가 일정한 기간 계속되는 경우에 그것이 진실한 권리관계와 일치하는가의 여부를 묻지 않고 권리취득의 효과가 생기는 것으로 하는 제도이다. 20년간 소유의 의사로 평온·공연하게 부동산을 점유한 자는 등기함으로써 그 소유권을 취득하는데(민법 제245조 제1항), 이를 점유취득시효 또는 일반취득시효라고 한다. 부동산의 소유자로 등기한 자가 10년간 소유의 의사로 평온·공연하게 선의이며 과실 없이 그 부동산을 점유한 때에는 소유권을 취득하게 되는데(민법 제245조 2항), 이것을 등기부취득시효라고 한다.

소유권의 내용의 실현이 방해되거나 방해되려고 하는 경우에 물건의 소유자는 소유권에 기한 물권적 청구권을 행사할 수 있다. 소유권의 특성상 그에 기한 물권적 청구권은 물권적 청구권 중 가장 완전한 모습으로 보장된다. 민법은 소유물반환청구권(민법 제213조)·소유물방해제거청구권(민법 제214조 전단)·소유물방해예방청구권(민법 제214조 후단)을 인정하고 있다.

지상권

지상권은 타인의 토지에 건물 기타의 공작물이나 수목을 소유하기 위하여 그 토지를 사용하는 용익물권이다(민법 제279조). 지상권은 토지와 건물을 별개의 부동산으로 취급하는 우리 법제에서 건물의 소유를 위한 대지사용권이 필요하기 때문에 존재하는 제도라고 할 수 있다.

지상권은 당사자 사이의 지상권설정계약과 등기에 의하여 성립한다. 이것이 지상권을 취득하는 원칙적인 모습이다. 그 밖에 유언과 지상권의 양도에 의하여 지상권이 승계취득된다. 지상권은 부동산물권이므로 상속·공용징수·판결·경매·기타 법률의 규정에 의해 지상권이 취득될 수 있으며, 이 때에는 그 등기 없이도 당연히 지상권을 취득한다(민법 제187조). 다만 점유취득시효로 지상권을 취득하는 경우에는 그 등기를 하여야 한다(민법 제245조 1항). 지상권자는 설정계약에서 정한 목적범위 내에서 타인의 토지를 사용할 권리가 있다(민법 제279조). 지상권자는 토지소유자의 동의 없이도 지상권을 양도하거나 지상권의 존속기간 내에서 그 토지를 임대할 수 있고(민법 제282조), 지상권 위에 저당권을 설정할 수도 있다(민법 제371조 제1항).

지역권

지역권은 일정한 목적을 위하여 타인의 토지(승역지)를 자기토지(요역지)의 편익에 이용하는 물권이다(민법 제291조). 그 예로는 통행지역권·인수지역권·관망지역권·전선로부설지역권 등이 있다.

일반적으로 지역권은 지역권설정합의와 등기에 의하여 성립한다. 지역권의 대가는 유·무상 어느 것이나 상관 없다. 민법과 부동산등기법은 지역권의 존속기간에 관해 규정하고 있지 않으나 지역권은 소유권의 제한정도가 낮고 제한범위 내에서도 이용을 전적으로 금지시키는 것이 아니므로 존속기간을 영구적으로 할 수 있다. 지역권은 양도·유언·상속에 의해서도 성립되며, 계속되고 표현된 지역권에 한하여 취득시효에 의해서도 성립된다(민법 제294조).

전세권

전세권은 전세금을 지급하고 타인의 부동산을 점유하여 그 부동산의 용도에 좇아 사용·수익하고, 전세권이 소멸한 때에는 그 부동산을 반환하고 그 부동산 전부에 대하여 후순위권리자 기타 채권자보다 전세금의 우선변제를 받을 것을 내용으로 하는 용익물권이다(민법 제303조 제1항). 종래 임대차와 소비대차의 결합체로서 관습상 행해져 온 채권적 전세를 민법에서 물권화 시킨 것이다.

※ 채권적 전세 등과의 비교

	전세권	채권적 전세(임대차)	주택임대차보호법상임대차
성격	물권	채권	채권
처분의 자유	있음	없음	없음
목적물 관리	설정자: 소극적 인용의무 전세권자: 유지, 수선의무	임대인: 사용, 수익에 필요한 상태 유지의무 임차인: 필요비상환청구권	좌동
목적물	부동산	부동산	주거용 주택
존속 기간	최장 10년, 갱신가능, 건물전세는 최단 1년	갱신가능, 처분권없는 자의 단기임대차는 10,5,3년, 6월	최단2년, 갱신가능, 기간을 정하지 않으면 2년
증액 제한	전세금의 1/20 이내 계약, 증액후 1년이내 증액금지	없음	차임의 1/20 이내 계약, 증액후 1년이내 증액금지
대항력	있음	원칙적으로 없지만 임차권등기를 하면 대항력 있음	주택인도와 주민등록을 마치면 익일부터 있음
전세금 반환채 권의 확보	경매청구권, 우선변제권 인정	보호규정 없음	대항력있는 소액보증금의 우선특권, 확정일자까지 있으면 보증금 우선변제, 경매신청, 임차권등기명령

유치권

유치권은 타인의 물건을 점유하고 있는 자가 그 물건에 관해서 생긴 채권을 가지는 경우에 그 변제를 받을 때까지 그 물건을 유치할 수 있는 권리이다(민법 제320조). 유치권은 공평의 원칙에서 인정된 담보물권으로서 당사자의 의사에 기하지 않고 법률상 당연히 발생하는 법정담보물권으로 동산, 부동산, 유가증권을 그 목적물로 한다.

유치권이 성립하기 위해서는 ① 타인의 물건을 점유하고 있을 것, ② 그 물건에 관하여 생긴 채권을 가지고 있을 것(견련성), ③ 채권이 변제기에 있을 것, ④ 점유가 불법행위로 인한 것이 아닐 것이 필요하다.

유치권자는 그 채권의 전부를 변제받을 때까지 목적물의 전부를 유치할 수 있다(민법 제321조). 유치란 목적물을 계속 점유함으로써 그 인도를 거절하는 것을 말하며, 목적물의 유치가 바로 유치권의 본체적 효력이다. 유치권은 채권변제를 받을 때까지는 누구에 대해서도 목적물을 유치할 수 있고, 목적물의 소유권이 이전되더라도 이러한 효력에 변함이 없다. 유치물이 경매되는 경우에도 경락인은 유치권자에 대하여 채권을 변제하지 않으면 그 목적물을 수취할 수 없다(인수주의, 민사집행법 제91조 제5항).

유치권자는 채권의 변제를 받기 위하여 유치물을 경매할 수 있다(민법 제322조 제1항). 그러나 유치권자에게 우선변제권은 인정되지 않으므로 다른 채권자의 배당요구가 있으면 그 자와 평등한 비율로 변제를 받을 수 있을 뿐이다.

유치권자는 정당한 이유가 있는 때에 감정인의 평가에 의하여 유치물로서 직접 변제에 충당할 것을 법원에 청구할 수 있다. 이 경우에는 미리 채무자에게 통지하여야 한다(민법 제322조 제2항).

유치권자는 유치물에서 생긴 과실을 수취하여 이것으로 다른 채권자에 우선하여 그 채권의 변제에 충당할 수 있다(민법 제323조 제1항). 이는 과실에 의한 우선변제권이라 할 수 있으나 선의점유자(민법 제201조 제1항)와 달리 과실의 소유권이 귀속되는 것은 아니다. 유치권자는 간이변제충당으로 직접 유치물의 소유권을 취득하며 등기를 필요로 하지 않는다. 다만 차액은 채무자에게 반환하여야 한다. 과실에는 천연과실·법정과실이 모두 해당되며, 부당이득으로서 반환하여야 할 사용이익도 과실에 준하는 것으로 볼 것이다. 수취한 과실은 먼저 이를 채권의 이자에 충당하고, 또 나머지가 있으면 원본에 충당한다(민법 제323조 제2항). 과실이 금전이 아닌 때에는 이를 경매하여 위와 같이 충당하여야 한다(민법 제323조 제1항 단서).

유치권자가 유치물에 관하여 필요비를 지출한 때에는 소유자에게 그 상환을 청구할 수 있다(민법 제325조 제1항). 유익비를 지출한 때는 그 가격의 증가가 현존하는 경우에 한하여 소유자의 선택에 좇아 그 지출한 금액 또는 증가액의 상환을 청구할 수 있다. 단 유익비의 상환에 대하여 법원은 소유자의 청구에 의하여 상당한 기간을 허여할 수 있고(민법 제325조 제2항), 이때에는 유익비에 관하여 유치권을 행사할 수 없다.

유치권자는 선량한 관리자의 주의의무로 유치물을 점유하여야 한다(민법 제324조 제1항). 유치권자는 그 권리의 성질상 채무자의 승낙 없이 유치물을 사용·대여 또는 담보제공을 하지 못한다(민법 제324조 제2항 본문). 유치권자가 위 의무를 위반한 경우에 채무자는 유치권의 소멸을 청구할 수 있다(민법 제324조 제3항).

유치권도 물권이므로 물권의 일반적인 소멸원인에 의하여 소멸한다. 즉 목적물의 멸실, 토지수용, 혼동, 포기 등으로 유치권은 소멸한다. 다만 유치권자는 목적물을 점유하고 있으므로 유치권이 시효로 소멸하지는 않는다. 또한 유치권은 유치권자가 보관의무를 해태하거나 채무자의 승낙 없이 유치물을 사용·대여·담보제공을 한 경우에는 채무자는 유치권의 소멸을 청구할 수 있고(민법 제324조 제3항), 채무자는 상당한 담보를 제공하고 유치권의 소멸을 청구할 수 있으며(민법 제327조), 점유의 상실로 인하여도 소멸이 가능하다(민법 제328조).

저당권

저당권은 채무자 또는 제3자가 점유를 이전하지 아니하고 채무의 담보로 제공한 부동산 기타 목적물에 대하여 우선변제를 받을 권리를 가지는 담보물권이다. 저당권은 목적물의 점유·사용을 그 소유자에게 그대로 놓아둔 채 그 교환가치만을 파악하므로 목적물의 이용이 채무자에게 필요한 경우, 예컨대 채무자가 공장을 담보로 제공하지만 계속해서 공장을 가동하여야 그 변제가 가능한 경우에 유효한 담보제도로 이용될 수 있다. 다만 목적물을 계속 그 소유자가 점유하므로 저당권을 공시할 방법이 마련되어져야 한다. 그 결과 저당권의 객체가 될 수 있는 것은 점유 이외의 공시방법인 '등기'나 '등록'을 할 수 있는 것에 한정된다. 민법이 인정하는 저당권의 객체는 부동산(민법 제356조)과 지상권 및 전세권(민법 제371조)이다. 민법 이외의 특별법에서 인정되는 저당권의 객체로는 등기된 선박(상법 제787조)·수목의 집단(입목에 관한 법률 제3조 제2항)·광업권(광업법 제11조)·어업권·공장재단·광업재단·건설기계·「선박등기법」이 적용되지 아니하는 선박·자동차·항공기(자동차 등 특정동산 저당법)등이 있다.

저당권에 의하여 담보될 수 있는 채권, 즉 피담보채권의 목적에는 아무런 제한이 없다. 금전채권인 경우가 보통이겠지만, 금전 이외의 급부를 목적으로 하는 채권이라도 그 불이행으로 인하여 금전에 의한 손해배상채권으로 변하는 것이 원칙이기 때문에 역시 저당권의 피담보채권이 될 수 있다. 다만 피담보채권이 금전채권이 아닌 경우에는 그 채권의 평가액을 등기하여야 한다(부동산등기법 제77조).

저당권은 약정담보물권이므로 저당권설정의 합의와 등기에 의하여 성립하는 것이 원칙이나, 예외적으로 법률의 규정에 의해 저당권이 성립하는 경우가 있다. 저당권설정계약은 물권계약이므로 저당권설정의 합의 외에 그 등기를 하여야 비로소 저당권이 성립한다. 등기하여야 할 사항은 채권자·채권액·변제기·이자 및 그 지급시기 등이며, 그 밖에 원본 또는 이자의 지급장소에 관한 약정이나 민법 제358조 단서의 약정이 있는 때에는 그 약정채권이 조건부인 때에는 그 조건의 내용을 기재한다(부동산등기법 제75조). 등기는 효력발생요건이고 효력존속요건이 아니므로 저당권등기가 불법말소되더라도 저당권에는 영향을 미치지 못한다.

저당권은 물권이면서 담보물권이므로 물권일반의 소멸원인과 담보물권일반의 소멸원인에 의하여 소멸한다. 또한 저당권은 경매나 제3취득자의 변제(민법 제364조)·피담보채권의 소멸(민법 제369조) 등에 의해서도 소멸한다. 또한 저당권의 포기에 의해서도 소멸하나, 포기는 물권적 단독행위이므로 그 등기를 하여야 저당권소멸의 효력이 발생한다.

보통의 저당권과 성질이 다른 특수한 저당권으로 민법은 공동저당(민법 제368조)과 근저당(민법 제357조)을 규정하고 있고, 그 외에 입목저당·재단저당·동산저당 등이 특별법에 의해서 인정되고 있다. 공동저당은 동일한 채권을 담보하기 위하여 여러 개의 부동산 위에 설정된 저당권을 말하며, 공동저당의 등기를 할 때에는 각 부동산의 등기기록에 그 부동산에 관한 권리가 다른 부동산에 관한 권리와 함께 저당권의 목적으로 제공된 뜻을 기록하게 된다. 근저당은 계속적 거래관계로부터 생기는 다수의 불특정 채무를 장래의 결산기에 있어서 일정한 한도액까지 담보하는 저당권으로, 근저당권설정등기에는 근저당이라는 뜻을 기록하고 피담보채권의 최고액을 명시하여야 한다. 실제 거래계에서는 일반 저당권보다 좀 더 유연하게 사용이 가능한 근저당권이 주로 활용되고 있다.

분묘기지권

타인의 토지에 분묘를 설치한 자는 그 분묘기지에 대하여 지상권에 유사한 물권을 취득한다. 이를 분묘기지권이라고 하는데, 관습법상 인정되는 특수한 지상권이다. 분묘기지권은 한국사회의 묘지제도의 특수성에서 유래한다.

분묘기지권은 다음의 세 가지 중 하나만 구비하면 성립한다.

① 승낙형: 토지소유자의 승낙을 얻어 분묘를 설치한 경우

② 시효취득형: 토지소유자의 승낙 없이 분묘를 설치하고 20년간 평온·공연하게 분묘를 점유하여 시효취득한 경우(다만 장사 등에 관한 법률 시행 이후에 새로 설치된 분묘의 경우에는 분묘기지권이 인정될 여지가 없음)

③ 처분형: 자기소유의 토지에 분묘를 설치한 후 그 묘지에 대한 소유권을 유보하거나 분묘이전의 약정 없이 토지를 처분한 경우

분묘기지권은 분묘의 보전수호와 제사에 필요한 범위내에서 인정이 된다. 확실한 범위는 구체적인 경우에 관습의 취지에 따라 개별적으로 정하여야 한다(대법원 1988. 2. 23. 선고 86다카2919 판결). 분묘기지권은 분묘 그 자체가 공시의 기능을 하고 있기 때문에 등기는 필요 없다. 따라서 분묘가 평장되거나 암장된 경우에는 분묘기지권을 취득할 수 없다(대법원 1991.10.25. 선고 91다18040 판결). 분묘기지의 사용대가로 지료를 지급하여야 하는가에 관하여 민법 제366조 단서를 유추적용하자는 견해와 그 유형에 따라 취급을 달리하자는 견해가 있다. 후자의 견해는 승낙형의 경우에는 지료에 관한 약정이 있으면 유상이고 약정이 없으면 무상이라고 한다. 또 시효취득형의 경우에는 무상, 처분형의 경우에는 민법 제366조를 적용하여 지료를 결정한다고 한다. 분묘기지권의 성질은 지상권에 유사한 물권이지만 그 존속기간에 관하여는 민법의 지상권에 관한 규정에 따를 것이 아니라 당사자 사이에 약정이 있으면 그에 따르고, 그 약정이 없는 경우에는 관리자가 분묘의 수호와 봉사를 계속하는 한 그 분묘가 존속하는 동안은 분묘기지권은 존속한다고 보아야 할 것이다(대법원 1994. 8. 26. 선고 94다28970 판결). 따라서 상당기간 동안 분묘의 수호와 봉사를 저버린 경우 토지소유자는 분묘의 이전을 청구할 수 있다.

관습법상 법정지상권

토지와 건물이 동일인에게 속하였다가 그 중 어느 하나가 매매 기타의 원인으로 각각 소유자를 달리하게 된 때, 그 건물을 철거한다는 특약이 없는 경우에 건물소유자가 당연히 취득하게 되는 법정지상권을 말한다. 민법 제366조에 의한 법정지상권은 경매에 의한 경우에만 해당하기 때문에 판례에서 이를 인정하는 것이다.

관습법상의 법정지상권에는 다른 특별한 사정이 없는 한 민법상 지상권에 관한 규정이 준용된다. 따라서 관습법상 법정지상권에 의한 토지사용권은 객관적인 여러 가지 사정을 종합하여 그 건물을 사용하는데 일반적으로 필요한 범위라고 인정되는 대지에 대해서만 그 권리가 인정된다. 관습법상의 법정지상권은 존속기간을 약정하지 않은 지상권으로 본다. 따라서 민법 제280조 및 제281조가 준용된다. 지료는 당사자간의 협의에 의해 결정하고, 협의가 되지 않으면 당사자의 신청에 의해 법원이 결정한다(민법 제366조 단서). 따라서 법정지상권자는 대지소유자에게 지료를 지급할 의무가 있고, 법정지상권이 있는 건물의 양수인으로서 장차 법정지상권을 취득할 지위에 있는 자가 대지를 점유·사용함으로써 얻은 이득은 부당이득으로서 대지소유자에게 반환할 의무가 있다(대법원 1997. 12. 26. 선고 96다34665 판결).

▮ 부동산물권의 효력

부동산물권의 기본적인 효력은 일반 물권의 효력과 사실상 동일하다. 물권은 물건을 직접 지배하는 배타적 권리이므로, 물권의 일반적 효력은 우선적 효력과 물권적 청구권이다.

물권의 우선적 효력은 동일한 물건 위에 수개의 권리가 존재하는 경우에 그 중의 한 권리가 다른 권리에 우선하여 취급되는 효력을 말하는 것으로, 물권의 배타성에 기인하여 물권 상호 간 및 물권과 채권 간에 문제가 된다. 동일한 물건 위에 성립하는 물권상호간에 있어서는 시간적으로 먼저 성립한 물권이 나중에 성립한 물권에 우선한다. 따라서 동일한 물건 위에 앞의 물권과 성질·범위·순위가 같은 물권은 동시에 성립하지 못한다. 예컨대 동일물 위에 2개 이상의 소유권은 성립하지 못한다. 다만 앞의 물권과 종류가 다른 물권은 동일한 물건 위에 동시에 성립할 수 있다. 예컨대 소유권과 전세권, 소유권과 저당권, 지상권과 저당권은 동시에 성립할 수 있다. 또한 저당권은 동일부동산 위에 복수로 성립할 수 있다. 저당권은 복수로 존재하더라도 같은 내용이 아니라 성립의 순위에 따르기 때문이다. 다만 질권과 저당권은 다른 종류의 물권이지만 목적물이 다르기 때문에 동일물 위에 양자가 성립할 수 없다. 배타성이 없는 점유권은 우선적 효력이 없다. 점유권은 '점유'라는 현재의 사실상태에 근거하는 권리이므로 2개 이상의 점유권의 대립은 생각할 수 없기 때문이다. 그러나 그 당연한 결과로 본권과는 병존적으로 존재할 수 있다. 동일한 물건 위에 채권과 물권이 병존하는 경우에는 그 성립시기와 관계없이 원칙적으로 물권이 채권에 우선한다. 물권은 직접 물건을 지배하는 데 반하여, 채권은 채무자의 행위를 통하여 간접적으로 물건을 지배하기 때문이다. 예외적으로 부동산물권의 변동을 청구하는 채권이 가등기를 갖추면 물권에 우선하는 효력이 인정된다(다만 가등기 후에 본등기를 갖추어야 함). 또한 부동산임차권을 등기한 경우에는 그 이후에 성립한 물권에 대항할 수 있는 효력이 인정되고(민법 제621조), 주택임차권은 등기가 없어도 주택인도와 주민등록을 마친 때에는 그 익일부터 물권에 우선하는 효력이 있다(주택임대차보호법 제3조).

물권적 청구권은 물권의 내용실현이 어떤 사정으로 말미암아 방해당하고 있거나 또는 방해당할 염려가 있는 경우에, 물권자가 방해자에 대하여 그 방해의 제거 또는 예방에 필요한 일정한 행위(작위 또는 부작위)를 청구할 수 있는 권리를 말한다. 우리 민법은 점유권과 소유권에 관하여 이에 관한 규정을 두고, 소유권에 관한 물권적 청구권에 관한 규정을 다른 물권에 준용하고 있다.

부동산 권리 이해하기 연습

Q. A가 B로부터 아파트를 임차하였다. A가 가지는 권리는 무엇인가?

A. 임차권(채권), 점유권(물권)

Q. 소매치기 범인 A가 B의 고가의 가방을 훔쳐 달아났다. A도 B의 가방에 대해 권리가 있는가? 있다면 어떤 권리인가?

A. 점유권

Q. B소유의 나대지인 X토지에 A가 무단으로 가건물을 짓고 살고 있다. A에게도 X토지에 대한 권리가 있는가?

A. 점유권

Q. A가 B에게 1억 원을 주고 X토지를 구입하고, 자신의 명의로 등기까지 마쳤다. A에게는 어떤 권리가 있는가?

A. 소유권 / 매매계약

Q. B가 아무런 대가 없이 자신이 가지고 있던 아파트 한 채를 A에게 주기로 하고, A명의로 등기까지 마쳤다. A에게는 어떤 권리가 있는가?

A. 소유권 / 증여계약

Q. A의 아버지 B가 X토지를 남기고 사망하였고, 이를 A가 상속받았다. A는 어떤 권리를 취득하는가?

A. 소유권 / 상속

Q. B는 2020. 12. 10. 그 소유인 X아파트에 관하여 A와 보증금 2억 원, 기간 2021. 1. 1.부터 2022. 12. 31.까지로 정하여 계약을 체결하였다. B는 보증금을 받고 A에게 X아파트를 인도하고 등기도 마쳐주였다. A는 어떤 권리를 취득할 수 있는가? 만일 등기는 없이 보증금만 받고 X아파트를 인도해 준 경우라면 어떤 권리를 취득할 수 있는가?

A. 전세권, 임차권(채권적 전세)

Q. A는 B소유의 X토지에 자신의 건물을 짓고 싶다. 가능한가? 가능하다면 A는 X토지에 대해서 어떤 권리가 있어야 하는가?

A. 대지사용권 - 소유권, 지상권

Q. A는 자신의 X토지와 그 지상에 Y건물을 소유하고 있다. 사업자금이 필요한 A는 X토지를 담보로 은행에 저당권을 설정한 후 대출을 받았다. 그 후 사업악화로 A가 채무를 이행하지 못하자 은행이 저당권을 실행하여 X토지에 경매를 진행되었다. 경매 결과 X토지는 B에게 낙찰되었다. 토지소유자 B는 건물소유자인 A에게 건물의 철거 및 토지의 인도를 요구한다. A는 B의 청구를 거절할 수 있는가? 있다면 어떤 권리가 있기 때문에 가능한가?

A. 거절할 수 있다. A에게 민법 제366조의 법정지상권이 인정됨

Q. A는 자신의 X토지와 그 지상에 Y건물을 소유하고 있다. A와 B는 매매계약을 체결하고 Y건물만을 B에게 매도하였다. B는 X토지를 사용할 권리가 있는가? 있다면 어떤 권리가 발생하는가?

A. 별도의 철거특약이 없는경우에 권리 있다. 관습상 법정지상권

Q. A소유의 X토지는 맹지이다. X토지에 출입하기 위해서는 B소유의 Y토지를 통하는 방법밖에 없다. A는 X토지로의 통행을 위해 Y토지에 어떤 권리를 가질 수 있는가?

A. B와 합의로 지역권 설정 가능 / 민법 제219조의 주위토지통행권 행사 가능(법정요건 충족되면 당연성립하고, 그 요건이 없어지면 당연소멸)

	통행지역권	주위토지통행권
발생원인	상호 당사자간 계약	법률의 규정
성질	독립된 물권	독립된 물권이 아니라, 인접한 소유권의 확장(상린관계)
기능	계약에 따른 인접토지 이용	인접토지 최소한 이용
인접성	불요	필요
등기	필요	불요

Q. 인테리어 업자인 A는 B의 의뢰로 B소유 아파트의 인테리어 공사를 진행하였다. 그런데 공사가 완료되었음에도 B가 공사대금을 주지 않고 있다. A는 B가 공사대금을 완납할때까지 해당 아파트의 인도를 거부할 수 있는가? 있다면 그 근거가 되는 권리는 무엇인가?

A. 있다. 유치권

Q. A는 5억 원짜리 집을 마련하기 위해 친구인 B에게 1억 원을 빌렸다. B가 A에게 빌려준 1억 원을 받을 수 있는 담보장치에는 어떤 것이 있을까?

A. 저당권 설정. A가 1억 원을 갚지 못할 경우 경매를 통해 배당 가능 근저당, 공동저당 등도 가능

제2절 부동산의 현황 파악

▌부동산물권의 공시

물권은 배타적 효력을 갖는 권리이기 때문에 물권의 소재와 변동을 일정한 외부적 표상에 의하여 인식할 수 있도록 하지 않으면 제3자에게 예상치 못한 손해를 주게 될 뿐만 아니라 권리관계가 복잡해진다. 거래의 안전을 보호하기 위하여 물권의 변동을 일반 제3자가 용이하게 인식할 수 있도록 하는 표상을 공시방법이라 하고, 공시방법을 통하여 물권의 현상을 공시하는 제도를 공시제도라고 한다.

부동산물권의 공시방법은 '등기'이다. 부동산물권의 귀속과 변동과정은 '부동산등기법'의 정함에 따라 토지는 토지등기부에, 건물은 건물등기부에 각각 기재된다. 한편 입목도 입목등기부에 '등기'하고(입목에 관한 법률), 수목의 집단·미분리의 과실 등에 관하여는 관습법상 '명인방법'이라는 공시제도가 인정된다. 동산물권의 공시방법은 '점유'이다. 동산의 점유를 이전하는 것을 '인도'라고 하는데, 그 방법으로 민법은 현실인도(민법 제188조 제1항), 간이인도(민법 제188조 제2항), 점유개정(민법 제189조), 목적물반환청구권의 양도(민법 제190조)의 4가지를 규정하고 있다.

▌공시의 원칙과 공신의 원칙

공시의 원칙은 물권의 소재 및 변동은 언제나 공시방법을 갖추어야 한다는 원칙이다. 이 원칙은 물권변동을 외부에서 인식할 수 있도록 하므로 거래의 안전을 위하여 인정되는 것이다. 공시의 원칙을 실현하기 위하여 이를 강제하는 방법으로는 두 가지가 있다. 하나는 공시방법을 갖추지 않으면 일반 제3자에 대한 관계에서는 물론, 당사자 사이에서도 물권변동의 효력이 발생하지 않는 것으로 하는 것이고(성립요건주의), 다른 하나는 공시방법을 갖추지 않은 경우에도 당사자 사이에서는 물권변동의 효력이 발생하지만 그 물권변동으로써 제3자에게 대항하지 못하는 것으로 하는 것이다(대항요건주의). 예를들어 A가 B에게 그 소유 부동산을 매도하였다고 할 때, B가 그 부동산의 등기를 하지 않으면 여전히 A가 소유자라는 것이 성립요건주의이며, 그 등기가 없어도 A에 대한 관계에서는 B가 소유자이고, 다만 제3자에 대한 관계에서는 그 등기를 하지 않는 한 A가 소유자가 된다는 것이 대항요건주의이다. 우리 민법과 독일 민법은 전자를, 프랑스 민법과 일본 민법은 후자의 입장을 취하고 있다.

공신의 원칙이란 물권의 존재를 추측케 하는 표상, 즉 공시방법이 존재하는 경우에는 비록 그 표상이 실질적 권리와 일치하지 않는다 할지라도 그 표상을 신뢰한 자는 보호되어야 한다는 원칙이다. 공시의 원칙은 그 공시방법이 진실한 권리관계와 일치한다는 것을 전제로 하나, 경우에 따라서는 그것이 일치하지 않을 수가 있다. 예를들어 A로부터 B에게 소유권이 이전된 것으로 등기가 되어있으나 그것이 B의 서류위조로 인한 경우, A로부터 동산을 빌려 점유하고 있던 B가 그 동산을 제3자에게 팔아버리는 경우 등이 그러하다. 여기서 물권의 표상을 신뢰한 자(위의 예에서 등기나 점유를 믿고 B로부터 물건을 매수한 제3자)를 보호하여야 할 필요가 생기고, 공신의 원칙은 이러한 취지를 반영한 것이다. 우리나라의 경우 부동산에는 공시의 원칙만이 인정되고 공신의 원칙은 인정되지 않지만, 동산에는 두 원칙이 모두 인정된다. 다만 민법 등에서 거래안전을 보장하기 위한 여러 제도(민법상 선의의 제3자 보호규정, 취득시효 등)를 두고 있다.

부동산등기

부동산등기의 의의

부동산등기란 등기관(지방법원장이나 지원장의 지정을 받아 등기사무를 처리하는 법원공무원을 말하며, 법원공무원도 국가공무원법의 적용을 받는 국가공무원이다.)이라는 국가기관이 법정절차에 따라 등기부라는 공적 장부에 부동산의 상황과 권리관계를 기재하는 것 또는 그러한 기재 자체를 말한다.

부동산등기는 사법부 소속의 등기소를 통해 행하여지는 점에서 행정청 등에 의해 공적장부에 일정한 권리관계를 기록하는 등록과 구별된다. 등기는 거래관계에 들어가는 제3자를 위하여 권리내용을 명백히 공시하여 예측하지 못한 손해를 방지하는 제도로서 거래의 안전을 보호하는 중요한 구실을 한다.

부동산등기는 그 편성 방식에 따라 물적 편성주의, 인적 편성주의, 연대적 편성주의 등으로 구분할 수 있다. 여기서 물적 편성주의라 함은 각각 토지·건물을 기준으로 하여 하나의 부동산에 한 용지를 사용하여 등기부를 편성하는 방식을 말하며, 인적 편성주의는 부동산의 소유자를 기준으로 각자에게 한 용지로 편성하는 방식을 말하며, 연대적 편성주의는 부동산 권리의 변동을 기재한 것을 순차적으로 편철하여 등기부를 편성하는 방식을 말한다. 우리나라는 등기부의 조직에 있어서 물적 편성주의를, 등기절차에 있어서 공동신청의 원칙과 형식적 심사주의를, 등기의 효력에 관하여 성립요건주의를 취하고 있고, 등기의 공신력은 인정되지 않으며 등기부와 대장이 이원화되어 있다는 점을 그 특징으로 한다.

부동산등기부와 대장

등기부는 부동산의 상황과 그에 관한 권리관계를 기재하는 공적 장부를 말하며, 토지등기부와 건물등기부의 두 가지가 있다(부동산등기법 제14조 제1항).

등기부에는 1필의 토지 또는 1개의 건물에 대하여 1개의 등기기록을 둔다(부동산등기법 제15조 제1항 본문). 다만 1동의 건물을 구분한 건물에 있어서는 1개의 건물에 속하는 전부에 대하여 1등기기록을 사용한다(부동산등기법 제15조 제1항 단서). 즉, 1동의 건물 전체에 대한 등기부(표제부)와 구분한 건물의 등기부(표제부, 갑구,

을구)를 편철한다.

대장은 부동산 자체의 현황을 명확히 파악하기 위하여 시장·군수·구청장이 작성하는 장부로서 원래 조세의 부과징수라는 행정목적 달성을 위하여 작성되어 왔다. 토지대장·임야대장·건축물대장이 있다.

우리는 부동산에 관하여 등기부와 대장의 이원적 공부제도를 채용하고 있으나, 양자의 기재가 일치하도록 하고 있다. 최초의 등기인 소유권보존등기는 대장에 기초하여 이루어지고(부동산등기법 제29조 제11호), 그 후 부동산의 권리관계의 변동은 등기부를 중심으로 이루어지고 변경된 등기부에 기초하여 대장상 권리관계의 변동이 이루어진다. 반면 권리관계 이외의 부동산의 사실적 사항(부동산의 현황 내지 동일성에 관한 사항 - 표제부의 사항)은 대장을 중심으로 이루어지고 변경된 대장에 기초하여 등기부의 변경이 이루어진다. 그런데 두 장부는 서로 다른 기관이 다른 목적으로 작성되는 것이므로 서로 불일치하는 경우가 생긴다. 양자가 불일치하는 경우 권리관계는 등기부의 기재가, 권리관계 이외의 사항(부동산의 현황 내지 동일성에 관한 사항 : 표제부의 사항)은 대장의 기재가 우선하게 됨이 원칙이다.

부동산등기부의 구성

부동산등기부는 부동산의 표시에 관한 사항을 기록하는 '표제부', 소유권에 관한 사항을 기록하는 '갑구', 소유권 이외의 권리에 관한 사항을 기록하는 '을구'로 구성된다(부동산등기법 제15조 제2항). 다만 집합건물의 경우 표제부는 1개의 건물의 표제부와 구분한 건물의 표제부를 따로 두고 있다. 그리고 을구에 기재된 사항이 전혀 없거나 기재된 사항이 말소되어 현재 효력이 있는 부분이 전혀 없을 때에는 등기사항증명서 발급시 을구를 제외한 표제부 및 갑구만으로 구성되어 발급이 된다.

[표제부(부동산의 소재지와 그 내용을 표시) 예시]

〈토지 표제부〉

【 표 제 부 】 (토지의 표시)					
표시번호	접수	소재지번	지목	면적	등기원인 및 기타사항
1	2025년 3월 3일	충청북도 청주시 서원구 개신동 12	대	956,101㎡	

① 표시번호: 등기한 순서를 숫자로 표시. 1, 2 등의 숫자 외에 등기부에 '1(전2)'이라고 기재된 경우가 있는데, 이는 구등기부에서 현재의 등기부로 이기하였다는 의미

② 접수: 등기신청서를 접수한 날짜를 표시

③ 소재지번: 토지가 위치하고 있는 토지의 소재지를 표시

④ 지목: 토지의 사용목적(예: 대지, 공장 용지, 학교 용지, 도로, 하천 등)을 표시

⑤ 면적: 토지의 전체 면적을 표시

⑥ 등기원인 및 기타사항: 표제부에 관한 등기원인 및 행정구역 명칭 및 지번 변경 등의 사항을 표시(예: 부동산등기법 제177조의6 제1항의 규정에 의하여 2002년 1월 29일 전산이기 등)

〈건물 표제부〉

【 표 제 부 】 (건물의 표시)				
표시번호	접수	소재지번 및 건물번호	건물내역	등기원인 및 기타사항
1	2025년 3월 3일	충청북도 청주시 서원구 개신동 12 [도로명주소] 충청북도 청주시 서원구 충대로 1	철근콘크리트조 근린생활시설 1층 300㎡ 2층 300㎡ 3층 300㎡	

① 표시번호: 등기한 순서를 숫자로 표시. 1, 2 등의 숫자 외에 등기부에 '1(전2)'이라고 기재된 경우가 있는데, 이는 구등기부에서 현재의 등기부로 이기하였다는 의미

② 접수: 등기신청서를 접수한 날짜를 표시
③ 소재지번 및 건물번호: 건물이 위치하고 있는 소재지 및 건물번호를 표시
④ 건물내역: 구조, 지붕, 층수, 용도, 면적 순으로 표시
⑤ 등기원인 및 기타사항: 표제부에 관한 등기원인 및 행정구역 명칭, 지번 변경 등의 사항을 표시

〈집합건물 표제부〉

【 표 제 부 】 (1동의 건물의 표시)				
표시번호	접수	소재지번, 건물명칭 및 번호	건물내역	등기원인 및 기타사항
1	2025년 3월 3일	충청북도 청주시 서원구 개신동 12 충북대아파트 제101동	철근콘크리트조벽식구조 철근콘크리트평지붕 5층아파트 제101동 1층 500㎡ 2층 500㎡ 3층 500㎡ 4층 500㎡ 5층 500㎡	도면편철장 제6책 제5면

(대지권의 목적인 토지의 표시)

표시번호	소재지번	지목	면적	등기원인 및 기타사항
1	1. 충청북도 청주시 서원구 개신동 12	대	956,101㎡	2025년 3월 3일

【 표 제 부 】 (전유부분의 건물의 표시)				
표시번호	접수	건물번호	건물내역	등기원인 및 기타사항
1	2025년 3월 3일	제1층 제101호	철근콘크리트벽식구조 250㎡	도면편철장 제6책 제5면

(대지권의 표시)

표시번호	대지권의 종류	대지권비율	등기원인 및 기타사항
1	1. 소유권대지권	956,101분의 125	2025년 3월 3일 대지권 2025년 3월 3일

* 1동 건물의 표시에 대한 표제부 : 집합건물 1동 건물의 표시

① 표시번호: 등기한 순서를 숫자로 표시. 1, 2 등의 숫자 외에 등기부에 '1(전2)'이라고 기재된 경우가 있는데, 이는 구등기부에서 현재의 등기부로 이기하였다는 의미

② 접수: 등기신청서를 접수한 날짜를 표시

③ 소재지번 및 건물번호: 건물이 위치하고 있는 토지의 지번 및 건물의 명칭, 건물번호를 표시. 건물명칭 및 건물번호가 기재되어 있지 않은 경우도 있음

④ 건물내역: 구조, 지붕, 층수, 용도, 면적 순으로 표시

⑤ 등기원인 및 기타사항: 표제부에 관한 등기원인 및 행정구역 명칭, 지번 변경 등의 사항을 표시

* 대지권의 목적인 토지의 표시에 대한 표제부: 집합건물이 속한 토지 즉 대지권의 목적인 토지에 대한 표시

① 소재지번: 건물이 위치하고 있는 토지의 지번을 표시

② 지목: 토지의 사용목적(예: 대지, 공장 용지, 학교 용지, 도로, 하천 등)을 표시

③ 면적: 토지의 전체 면적을 표시

④ 등기원인 및 기타사항: 표제부에 관한 등기원인 및 행정구역 명칭 및 지번변경, 대지권이 등기된 일자 및 구등기부등본에서 이기된 사항 등을 표시

* 전유부분의 건물의 표시: 집합건물에 속한 한 세대에 대한 건물의 표시

① 건물번호: 해당 건물에 대한 층 및 호수를 표시(예: 제1층 제101호)

② 건물내역: 구조, 지붕, 층수, 용도, 면적 순으로 표시

③ 대지권의 표시: 집합건물이 속한 대지중 해당 전유세대의 지분에 해당하는 토지에 대한 표시

④ 대지권 종류: 대지권의 대상이 되는 권리를 표시. 소유권대지권이 일반적이며 그 밖에 임차권대지권, 지상권대지권도 가능

⑤ 대지권 비율: 1동 건물이 속한 전체 토지 중 해당 전유부분이 차지하는 지분비율을 표시

[갑구(소유권에 관한 사항을 기재) 예시]

【 갑 구 】 (소유권에 관한 사항)				
순위번호	등기목적	접 수	등기원인	권리자 및 기타사항
1	소유권보전	2025년 1월 2일 제10001호		소유자 김우왕 990301-2234567 청주시 서원구 개신동 12
2	소유권이전	2025년 3월 3일 제20001호	2025년 3월 2일 매매	소유자 이좌왕 000301-1234567 청주시 서원구 개신동 12 거래가액 금100,000,000원

① 순위번호: 등기한 순서를 숫자로 표시. 이 란에 기재된 순위번호에 의하여 갑구 사항란의 권리간에 우선순위가 정해짐

② 등기목적: 등기의 내용 또는 종류를 표시(예: 소유권보존, 소유권이전 등)

③ 접수: 등기신청서를 접수한 날짜와 신청서를 접수하면서 부여한 접수번호를 표시

④ 등기원인: 등기의 원인 및 원인 일자를 표시(예: 매매, 설정 계약, 해지 등)

⑤ 권리자 및 기타사항: 부동산의 권리자 및 기타 권리 사항을 표시(소유권 이전의 경우 거래가액 또는 매매 목록 번호가 기재)

[을구(소유권 이외의 권리에 관한 사항을 기재) 예시]

【 을 구 】 (소유권 이외의 권리에 관한 사항)				
순위번호	등기목적	접 수	등기원인	권리자 및 기타사항
1	근저당권설정	2025년 3월 3일 제10001호	2025년 3월 2일 설정계약	채권최고액 금50,000,000원 채무자 김우왕 청주시 서원구 개신동 12 근저당권자 이좌왕 000301-1234567 청주시 서원구 개신동 12

① 순위번호: 등기한 순서를 숫자로 표시. 이 란에 기재된 순위번호에 의하여 을구 사항란의권리간에 우선순위가 결정됨

② 등기목적: 등기의 내용 내지 종류를 표시(예: 근저당권설정, 전세권설정, 지역권설정 등)

③ 접수: 등기신청서를 접수한 날짜와 신청서를 접수하면서 부여한 접수번호를 표시

④ 등기원인: 등기의 원인 및 원인 일자를 표시(예: 매매, 설정 계약, 해지 등)

⑤ 권리자 및 기타사항: 부동산의 권리자 및 기타 권리 사항을 표시(예: 근저당권설정의 경우 채권 최고액, 채무자, 근저당권자 등이 기재)

※ 부동산등기부 샘플 - 토지

등기사항전부증명서(말소사항 포함)
- 토지 -

고유번호 1543-1996-(

[토지] 충청북도 진천군 이월면

【 표 제 부 】 (토지의 표시)					
표시번호	접 수	소 재 지 번	지 목	면 적	등기원인 및 기타사항
1 (전 3)	2001년7월5일	충청북도 진천군 이월면	전	614㎡	
					부동산등기법 제177조의 6 제1항의 규정에 의하여 2002년 02월 19일 전산이기

【 갑 구 】 (소유권에 관한 사항)				
순위번호	등 기 목 적	접 수	등 기 원 인	권리자 및 기타사항
1 (전 2)	소유권이전	1994년9월22일 제10715호	1994년9월17일 매매	소유자)-******* 진천군 진천읍
				부동산등기법 제177조의 6 제1항의 규정에 의하여 2002년 02월 19일 전산이기

【 을 구 】 (소유권 이외의 권리에 관한 사항)
기록사항 없음

-- 이 하 여 백 --

관할등기소 청주지방법원 진천등기소

※ 부동산등기부 샘플-집합건물

등기부 등본 (말소사항 포함) - 집합건물

[집합건물] 충청북도 청주시 흥덕구 분평동 1255 주은프레지던트아파트 제9 동 제 층 제 호

고유번호 1501-2001-008530

【 표 제 부 】 (1동의 건물의 표시)				
표시번호	접 수	소재지번,건물명칭 및 번호	건 물 내 역	등기원인 및 기타사항
1	2001년11월22일	충청북도 청주시 흥덕구 분평동 1255 주은프레지던트아파트 제9 동	철근콘크리트벽식구조 철근콘크리트평지붕 15층아파트 제 동 1층 563.240㎡ 2층 563.240㎡ 3층 563.240㎡ 4층 563.240㎡ 5층 554.240㎡ 6층 554.240㎡ 7층 554.240㎡ 8층 554.240㎡ 9층 554.240㎡ 10층 554.240㎡ 11층 554.240㎡ 12층 554.240㎡ 13층 554.240㎡ 14층 554.240㎡ 15층 554.240㎡ 지하1층 566.444㎡	도면편철장제3책879장

(대지권의 목적인 토지의 표시)				
표시번호	소 재 지 번	지 목	면 적	등기원인 및 기타사항
1	1. 충청북도 청주시 흥덕구 분평동 1255	대	61774㎡	2001년11월22일

[집합건물] 충청북도 청주시 흥덕구 분평동 1255 주은프레지던트아파트 제9 동 제 층 제 호   고유번호 1501-2001-008530

【 표 제 부 】	(전유부분의 건물의 표시)			
표시번호	접 수	건물번호	건 물 내 역	등기원인 및 기타사항
1	2001년11월22일	제 층 제 호	철근콘크리트벽식구조 116.699㎡	도면편철장제3책879장

(대지권의 표시)			
표시번호	대지권종류	대지권비율	등기원인 및 기타사항
1	1 소유권대지권	61774분의 52.3671	2001년11월19일 대지권 2001년11월22일

【 갑 구 】	(소유권에 관한 사항)			
순위번호	등 기 목 적	접 수	등 기 원 인	권 리 자 및 기 타 사 항
1	소유권보존	2001년11월22일 제73606호		공유자 지분 2분의 1 주식회사주은산업 110111-0928949 서울 서초구 양재동 275-3 지분 2분의 1 주식회사대원 150111-0003058 청주시 흥덕구 송정동 140-40
2	공유자전원지분전부이전	2001년11월22일 제73607호	2001년11월21일 신탁	수탁자 주은부동산신탁주식회사 110111-1348237 서울 서초구 서초동 1688-3,4 ~~신탁~~ ~~신탁원부 제405호~~

[집합건물] 충청북도 청주시 흥덕구 분평동 1255 주은프레지던트아파트 제9 동 제 층 제 호   고유번호 1501-2001-008530

순위번호	등 기 목 적	접 수	등 기 원 인	권 리 자 및 기 타 사 항
3	소유권이전	2002년3월26일 제25488호	2002년3월12일 매매	소유자 유 -2****** 청주시 흥덕구 분평동 1255 주은프레지던트아파트 동 호 2번 신탁등기말소 원인 신탁재산의 처분
~~4~~	~~가압류~~	~~2003년7월9일~~ ~~제50914호~~	~~2003년7월8일~~ ~~청주지방법원의 가압류~~ ~~결정(2003카단13265)~~	~~청구금액 금10,184,602원~~ ~~채권자 엘지카드주식회사 110111-0412926~~ ~~서울 강남구 역삼동 679~~
5	~~압류~~	~~2003년8월20일~~ ~~제61626호~~	~~2003년8월19일~~ ~~압류(세무과-309)~~	~~권리자 청주시흥덕구~~
6	~~임의경매개시결정~~	~~2003년9월8일~~ ~~제66910호~~	~~2003년9월6일~~ ~~청주지방법원의~~ ~~경매개시~~ ~~결정(2003타경22830)~~	~~채권자 주식회사국민은행~~ ~~서울 중구 남대문로 2가 9-1~~
7	소유권이전	2004년5월31일 제39890호	2004년5월31일 매각	소유자 이)-2****** ~~대전 서구 둔산동 1363~~
7-1	7번등기명의인표시변경	2008년6월17일 제47948호	2008년5월19일 전거	이 의 주소 대전광역시 서구 삼천동 991
8	4번가압류, 5번압류, 6번임의경매개시결정 등기말소	2004년5월31일 제39890호	2004년5월31일 매각	
9	~~소유권이전청구권가등기~~	~~2008년6월17일~~	~~2008년6월17일~~	~~가등기권자 이 -1******~~

[집합건물] 충청북도 청주시 흥덕구 분평동 1255 주은프레지던트아파트 제9 동 제 층 제 호　　　고유번호 1501-2001-008530

순위번호	등 기 목 적	접 수	등 기 원 인	권 리 자 및 기 타 사 항
		~~제47949호~~	~~매매예약~~	~~대전광역시 중구 사정동 433-36 공원맨션 114-102~~
10	9번가등기말소	2008년8월6일 제73475호	2008년7월29일 해제	
11	소유권이전	2008년8월6일 제73477호	2008년7월29일 매매	소유자 주식회사심택 150111-0006185 충청북도 청주시 흥덕구 송정동 70-5 거래가액 금200,000,000원
12	소유권이전	2010년7월28일 제85624호	2010년7월13일 매매	공유자 지분 2분의 1 김 -1****** 충청북도 청주시 흥덕구 분평동 1255 주은프레지던트아파트 지분 2분의 1 홍 -2****** 충청북도 청주시 흥덕구 분평동 1255 주은프레지던트아파트 거래가액 금208,000,000원

【 을 구 】 (소유권 이외의 권리에 관한 사항)

순위번호	등 기 목 적	접 수	등 기 원 인	권 리 자 및 기 타 사 항
~~1~~	~~근저당권설정~~	~~2002년3월26일~~ ~~제25489호~~	~~2002년3월26일~~ ~~설정계약~~	~~채권최고액 금156,000,000원~~ ~~채무자 유~~ ~~청주시 흥덕구 분평동 1255 주은프레지던트아파트~~

[집합건물] 충청북도 청주시 흥덕구 분평동 1255 주은프레지던트아파트 제9 동 제 층 제 호　　　고유번호 1501-2001-008530

순위번호	등 기 목 적	접 수	등 기 원 인	권 리 자 및 기 타 사 항
				~~근저당권자 주식회사국민은행 110111-2365321~~ ~~서울 중구 남대문로2가 9-1~~ ~~(주택사청주영업지원센터)~~
~~2~~	~~근저당권설정~~	~~2003년8월27일~~ ~~제63732호~~	~~2003년8월26일~~ ~~설정계약~~	~~채권최고액 금13,910,000원~~ ~~채무자 유~~ ~~청주시 흥덕구 분평동 1255 주은프레지던트아파트~~ ~~근저당권자 엘지카드주식회사 110111-0412926~~ ~~서울 강남구 역삼동 679~~
3	1번근저당권설정, 2번근저당권설정 등기말소	2004년5월31일 제39890호	2004년5월31일 매각	
~~4~~	~~근저당권설정~~	~~2004년5월31일~~ ~~제39891호~~	~~2004년5월27일~~ ~~설정계약~~	~~채권최고액 금114,400,000원~~ ~~채무자 아~~ ~~대전 서구 둔산동 1383~~ ~~근저당권자 대한생명보험주식회사 110111-0003204~~ ~~서울 영등포구 여의도동 60~~
5	4번근저당권설정등기말소	2004년8월20일 제60783호	2004년8월20일 해지	
6	~~전세권설정~~	~~2004년8월20일~~ ~~제60784호~~	~~2004년8월20일~~ ~~설정계약~~	~~전세금 금170,000,000원~~ ~~범 위 주거용건물의전부~~ ~~존속기간 2004년8월20일부터2006년8월19일까지~~ ~~반환기 2006년8월19일~~ ~~전세권자 주식회사심택 150111-0006185~~ ~~청주시 흥덕구 송정동 70-5~~

[집합건물] 충청북도 청주시 흥덕구 분평동 1255 주은프레지던트아파트 제9 동 제 층 제 호　　　고유번호 1501-2001-008530

순위번호	등 기 목 적	접 수	등 기 원 인	권 리 자 및 기 타 사 항
~~6-1~~				~~6번 등기는 건물만에 관한 것임~~ ~~2004년8월20일 부기~~
7	6번전세권설정등기말소	2008년8월6일 제73476호	2008년7월29일 해지	
8	근저당권설정	2010년7월28일 제85794호	2010년7월28일 설정계약	채권최고액 금 원 채무자 김 충청북도 청주시 흥덕구 분평동 1255 주은프레지던트아파트 근저당권자 주식회사한국씨티은행 110111-0303539 서울특별시 중구 다동 39 (청주지점)

부동산등기사항

부동산등기사항은 실체법상의 등기사항과 절차법상의 등기사항으로 구분된다. 실체법상의 등기사항이란 등기를 필요로 하는 사항, 즉 그것을 등기하지 않으면 사법상 일정한 효력이 생기지 않는 사항을 말한다. 한편 절차법상의 등기사항이란 등기를 할 수 있는 사항, 즉 당사자가 등기를 신청할 수 있고 또한 등기관이 등기할 직책과 권한을 가지게 되는 사항을 의미한다. 실체법적 등기사항은 모두 절차법적 등기사항이 된다. 무엇이 절차법상의 등기사항인가는 부동산등기법상 등기하는 것이 허용되는가에 의하여 결정되게 되며, 이 사항에 속하는 것을 '등기능력'이라고도 한다.

부동산등기법상 등기의 목적물이 되는 것은 토지와 건물 뿐이고, 건물 이외의 토지정착물은 입목에 관한 법률, 축사의 부동산등기에 관한 특례법 등 특별법에 의한 예외를 제외하고는 독립하여 등기사항이 되지 않는다.

등기되는 권리는 소유권, 지상권, 지역권, 전세권, 저당권, 권리질권, 채권담보권, 임차권이다(부동산등기법 제3조; 2012. 6. 11. 시행 동산·채권 등의 담보에 관한 법률). 점유권, 유치권, 분묘기지권, 특수지역권 등은 등기사항이 아니다.

등기되는 권리의 설정, 보존, 이전, 변경, 처분의 제한, 소멸에 대한 사항이 등기되는 권리변동에 해당된다(부동산등기법 제3조).

부동산등기의 종류

부동산등기는 등기의 기능, 등기의 방법(형식), 등기의 효력 등에 따라 분류가 가능하다.

등기의 기능에 따라 사실의 등기와 권리의 등기로 구분할 수 있다. 사실의 등기는 권리의 객체인 부동산의 물리적 현황(위치·면적·구조 등의 표시)을 공시하는 등기로서 등기용지 중 표제부의 표시란에 기재된다. '표시란의 등기'라고도 한다. 권리의 등기는 부동산의 권리관계(권리의 보존·설정·이전·소멸 등)를 공시하는 등기로서 등기용지 중 갑구와 을구의 사항란에 기재된다. '사항란의 등기'라고도 한다.

등기의 방법 내지 형식에 따라 주등기와 부기등기로 구분할 수 있다. 주등기는 독립된 번호를 붙여서 하는 독립등기로서, 표시란에 등기할 때에는 표시번호에, 갑구나 을구에 등기할 때에는 순위번호에 각각 독립된 번호를 붙여서 하게 된다. 등기는 원칙적으로 이러한 주등기의 형식으로 기재된다. 부기등기는 기존의 주등기번호를 그대로 사용하고, 다만 주등기번호 아래에 부기 몇 호라는 번호를 기재하여 하는 등기이다. 부기등기는 기존의 등기와 동일한 등기(예컨대 변경등기나 경정등기)이거나 기존의 등기와 동일한 순위를 갖는 등기(예컨대 소유권 이외의 권리의 이전등기)를 할 때 행해지는 등기형식이다.

등기의 효력에 따라 종국등기와 예비등기로 구분할 수 있다. 종국등기는 등기 본래의 효력, 즉 물권변동의 효력을 생기게 하는 등기로서 보통의 등기는 모두 이에 해당한다. 본등기라고도 부른다. 종국등기는 그 등기의 기재내용에 의하여 다음과 같이 분류할 수 있다.

① 기입등기

새로운 등기원인에 기하여 어떤 사항을 등기부에 새로이 기입하는 등기를 말하며, 예컨대 소유권보존등기·소유권이전등기·저당권설정등기, 가압류 등기, 가처분 등기 등이 이에 속한다.

② 변경등기

등기와 실체관계 사이의 불일치를 해소시키기 위하여 기존등기의 일부를 변경하는 등기를 말한다. 그 불일치가 후발적으로 생긴 경우(등기가 행해진 후에 등기된 사항에 변경이 생긴 경우)에 이를 시정하기 위한 협의의 변경등기와, 그 불일치가 원시적으로 생긴 경우(신청인 또는 등기관의 착오로 등기가 처음부터 잘못 기재된 경우)에 이를 시정하기 위한 경정등기로 구분된다. 예를들어 등기후 소유자의 이름이 김△△에서 김○○으로 바뀐 경우에는 변경등기를 해야하고, 지분이 잘못 표시된 경우에는 경정등기를 하게 된다.

③ 말소등기

등기에 대응하는 실체관계가 없는 경우에 그 등기를 법률적으로 소멸시킬 목적으로 기존등기 전부를 말소하는 등기를 말한다. 말소의 대상이 되는 등기는 후발적 원인에 의하여 부적법하게 되는 경우(예를들어 변제에 의한 저당권의 소멸)와 원시적으로 부적법하여 무효인 경우(예를들어 등기원인의 무효)가 있다.

④ 회복등기

기존등기가 부당하게 소멸된 경우에 이를 원상으로 회복하는 등기로서 부당하게 말소된 등기를 회복하는 말소회복등기와 멸실된 등기를 회복하는 멸실회복등기가 있다.

⑤ 멸실등기

기존의 등기된 부동산이 전부 멸실된 경우에 행해지는 등기이다.

예비등기는 등기 본래의 효력 즉 물권변동이나 대항력과는 직접 관계가 없이 장차 행하여질 등기에 대비하여 행해지는 등기로서 가등기와 예고등기가 있다.

가등기는 부동산물권(소유권, 지상권, 지역권, 전세권, 저당권) 및 이에 준한 권리(권리질권, 임차권)의 설정·이전·변경·소멸의 청구권을 보전하기 위해 예비로 하는 등기이다. 가등기는 이처럼 부동산 물권변동을 청구할 수 있는 청구권보전기능을 가지나, 순위보전의 효력을 가질 뿐 물권변동이 가등기시로 소급하는 것은 아니다. 가등기에 의하여 보전되는 청구권은 채권적 청구권으로 물권적 청구권을 위한 가등기는 허용되지 않는다. 가등기는 본등기를 예고하므로 본등기를 할 수 없는 권리변동을 목적으로 등기할 수 없다. 단, 부동산매수인이 소유권이전등기청구권을 보전하기 위하여 가등기를 한 상태에서 장차 취득할 권리를 제3자에게 양도할 것을 약정하고, 제3자가 자기의 청구권을 보전하기 위해 가등기에 다시 부기등기(가등기의 가등기)를 하는 것은 허용된다.

예고등기는 등기원인의 무효 또는 취소로 인한 등기의 말소 또는 회복의 소가 제기된 경우에 이를 제3자에게 경고하기 위하여 수소법원의 촉탁으로 행해지는 등기를 말하는데, 2011년 부동산등기법 개정에서 폐지되었다.

부동산등기의 절차

부동산등기법상의 등기는 당사자의 신청 또는 관공서의 촉탁에 의해 행해지는 '신청주의'를 원칙으로 한다(부동산등기법 제22조). 등기의 신청은 등기권리자와 등기의무자가 공동으로 하는 것이 원칙이다(부동산등기법 제23조). 당해 등기에 관하여 이해관계를 가지는 양 당사자가 공동으로 등기신청을 하게 함으로써 진정한 등기를 확보하기 위함이다. 여기서 등기권리자란 신청된 등기가 행하여짐으로써 권리의 취득 기타의 이익을 받는 자라는 것이 등기부상 형식적으로 표시되는 자이고, 등기의무자란 등기가 행하여짐으로써 권리의 상실 기타의 불이익을 받는 자라는 것이 등기부상 형식적으로 표시되는 자를 말한다.

다만 공동신청에 의하지 않더라도 등기의 진정을 보장할 수 있는 사정이 있거나 또는 당해 등기의 성질상 등기의무자의 존재를 생각할 수 없는 경우에는 등기권리자 또는 등기의무자의 단독신청이 인정된다(부동산등기법 제23조). 전자의 경우로서 등기권리자의 단독신청을 허용하는 예로는, 판결에 의한 등기, 상속에 의한 등기, 멸실회복등기 등이 있으며, 후자의 경우로서 실체법상의 권리자 또는 등기명의인에 의한 단독신청을 인정하는 예로는, 미등기부동산의 소유권 보존등기, 부동산의 멸실·분합 기타의 변경등기, 등기명의인의 표시 변경등기 등이 있다.

등기는 대위신청도 가능하다. 대위신청은 채권자가 자기 채권의 보전을 위하여 채무자가 가지는 등기청구권을 채무자의 대리인으로서가 아니라 자기의 이름으로 행사하여 채무자 명의의 등기를 신청하는 것이다. 다만 대위원인을 증명하는 서면을 첨부해야 한다. 또한 등기는 대리인에 의한 신청도 가능하다. 대리인은 행위능력자가 아니어도 무방하고, 자기계약·쌍방대리가 허용된다.

등기신청은 요식행위로서 신청시에 신청정보, 등기원인을 증명하는 정보, 등기원인에 대하여 제3자의 허가, 동의 또는 승낙이 필요한 경우에는 이를 증명하는 정보, 등기상 이해관계 있는 제3자의 승낙이 필요한 경우에는 이를 증명하는 정보 또는 이에 대항할 수 있는 재판이 있음을 증명하는 정보 등을 제공하여야 한다(부동산등기규칙 제46조).

등기는 크게 신청·접수·심사·실행의 단계로 이루어진다.

등기신청의 접수는 방문신청, 전자신청이 가능하며, 대법원규칙으로 정하는 등기신청정보가 전산정보처리조직에 저장된 때 접수된 것으로 본다(부동산등기법 제6조).

등기가 실체적 권리관계와 부합하도록 하기 위해서 등기신청에 대하여 등기관의 일정한 심사가 필요하게 되는데, 그 심사권의 범위, 권한 등은 그 등기심사의 권한과 방법에 따라 실질적 심사주의와 형식적 심사주의의 두 가지 입법례로 나누어진다. 우리 부동산등기법은 제29조에서 등기관의 신청각하사유를 제한적으로 열거하고 있을 뿐인데, 판례는 "등기관은 오직 신청서류와 등기부에 의하여 등기요건에 합당한지 여부를 심사할 권한밖에 없다"라고 판시하여 우리 법이 형식적 심사주의를 채택하고 있는 것으로 본다.

등기관은 접수된 등기신청을 심사한 결과 신청각하사유에 해당하지 않으면 등기를 마쳐야 하고 등기관이 등기를 마쳤을 때에는 대법원규칙으로 정하는 바에 따라 신청인 등에게 그 사실을 알려야 한다(부동산등기법 제30조). 등기관이 새로운 권리에 관한 등기를 마쳤을 때에는 등기필정보를 작성하여 등기권리자에게 통지하여야 한다(부동산등기법 제50조).

등기관의 결정 또는 처분을 부당하다고 하는 사람은 관할 지방법원에 이의신청을 할 수 있다(부동산등기법 제100조). 이의신청은 등기관의 부당한 처분 또는 결정에 대한 원상회복적인 구제방법이고, 이러한 방법으로 시정을 구할 수 있는 경우에는 민사소송이나 행정소송의 방법으로 그 시정을 구할 수 없다.

부동산등기청구권

등기청구권이란 등기권리자가 등기의무자에게 등기신청에 협력할 것을 요구하는 권리를 말한다. 실체법적인 권리로서, 국민이 국가기관인 등기관에 대하여 가지는 권리인 등기신청권과는 구별된다. 등기청구권은 공동신청의 경우에 문제되는 것이며, 등기권리자 또는 등기의무자가 단독으로 등기신청을 할 수 있는 경우에는 이러한 문제가 발생하지 않는다.

법률행위에 의한 부동산 물권변동, 예컨대 부동산 매매계약에 기초하여 등기가 이루어져야 하는 경우, 매수인은 매도인에게 등기청구권을 갖는다. 물권변동에 있어서 성립요건주의를 취하고 있는 우리 민법에서는 등기를 갖추어야 비로소 물권이 취득되는 것이므로, 이때의 등기청구권은 채권적 청구권으로 볼 것이다(다수설·판례). 법률행위로 인한 물권변동에서의 등기청구권은 채권적 청구권이므로 10년의 소멸시효기간에 걸리는 것이 원칙이다. 그러나 판례는 시효제도의 존재이유에 비추어 보아 부동산매수인이 그 목적물을 인도받아서 이를 사용·수익하고 있는 경우에는 그 매수인을 권리위에 잠자는 것으로 볼 수 없고, 또 매도인명의로 등기가 남아 있는 상태와 매수인이 인도받아 이를 사용·수익하고 있는 상태를 비교하면 매도인 명의로 잔존하고 있는 등기를 보호하기 보다는 매수인의 사용·수익상태를 더욱 보호해야 하므로, 목적물을 인도받은 부동산매수인의 소유권이전등기청구권은 소멸시효에 걸리지 않는다고 본다.

실체관계와 등기가 일치하지 않는 경우, 예컨대 등기서류를 위조하여 소유권이전등기가 행해진 경우와 같이 실체관계와 등기가 일치하지 않는 경우에는 진정한 소유자가 현재 등기명의인을 상대로 그 등기의 말소를 청구할 수 있다. 이때의 등기청구권은 소유권에 기한 물권적 청구권으로서의 성질을 갖는다(다수설·판례).

부동산 점유취득시효의 경우 20년간 소유의 의사로 평온·공연하게 부동산을 점유하는 자는 등기함으로써 소유권을 취득한다(민법 제245조 제1항). 시효취득은 원시취득이지만, 등기실무상 이전등기를 하고 있으므로 이 경우에도 등기청구권이 발생한다. 이 때 위 규정에 의하여 등기를 하여야만 소유권을 취득하게 되므로 등기청구권의 성질은 채권적 청구권으로 보아야 한다.

부동산임차인은 당사자간에 반대약정이 없으면 임대인에 대하여 그 임대차등기절차에 협력할 것을 청구할 수 있다(민법 제621조 제1항). 이 규정에 의하여 등기청구권이 발생하고, 그 성질은 채권적 청구권으로 보아야 한다.

그렇다면 등기권리자가 등기이전을 하지 않는 경우, 등기의무자가 등기권리자에 대하여 등기를 이전해 갈 것을 청구할 수 있는가? 이것이 이른바 등기인수청구권의 문제인데, 권리자로 등기된 자가 세금부담 등 불이익을 받을 수 있으므로 등기권리자에게 등기의 인수를 청구할 수 있다고 할 것이다.

부동산등기의 효력

부동산등기는 본등기의 효력과 가등기의 효력으로 구분할 수 있다.

본등기는 권리변동적 효력, 대항적 효력, 순위확정적 효력, 추정적 효력을 가진다.

① 권리변동적 효력

물권행위와 그것에 합치되는 등기가 있으면 부동산물권변동의 효력이 생긴다. 이것이 등기의 가장 기본적이고도 중요한 효력이다.

② 대항적 효력

지상권·지역권·전세권·저당권은 등기함으로써 그 권리가 발생한다. 그러나 이들 권리에 관한 일정한 사항, 예컨대 존속기간·지료·이자·지급시기 등은 등기됨으로써 제3자에게 대항할 수 있게 되고, 그것들이 등기되지 않는 한 당사자들 사이에서만 효력이 있을 뿐 제3자에게 주장할 수 없다.

③ 순위확정적 효력

동일한 부동산에 관하여 등기한 권리의 순위는 법률에 다른 규정이 없으면 등기한 순서에 의하여 정하여진다(부동산등기법 제4조 제1항). 그러므로 등기는 등기된 수개의 권리 사이에서 그 순위를 확정하는 효력을 갖는다. 등기의 순서는 등기기록 중 同區에서 한 등기에 관하여는 순위번호에 의하고, 別區에서 한 등기에 관하여는 접수번호에 의하여 정하여진다(부동산등기법 제4조 제2항). 다만 부기등기의 순위는 주등기의 순위에 의한다(부동산등기법 제5조).

④ 추정적 효력

어떤 등기가 있으면 그 등기가 표상하는 실체적 권리관계가 존재하는 것으로 추정케 하는 효력을 등기의 추정력이라 한다. 즉 부동산등기는 그것이 형식적으로 존재한다는 사실 자체로부터 적법한 등기원인에 의하여 마쳐진 것으로 추정되는 것이다. 민법에 명문규정이 있는 것은 아니나 통설과 판례에 의하여 인정되고 있는 효력이다. 등기의 추정력은 권리귀속, 물권변동의 유효한 성립, 전등기명의인의 등기기간 동안의 권리자 추정, 말소의 경우 권리 소멸이나 부존재, 불법말소의 경우 권리존속, 절차의 적법 등에 미친다. 또한 등기의 추정력은 제3자에 대해서 뿐만 아니라 그 전 소유자에 대해서도 미친다.

가등기는 본등기순위보전의 효력을 가진다. 가등기를 한 후 그에 기한 본등기를 하면 본등기의 순위는 가등기의 순위에 의한다(부동산등기법 제91조). 이것은 본등기의 순위가 가등기의 순위로 소급하는 것을 의미할 뿐이지, 물권변동이 가등기시로 소급하여 그 때에 일어나는 것을 의미하는 것은 아니다. 예를들어 A로부터 B에게로 소유권이전에 관한 가등기가 행하여지고, 이어서 A로부터 C에게로 소유권이전의 등기가 경료된 후 B의 가등기에 기하여 본등기가 행하여지면, B의 본등기는 C의 등기에 우선하게 되며, 그 결과 C의 소유권취득은 효력을 잃게 된다. 다만 B의 본등기가 행하여지기 전에는 C가 정당한 소유자로서 권리를 행사할 수 있다. 가등기가 본등기로 실행되지 않는 한 그 자체로서는 실체법상 아무런 효력이 없다. 가등기 후에 제3자를 위한 처분이 행해지지 않으면 가등기권리자와 가등기의무자는 공동신청하여 본등기를 하게 된다. 그러나 가등기 후에 제3자를 위한 처분의 등기가 행해진 경우, 즉 위의 예와 같이 가등기 후 C에게 소유권이전등기가 행해진 경우에 B는 누구를 상대로 하여 본등기를 청구하며, C의 등기는 어떻게 처리할 것인지가 문제된다. 판례는 이러한 경우에 B는 A에게 본등기청구를 하여야 하고, 그에 따라 본등기가 경료되면 C명의의 등기는 부동산등기법 제55조 제2호의 "사건이 등기할 것이 아닌 때"에 해당하게 되어 등기관이 같은 법 제175조 제1항에 의하여 직권으로 말소하여야 한다고 한다(대법원 1975. 12. 27. 선고 74마100 판결).

부동산등기 특례제도

부동산등기 특별조치법에 따른 특례

부동산등기 특별조치법은 부동산소유권이전등기신청을 의무화하고, 부동산투기의 수단으로 이용되는 허위·부실등기신청행위와 부동산투기억제를 위한 거래제한법령을 회피하여 나가는 각종 편법·탈법행위를 직접적으로 규제함으로써, 등기부기재와 거래의 실제내용이 일치하도록 하여 건전한 부동산거래질서를 확립하기위해 제정되었다. 이 법은 부동산의 소유권이전을 내용으로 하는 계약을 체결한 자는 그 계약이 쌍무계약(예: 매매)인 경우에는 반대급부의 이행이 완료된 날부터, 그 계약이 편무계약(예: 증여)인 경우에는 그 계약의 효력이 발생한 날부터, 각 60일 이내에 소유권이전등기를 신청하도록 의무화하고 있으며(동법 제2조 제1항), 소유권보존등기가 되어 있지 아니한 부동산에 대하여 소유권이전을 내용으로 하는 계약을 체결한 자는 ① 부동산등기법 제65조의 규정에 의하여 소유권보존등기를 신청할 수 있음에도 이를 하지 아니한 채 계약을 체결한 경우에는 그 계약을 체결한 날, ② 계약을 체결한 후에 부동산등기법 제65조의 규정에 의하여 소유권보존등기를 신청할 수 있게 된 경우에는 소유권보존등기를 신청할 수 있게 된 날부터 60일 이내에 소유권보존등기를 신청하도록 규정하고 있다(동법 제2조 제5항).

또한 이 법은 부동산소유권이전등기신청 의무화 규정의 실효성 확보를 위해 목적부동산의 소재지를 관할하는 시장 등은 등기권리자가 상당한 사유 없이 등기신청을 해태한 때에는 그 해태한 날 당시의 그 부동산에 대한 등록세액(등록세가 비과세·면제·감경되는 경우에는 지방세법의 규정에 의한 부동산가액에 부동산등기세율을 곱한 금액)의 5배 이하에 상당하는 금액의 과태료에 처하도록 규정하고 있다(제11조, 제12조 참조).

이 법은 제정 초기에는 이 법에 의해 허위 및 부실등기를 직접적으로 규제하는 것이 가능하게 되어 부동산투기억제에 어느 정도 효과가 있으며, 수사기관 등에서도 수사과정을 통하여 이러한 불법행위가 밝혀졌을 경우 전에는 처벌할 수 없었으나 이 법의 제정으로 이러한 경우를 적발, 처벌할 수 있게 되는 등 일정 부분에서는 동법이 실효성이 있는 것으로 평가 받았다.

부동산실권리자 명의등기에 관한 법률에 따른 특례

부동산 실권리자명의등기에 관한 법률(이하 "부동산실명법"이라 함)은 부동산에 관한 소유권 기타 물권이 실체적 권리관계에 부합하도록 실권리자 명의로 등기하게 함으로써 부동산등기제도를 악용한 투기·탈세·탈법행위 등 반사회적 행위를 방지하고 부동산거래의 정상화와 부동산가격의 안정을 도모하여 국민경제의 건전한 발전에 이바지하기 위해 제정되었다.

부동산실명법 제3조는 "누구든지 부동산에 관한 물권을 명의신탁약정에 의하여 명의수탁자의 명의로 등기하여서는 아니 된다."라고 규정하고 있고, 제4조는 "이러한 명의신탁약정은 무효로 하고, 이러한 명의신탁약정에 따라 행하여진 등기에 의한 부동산에 관한 물권변동은 무효로 한다."라고 규정하고 있다. 그리고 동법의 실효성 확보를 위해 이를 위반한 자에 대하여 행정제재인 과징금 부과처분과 형사제재인 징역 또는 벌금에 처하도록 규정하고 있다.

다만, 부동산실명법은 종중 및 배우자간 명의신탁, 종교단체의 명의로 그 산하 조직이 보유한 부동산에 관한 명의신탁에 대하여는 조세포탈, 강제집행의 면탈 또는 법령상의 제한의 회피를 목적으로 하지 않는 경우는 특례를 인정하여, 명의신탁 약정의 효력(동법 제4조), 과징금(동법 제5조), 이행강제금(동법 제6조), 벌칙(동법 제7조) 및 기존명의신탁의 실명등기의무위반 시 효력(동법 제12조)규정의 적용을 배제하였다.

또한 부동산실명법은 부동산등기특별조치법 제2조의 적용을 받는 자로서 부동산을 취득한 후 3년 내에 소유권이전등기를 하지 않는 경우 장기미등기로 보아 처벌케 한다(동법 제10조). 부동산등기특별조치법에 의하면 그 부동산에 대한 등록세액의 5배 이하의 과태료가 부과되고(동법 제11조), 부동산실명법에 의하면 그 부동산가액의 100분의 30에 해당하는 과징금을 부과(부동산특별조치법에 의한 과태료가 이미 부과된 경우에는 이를 차감한 금액)하고(동법 제10조 1항), 과징금의 부과에도 불구하고 소유권이전등기신청을 하지 아니한 때에는 명의신탁으로 간주하고 이행강제금을 부과한다(동조 3항).

부동산소유권 이전등기 등에 관한 특별조치법에 따른 특례

부동산소유권 이전등기 등에 관한 특별조치법(이하 "특조법"이라 함)은 이 법 시행 당시 소유권보존등기가 되어 있지 아니하거나 등기부 기재가 실제 권리관계와 일치하지 아니하는 부동산에 대하여 간편한 절차로 등기할 수 있도록 하여 진정한 권리자의 소유권을 보호하고 재산권으로서의 기능을 할 수 있게 하고자 제정되었다.

특조법은 1977년, 1992년, 2005년, 2020년에 한시적으로 제정·시행된 바 있다. 당시 특조법은 8·15 해방과 6·25 사변 등을 거치면서 부동산 소유관계 서류 등이 분실되거나 증인이 될 수 있는 관계자들이 사망하거나, 본거지를 옮기는 등 부동산에 관한 사실상의 권리관계와 등기부상의 권리가 일치하지 아니하는 경우가 적지 않아 이에 대한 정리의 필요성에 의하여 제정·시행되었다. 또한 특조법은 부동산등기법의 내용을 잘 알지 못하여 소유권보존등기 또는 소유권이전등기를 하지 못한 국민들에게 재산권 행사를 용이하게 할 수 있도록 하려는 취지도 있었다.

특조법에 의하면 1995년 6월 30일 이전에 매매·증여·교환 등 법률행위로 인하여 사실상 양도된 부동산, 상속받은 부동산과 소유권보존등기가 되어 있지 아니한 부동산에 대하여 보증인의 보증을 받아 해당 부동산 소재 지방자치단체에 확인서 발급을 신청할 수 있다. 이 경우 지방자치단체는 보증취지의 확인, 이의신청 공고 등의 절차를 거쳐 문제가 없는 경우 확인서를 발급하게 되고, 확인서 발급신청인은 이 확인서만을 가지고 부동산등기의 신청이 가능하게 된다.

▌부동산 관련 기타 공적 장부

부동산등기부 외에도 부동산의 상태를 명확하게 파악할 수 있도록 하는 다양한 공적장부가 존재한다. 예를 들어 각종 대장(토지대장, 임야대장, 건축물대장), 지적도, 임야도 등이 이러한 공적장부에 해당한다. 또한 토지대장, 건축물대장, 토지이용계획확인서, 등기사항증명서, 지적도 등 개별법에 의해 관리되던 18종의 부동산 관련 증명서를 하나의 증명서로 통합·연계하여 여러 공적 장부를 일일이 찾아 열람, 발급하는 불편함을 해소하고 부동산 거래에 대한 모든 정보를 종합적으로 하나의 문서로 파악할 수 있도록 만든 부동산종합증명서도 있다.

토지대장

토지대장은 토지의 필지마다 그 소재·지번·지목·면적·경계 또는 좌표 등을 조사·측량하여 조사된 토지의 표시와 해당 토지의 소유자 등을 기록한 대장을 말한다(공간정보의 구축 및 관리 등에 관한 법률 제2조 제19호 및 제64조 제1항). 부동산등기부에 기재된 부동산 표시가 토지대장과 부합하지 않는 경우, 그 부동산의 소유권 등기명의인은 부동산 표시의 변경등기를 하지 않으면 그 부동산에 대하여 다른 등기를 신청할 수 없다. 또한 부동산등기부에 기재된 등기명의인의 표시가 토지대장과 부합하지 않는 경우에는 그 등기명의인은 등록명의인 표시의 변경등록을 하지 않으면 그 부동산에 대하여 다른 등기를 신청할 수 없다. 토지대장은 인터넷, 주민센터 방문, FAX, 우편, 민원우편, 모바일, 전화 등의 수단으로 발급 및 열람이 가능하며, 특히 정부24 홈페이지(https://www.gov.kr/portal/main/nologin)를 활용하면 누구나 손쉽게 무료로 토지대장의 발급 및 열람이 가능하다. 참고로 방문발급은 1필지당 500원, 방문열람은 1필지당 300원의 수수료가 부과된다.

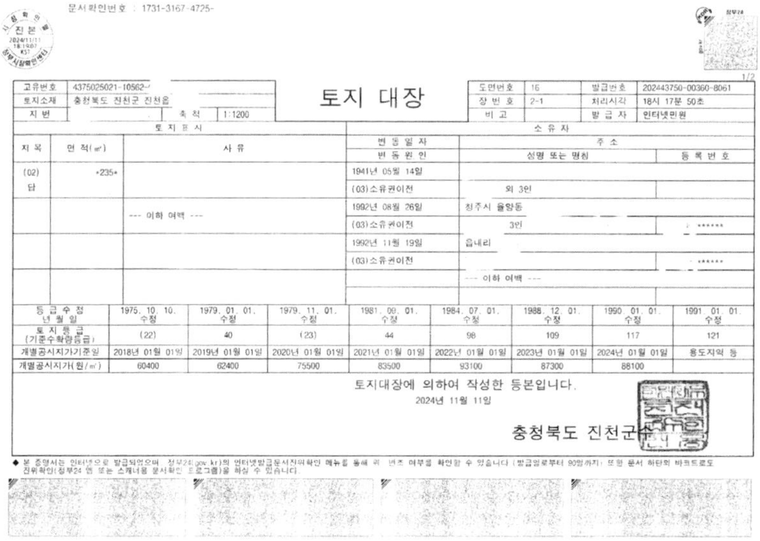

문서확인번호 : 1731-3167-4725-

토지 대장

고유번호	4375025021-10562-			도면번호	16	발급번호	202443750-00360-8061
토지소재	충청북도 진천군 진천읍			장번호	2-1	처리시각	18시 17분 50초
지번		축척	1:1200	비고		발급자	인터넷민원

토지표시			소유자		
지목	면적(㎡)	사유	변동일자 / 변동원인	주소 / 성명 또는 명칭	등록번호
(02) 답	*235*		1941년 05월 14일		
			(03)소유권이전	외 3인	
		--- 이하 여백 ---	1992년 08월 26일	청주시 율량동	
			(03)소유권이전	3인	******
			1992년 11월 19일	읍내리	
			(03)소유권이전		******
				--- 이하 여백 ---	

등급수정 년월일	1975. 10. 10. 수정	1979. 01. 01. 수정	1979. 11. 01. 수정	1981. 09. 01. 수정	1984. 07. 01. 수정	1988. 12. 01. 수정	1990. 01. 01. 수정	1991. 01. 01. 수정
토지등급 (기준수확량등급)	(22)	40	(23)	44	98	109	117	121
개별공시지가기준일	2018년 01월 01일	2019년 01월 01일	2020년 01월 01일	2021년 01월 01일	2022년 01월 01일	2023년 01월 01일	2024년 01월 01일	용도지역 등
개별공시지가(원/㎡)	60400	62400	75500	83500	93100	87300	88100	

토지대장에 의하여 작성한 등본입니다.

2024년 11월 11일

충청북도 진천군수

◆ 본 증명서는 인터넷으로 발급되었으며, 정부24(gov.kr)의 인터넷발급문서진위확인 메뉴를 통해 위·변조 여부를 확인할 수 있습니다.(발급일로부터 90일까지) 또한 문서 하단의 바코드로도 진위확인(정부24 앱 또는 스캐너용 문서확인 프로그램)을 하실 수 있습니다.

임야대장

임야대장은 토지의 지목이 임야인 경우에 그 토지의 필지마다 그 소재·지번·지목·면적·경계 또는 좌표 등을 조사·측량하여 조사된 토지의 표시와 해당 토지의 소유자 등을 기록한 대장을 말한다(공간정보의 구축 및 관리 등에 관한 법률 제2조 제19호 및 제64조 제1항). 임야대장과 토지대장을 구분하는 중요한 기준 중 하나는 지목과 지번이다. 지목이 임야일 때에는 임야대장을 확인해야 하고, 지목이 임야가 아니더라도 지번에 '산'이라는 글자가 포함되어 있으면 임야대장을 확인해야 한다. 토지대장은 지번이 '123-45'로 표시되고, 임야대장은 '산123-45'로 표시된다. 임야대장도 토지대장과 마찬가지로 인터넷, 주민센터 방문, FAX, 우편, 민원우편, 모바일, 전화 등의 수단으로 발급 및 열람이 가능하며, 특히 정부24 홈페이지(https://www.gov.kr/portal/main/nologin)를 활용하면 누구나 손쉽게 무료로 임야대장의 발급 및 열람이 가능하다. 참고로 방문발급은 1필지당 500원, 방문열람은 1필지당 300원의 수수료가 부과된다.

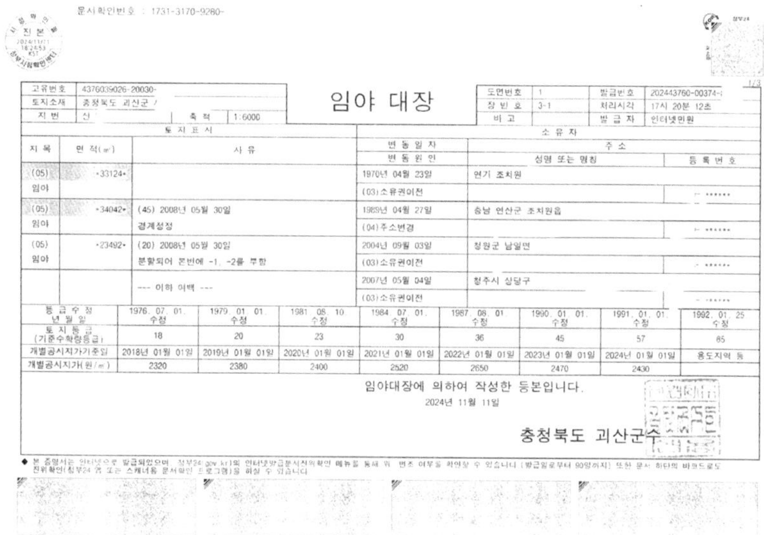

문서확인번호 : 1731-3170-9280-

임야 대장

고유번호	4376039026-20030-		
토지소재	충청북도 괴산군 /		
지번	산	축척	1:6000

도면번호	1	발급번호	202443760-00374-:
장번호	3-1	처리시각	17시 20분 12초
비고		발급자	인터넷민원

토지표시			소유자		
지목	면적(㎡)	사유	변동일자 / 변동원인	주소 / 성명 또는 명칭	등록번호
(05) 임야	*33124*		1970년 04월 23일 (03)소유권이전	연기 조치원	- ******
(05) 임야	*34042*	(45) 2008년 05월 30일 경계정정	1989년 04월 27일 (04)주소변경	충남 연산군 조치원읍	- ******
(05) 임야	*23492*	(20) 2008년 05월 30일 분할되어 본번에 -1, -2를 부함	2004년 09월 03일 (03)소유권이전	청원군 남일면	- ******
		--- 이하 여백 ---	2007년 05월 04일 (03)소유권이전	청주시 상당구	- ******

등급수정 년월일	1976. 07. 01. 수정	1979. 01. 01. 수정	1981. 08. 10. 수정	1984. 07. 01. 수정	1987. 08. 01. 수정	1990. 01. 01. 수정	1991. 01. 01. 수정	1992. 01. 25. 수정
토지등급 (기준수확량등급)	18	20	23	30	36	45	57	65
개별공시지가기준일	2018년 01월 01일	2019년 01월 01일	2020년 01월 01일	2021년 01월 01일	2022년 01월 01일	2023년 01월 01일	2024년 01월 01일	용도지역 등
개별공시지가(원/㎡)	2320	2380	2400	2520	2650	2470	2430	

임야대장에 의하여 작성한 등본입니다.

2024년 11월 11일

충청북도 괴산군수

◆ 본 증명서는 인터넷으로 발급되었으며, 정부24(gov.kr)의 인터넷발급문서진위확인 메뉴를 통해 위·변조 여부를 확인할 수 있습니다 (발급일로부터 90일까지) 또한 문서 하단의 바코드로도 진위확인(정부24 앱 또는 스캐너용 문서확인 프로그램)을 하실 수 있습니다.

건축물대장

건축물대장은 건축물의 소유·이용 및 유지·관리 상태를 확인하거나 건축정책의 기초 자료로 활용하기 위해 건축물의 사용승인서를 내준 후에 건축물과 그 대지의 현황 및 지하수위, 기초형식, 설계지내력, 구조설계 해석법, 내진설계 적용 여부, 내진능력, 특수구조물 해당여부, 특수구조건축물의 유형 등 건축물의 구조내력(構造耐力)에 관한 정보를 적어서 보관하는 대장으로 해당 건축물이 집합건물의 소유 및 관리에 관한 법률의 적용을 받는지 여부에 따라 일반건축물대장과 집합건축물대장으로 나뉜다(건축법 제38조 제1항 및 건축물대장의 기재 및 관리 등에 관한 규칙 제2조 제2호·제3호, 제4조, 제7조의3). 건축물대장은 인터넷, 주민센터 방문, FAX, 우편, 모바일, 무인발급기 등의 수단으로 발급 및 열람이 가능하며, 특히 정부

24 홈페이지(https://www.gov.kr/portal/main/nologin)를 활용하면 누구나 손쉽게 무료로 건축물대장의 발급 및 열람이 가능하다. 참고로 방문발급은 1건당 500원, 방문열람은 1건당 300원의 수수료가 부과된다.

문서확인번호 : 1731-3172-6025-

일반건축물대장(갑)

(2쪽 중 제1쪽)

건물ID	21200426000014	고유번호	4375025024-1-017200	명칭	주1	호수/가구수/세대수	0호/1가구/0세대
대지위치	충청북도 진천군 진천읍 읍내리	지번		도로명주소	충청북도 진천군 진천읍		
※대지면적	179㎡	연면적	189.24㎡	※지역 일반상업지역	※지구	※구역	
건축면적	105.84㎡	용적률 산정용 연면적	189.24㎡	주구조 벽돌구조	주용도 단독주택	층수	지하: 층, 지상: 2층
※건폐율	59.13%	※용적률	105.72%	높이 4.2m	지붕 (철근)콘크리트	부속건축물	동 ㎡
※조경면적	㎡	※공개 공지·공간 면적	㎡	※건축선 후퇴면적 ㎡	※건축선 후퇴거리 m		

건축물 현황					소유자 현황			
구분	층별	구조	용도	면적(㎡)	성명(명칭) 주민(법인)등록번호 (부동산등기용등록번호)	주소	소유권 지분	변동일 / 변동원인
주2	1층	철근콘크리트 스라브	근린생활시설	105.84		충청북도 진천군 진천읍 읍내리		1991.1.17.
주2	2층	조립식판넬	단독주택	83.4	- ******			소유권보존
		- 이하여백 -				- 이하여백 -		

이 등(초)본은 건축물대장의 원본내용과 틀림없음을 증명합니다.

발급일: 2024년 11월 11일

담당자: 민원토지과

전 화:

진천군수

※ 표시 항목은 총괄표제부가 있는 경우에는 적지 않을 수 있습니다.

297mm X 210mm[백상지(80g/㎡)]

◆본 증명서는 인터넷으로 발급되었으며, 정부24(gov.kr)의 인터넷발급문서진위확인 메뉴를 통해 위·변조 여부를 확인할 수 있습니다.(발급일로부터 90일까지) 또한 문서하단의 바코드로도 진위확인(정부24 앱 또는 스캐너용 문서확인프로그램)을 하실 수 있습니다.

문서확인번호 : 1731-3172-6025-

(2쪽 중 제2쪽)

대지위치	충청북도 진천군 진천읍 읍내리	명칭	주1	호수/가구수/세대수	0호/1가구/0세대
지번	지번 관련 주소	도로명주소	충청북도 진천군 진천읍		
		도로명주소 관련 주소			

구분	성명 또는 명칭	면허(등록)번호	※주차장					승강기		인허가 시기
건축주			구분	옥내	옥외	인근	면제	승용 대	비상용 대	허가일 2007.3.23.
설계자			자주식	대 ㎡	대 ㎡	대 ㎡	대	※하수처리시설	※급수설비(저수조) 구분 수정 및 용 용량	착공일 2007.3.26.
공사감리자			기계식	대 ㎡	대 ㎡	대 ㎡		형식 기타단독정화조	지상 개 ㎡	사용승인일
공사시공자 (현장관리인)			전기차	대 ㎡	대 ㎡	대 ㎡		용량	지하 개 ㎡	2007.10.10.

※건축물 인증 현황			건축물 구조 현황		건축물 관리 현황	
인증명	유효기간	성능				
			내진설계 적용 여부 비적용	내진능력	관리계획 수립 여부	
			특수구조 건축물 미해당	지하수위 G.L m	건축물 관리점검 현황	
			기초형식: [ ] 지내력기초(t/㎡) [ ] 파일기초	구조설계해석법: [ ] 등가정적해석법 [ ] 동적해석법	종류	점검유효기간

변동사항				그 밖의 기재사항
변동일	변동내용 및 원인	변동일	변동내용 및 원인	
1991.5.9	증축 91.5.9 2층 주택 40.32㎡ 증축			- 이하여백 -
2007.10.10	2007-종합민원실-증축신고-19호로 사용승인[주1 2층 주택 40.32㎡를 철거하고 2층 주택 83.4㎡ 증축] - 이하여백 -			

※ 표시 항목은 총괄표제부가 있는 경우에는 적지 않을 수 있습니다

◆본 증명서는 인터넷으로 발급되었으며, 정부24(gov.kr)의 인터넷발급문서진위확인 메뉴를 통해 위·변조 여부를 확인할 수 있습니다.(발급일로부터 90일까지) 또한 문서하단의 바코드로도 진위확인(정부24 앱 또는 스캐너용 문서확인프로그램)을 하실 수 있습니다.

지적도와 임야도

지적도와 임야도는 각각 토지의 경계와 면적을 나타내는 도면이다. 지적도는 토지대장 상에 등록되어 있는 토지의 경계표시를 알 수 있도록 작성되는 도면이고 임야도는 임야대장 상에 등록되는 토지의 경계표시를 목적으로 작성되는 도면이다. 지적도는 해당 토지의 행정구역과 소재지, 지번, 경계선, 지목, 축척 등을 수록하고 토지의 형상이나 위치, 접면, 도로폭 등을 기재한다. 임야도는 해당 임야의 소재지, 지번, 경계, 지목, 축척 등을 기재한다. 지적도와 임야도는 인터넷, 주민센터 방문, FAX, 우편, 민원우편, 전화 등의 수단으로 발급 및 열람이 가능하며, 특히 정부24 홈페이지(https://www.gov.kr/portal/main/nologin)를 활용하면 누구나 손쉽게 무료로 지적도나 임야도를 발급 및 열람할 수 있다. 참고로 방문발급은 1건당 700원, 방문열람은 1건당 400원의 수수료가 부과된다.

문서확인번호 : 1731-3174-6516-

지적도 등본

발급번호	20244375000360	처리시각	18시 29분 50초	발 급 자	정부24
토지소재	충청북도 진천군 진천읍	지 번	번지	축 척	도면:1/1200 출력:1/1200

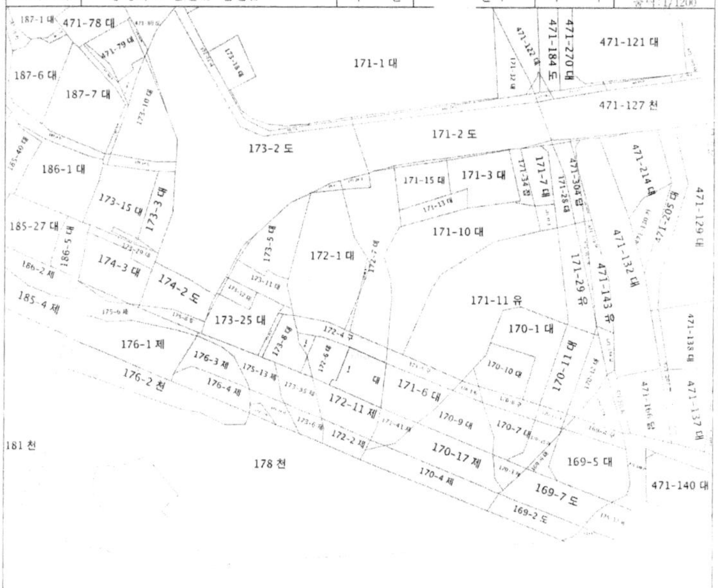

지적도등본에 의하여 작성한 등본입니다.
이 도면등본으로는 지적측량에 사용할 수 없습니다.

2024년 11월 11일

충 청 북 도 진 천 군 수

◆ 본 증명서는 인터넷으로 발급되었으며, 정부24(gov.kr)의 인터넷발급문서진위확인 메뉴를 통해 위·변조 여부를 확인할 수 있습니다. (발급일로부터 90일까지) 또한 문서 하단의 바코드로도 진위확인(정부24 앱 또는 스캐너용 문서확인 프로그램)을 하실 수 있습니다.

시 점 확 인 필 진본 2024/11/11 18:32:12 KST 정부시점확인센터

문서확인번호 : 1731-3175-3168-(

임야도 등본

발급번호	20244376000374	처리시각	17시 30분 03초	발 급 자	정부24
토지소재	충청북도 괴산군	지 번	산 번지	축 척	도곽:1/6000 출력:1/6000

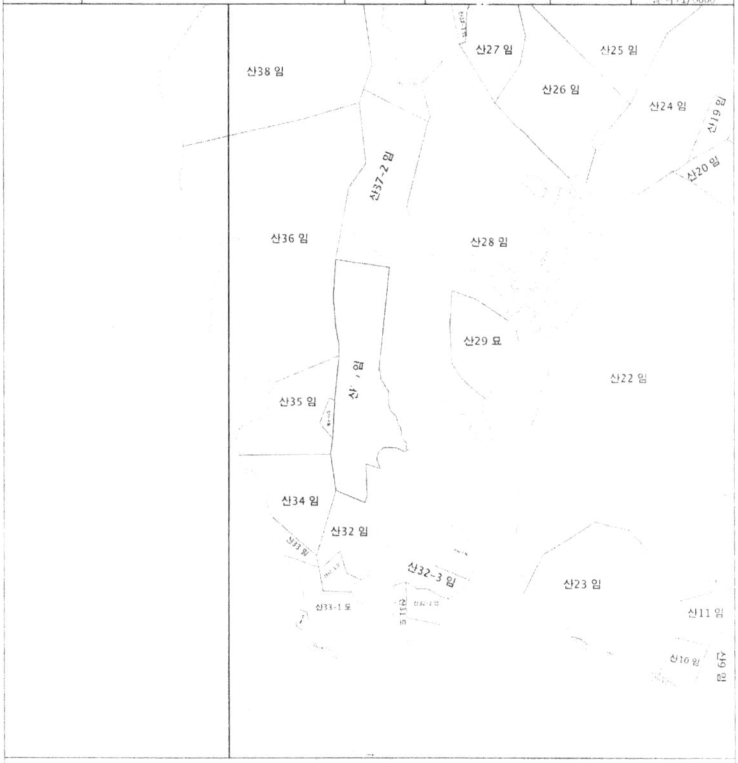

임야도등본에 의하여 작성한 등본입니다.
이 도면등본으로는 지적측량에 사용할 수 없습니다.

2024년 11월 11일

충 청 북 도 괴 산 군 수

◆ 본 증명서는 인터넷으로 발급되었으며, 정부24(gov.kr)의 인터넷발급문서진위확인 메뉴를 통해 위·변조 여부를 확인할 수 있습니다. (발급일로부터 90일까지) 또한 문서 하단의 바코드로도 진위확인(정부24 앱 또는 스캐너용 문서확인 프로그램)을 하실 수 있습니다.

부동산종합증명서

부동산종합증명서는 토지의 지목, 면적, 현 소유자 등의 내용과 토지이용확인도 및 토지이용계획, 지적(임야)도, 건물의 주용도, 층수, 현소유자, 가격, 층별 현황 및 도면 등을 모두 알 수 있는 종합형과 이들 중에서 필요한 부분만을 선택할 수 있는 맞춤형으로 나뉜다. 부동산종합증명서는 매매나 임대차 계약을 체결하면서 해당 부동산에 대한 정확한 정보가 필요할 경우, 금융 기관에서 대출을 받기 위해 부동산 담보로 제공할 경우, 소유자가 해당 부동산에 대한 권리관계 및 법적 상태를 확인할 경우, 부동산과 관련된 법적 분쟁이 발생할 경우 등 다양한 상황에서 부동산에 대한 종합적인 정보 및 권리관계 파악을 위해 활용할 수 있다. 부동산종합증명서는 온라인과 오프라인에서 모두 발급이 가능하다. 온라인으로는 일사편리(https://kras.go.kr/mainView.do) 홈페이지에서 발급 및 열람이 가능하며, 오프라인으로는 주민센터나 구청에 방문하여 발급 및 열람이 가능하다. 참고로 온라인 발급의 경우 단순 열람 시 수수료가 없고 종합형을 발급하는 경우는 1000원, 맞춤형을 발급하는 경우는 800원의 수수료가 부과되고, 오프라인 발급의 경우 단순 열람 시에는 수수료가 없고 종합형을 발급하는 경우 1500원, 맞춤형을 발급하는 경우는 1000원의 수수료가 부과된다.

고유번호	4375025024-1-0172-0	부동산종합증명서(토지,건축물)	건축물 명칭		장번호	5 · 1
소재지	충청북도 진천군 진천읍 읍내리 (충청북도 진천군 진천읍)		건축물 동명칭		대장유형	총괄

토지 표시 (관련필지가 다수일 경우 별도 발급) / **건축물 표시** (* 표시 항목이 총괄일 경우 합계를 표시)

구분	법정동	지번	지목	면적(㎡)	개별공시지가(원/㎡) 기준일자	공시지가				
							* 대지면적(㎡)	179	* 주용도	제2종근린생활시설,단독주택
							* 건축면적(㎡)	230.3	주구조	
대표	읍내리		대	179	2024.01.01	931,100	* 연면적(㎡)	313.7	지붕	
		- 이 하	여 백 -				* 건폐율(%)		높이	
							* 용적율(%)		층수(지상/지하)	
							* 건물수	2	* 부속건물(동/㎡)	0/39.68
							* 허가일자		* 가구/세대/호	
							* 착공일자		* 주차 대수	
							* 사용승인일자		* 승강기	

토지, 건축물 소유자 현황 (집합건물일 경우 건축물 소유자는 기재하지 않음, 토지는 건축물의 대표지번을 기준으로 작성됨)

구분	변동일자 / 등기원인일자	변동원인 / 등기원인	성명 또는 명칭 / 대표자(관리자) 성명	등록번호 / 대표자(관리자) 주민등록번호	주소 / 대표자(관리자) 주소
토지	1984.02.01	소유권이전		******	
구분	변동일자	변동원인	성명 또는 명칭	등록번호	주소
건축물	1991.01.17	소유권보존		***	충청북도 진천군 진천읍

등기 특정 권리사항 (등기기록의 권리정보 중 일부 특정권리의 유무만 기재한 것임. 기준시점 : 2024년/11월/10일 20시:52분)

구분	소유권	용익권 (지상권, 지역권, 전세권, 임차권)	담보권 (저당권, 근저당권, 질권, 근질권)	기타(압류, 가압류, 가처분, 경매개시결정, 강제관리, 가등기, 환매특약)
유/무(토지)	유	무	무	무
유/무(건축물)	해당건축물의 특정권리사항은 부동산등기사항증명서를 확인하시기 바랍니다.			

토지이용계획	「국토의 계획 및 이용에 관한 법률」에 따른 지역·지구 등	다른 법령 등에 따른 지역·지구 등	「토지이용규제 기본법 시행령」제9조제4항 각호에 해당되는 사항
	도시지역(2022-11-04), 일반상업지역, 소로1류(폭 10m~ 12m)(2020-05-15)(소로1-6)(접합)	가축사육제한구역(2020-06-22)(전부제한구역)< 가축분뇨의 관리 및 이용에 관한 법률>	[해당없음]

이 부동산종합증명서는 부동산종합공부의 기록사항과 틀림없음을 증명합니다.
2024년 11월 15일

충청북도 진천군수

종합형 수수료 : 1000원

고유번호	4375025024-1-0172-0	부동산종합증명서(토지,건축물)	건축물 명칭		장번호	5 · 2
소재지	충청북도 진천군 진천읍 읍내리 (충청북도 진천군 진천읍 ')		건축물 동명칭		대장유형	총괄

동별 현황

주/부	동명칭	주구조	주용도	연면적(㎡)	주/부	동명칭	주구조	주용도	연면적(㎡)
주1		목조 함석	공장	124.46	주2	주1	벽돌구조	단독주택	105.84

토지 표시 연혁 / **건축물 변동 연혁**

지목	면적(㎡)	이동일자	이동사유	변동일자	변동원인	변동내역
대	179	1990.01.11	지목변경	2011.10.06	표시변경(직권)	건축물대장 기초자료 정비에 의거 (총괄표제부(건축면적: '105.84' -> '230.3', 부속건축물 면적: '' -> '39.68', 부속건축물 수: '' -> '1', 건폐율: '59.13' -> '0', 가구수: '1' -> '2', 주건축물 수: '1' -> '2', 연면적: '189.24' -> '313.7', 용적률: '105.72' -> '0', 용적률 산정용 연면적: '189.24' -> '313.7')) 직권변경
전	179	1973.12.27	분할되어 본번에 -6부함			
		- 이 하	여 백 -	2007.10.10	증축	83.40㎡ 증축

토지 소유자 연혁

변동일자 / 변동원인	성명 또는 명칭 / 등록번호	주소	등기원인일자 / 등기원인	대표자(관리자) 성명 / 대표자(관리자) 주민등록번호	대표자(관리자) 주소
1984.02.01					
소유권이전	- ******				
1981.06.02					
소유권이전	- ******				
1975.01.31					
소유권이전					

고유번호	4375025024-1-0172-0	부동산종합증명서(토지,건축물)	건축물 명칭		장번호	5 - 3
소재지	충청북도 진천군 진천읍 읍내리 (충청북도 진천군 진천읍)		건축물 동명칭		대장유형	총괄

가격 연혁 (개별주택가격의 경우 일반건축물의 용도가 주택인 경우만 표시)

개별주택가격 (원)	기준일자	2024.01.01	2023.01.01	2022.01.01	2021.01.01	2020.01.01	2019.01.01	2018.01.01	2017.01.01	2016.01.01	2015.01.01
	주택가격	72,800,000	74,100,000	79,300,000	76,700,000	75,000,000	75,400,000	72,000,000	44,600,000	43,400,000	32,300,000
대표지번 개별공시지가 (원/㎡)	기준일자	2024.01.01	2023.01.01	2022.01.01	2021.01.01	2020.01.01	2019.01.01	2018.01.01	2017.01.01	2016.01.01	2015.01.01
	공시지가	931,100	931,100	1,005,000	926,500	855,600	796,700	771,700	750,000	745,000	735,000

고유번호	4375025024-1-0172-0	부동산종합증명서(토지,건축물)	건축물 명칭		장번호	5 - 4
소재지	충청북도 진천군 진천읍 읍내리 (충청북도 진천군 진천읍)		건축물 동명칭		대장유형	총괄

토지이용계획 확인도면 [출력축척 1:1200]

* 이 도면으로는 측량, 건축설계도면 등 그 밖의 목적으로 사용할 수 없습니다.

지적(임야)도 [등록축척1:1200 / 출력축척 1:1200]

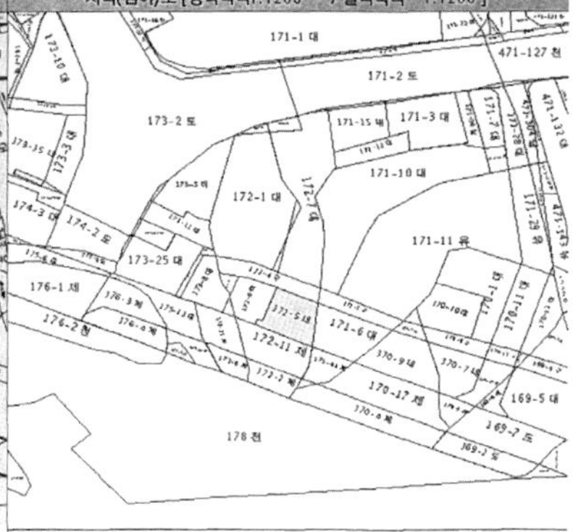

* 이 도면으로는 지적측량을 할 수 없습니다.

고유번호	4375025024-1-0172-0	부동산종합증명서(토지,건축물)	건축물 명칭		장번호	5 - 5
소재지	충청북도 진천군 진천읍 읍내리 (충청북도 진천군 진천읍)		건축물 동명칭		대장유형	총괄

안내사항

[해당사항 없음]

토지이용계획도면 범례

준보전산지 / 도시지역 / 제1종일반주거지역 / 일반상업지역 / 보전녹지지역 / 법정동 / 하천구역 / 가축사육제한구역
중로2류(폭 15m~20m) / 소로1류(폭 10m~12m) / 소로2류(폭 8m~10m) / 하천

유의사항

[토지이용계획]

1. 토지이용계획은 「토지이용규제기본법」제5조 각 호에 따른 지역·지구 등의 지정내용과 그 지역·지구 등에서의 행위제한 내용, 그리고 같은 법 시행령제9조제 4항에서 정하는 사항을 확인해 드리는 것으로서 지역·지구·구역 등의 명칭을 쓰는 모든 것을 확인해 드리는 것은 아닙니다.
2. 「토지이용규제기본법」제8조 제2항 단서에 따라 지형도면을 작성·고시하지 않는 경우로서 「철도안전법」 제45조에 따른 철도보호지구, 「학교보건법」 제5 조에 따른 학교환경 위생정화구역 등과 같이 별도의 지정 절차 없이 법령 또는 자치법규에 따라 지역·지구 등의 범위가 직접 지정되는 경우에는 그 지역·지구 등의 지정여부를 확인해드리지 못 할 수 있습니다.
3. 「토지이용규제기본법」 제 8조 제 3항 단서에 따라 지역·지구 등의 지정 시 지형도면 등의 고시가 곤란한 경우로서 「토지이용규제기본법시행령」 제 7조제 4항 각 호에 해당되는 경우에는 그 지형도면 등의 고시 전에 해당지역·지구 등의 지정여부를 확인해 드리지 못 합니다.
4. "확인도면"은 해당필지에 지정된 지역·지구 등의 지정여부를 확인하기 위한 참고 도면으로서 법적효력이 없고, 측량이나 건축설계도면 등 그 밖의 목적으로 사용할 수 없습니다.
5. 지역·지구 등에서의 행위 제한내용은 신청인의 편의를 도모하기 위하여 관계 법령 및 자치법규에 규정된 내용을 그대로 제공해 드리는 것으로서 신청인이 신청한 경우에만 제공되며, 신청 토지에 대하여 제공된 행위 제한 내용외의 모든 개발행위가 법적으로 보장되는 것은 아닙니다.

※ 지역·지구 등에서의 행위제한 내용은 신청인이 확인을 신청한 경우에만 기재되며, 「국토의 계획 및 이용에 관한 법률」에 따른 지구단위계획구역에 해당하는 경우에는 담당과를 방문하여 토지이용과 관련한 계획을 별도로 확인하셔야 합니다.

[부동산종합증명서]

※ 부동산종합증명서는 지적공부, 건축물대장, 토지이용계획확인서, 개별공시지가확인서, 개별(공동)주택가격확인서 등 부동산공적장부 정보를 전자적으로 통합·발췌하여 작성된 것으로 개별 부동산공적장부의 항목 중 일부는 출력되지 않을 수 있습니다.

[등기 특정 권리사항]

1. 등기 특정 권리사항은 등기기록 중 특정권리만 표시한 것으로 일부 표시되지 않은 권리사항도 있을 수 있으니 반드시 등기기록을 확인하시기 바랍니다.
2. 가등기는 소유권이전청구권가등기, 소유권이전담보가등기 및 지상권·지역권·전세권·임차권·(근)저당권·질권설정 청구권 가등기 만에 관한 것입니다.

제3절 부동산 권리 분석

▌부동산 권리분석의 필요성

부동산 권리분석은 대상 부동산에 대한 권리관계를 조사, 평가하여 그 부동산의 권리 상태를 명확하게 인식하는 과정을 말한다. 부동산은 일반적으로 동산보다 가치가 크고, 복잡한 권리관계가 얽혀있거나 공·사법상 다양한 규제의 대상이 되는 경우가 있기 때문에 안전한 부동산 거래를 위해서 대상 부동산의 권리상태를 정확히 인식하는 작업은 반드시 필요하다. 만일 권리분석 없이 부동산 거래를 진행하는 경우, 예상치 못한 법적 문제에 휘말릴 수 있고 최악의 경우에는 부동산 거래가 무효가 되거나 재정적 손해를 입을 수도 있다.

우리는 살아가면서 토지나 건물을 구매할 수도 있고 전세나 월세 계약을 체결하거나 금융을 위해 담보권을 설정할 수도 있는 등 다양한 형태의 부동산 거래를 마주하게 된다. 예를 들어 A라는 아파트가 있다고 가정하자. A의 소유자에게 2억 원의 보증금을 주고 이른바 전세를 얻으면 A에서 일정기간 동안 살 수 있는 임차권이나 전세권을 취득할 수 있다. 그런데 이러한 계약체결 이전에 A의 소유자가 은행에서 2억 원을 대출받으면서 이를 담보하기 위해 A(시가 3억 원)에 저당권을 설정하였다면, 2억 원의 보증금을 주고 A를 빌리는 것은 과연 안전할까? 또는 계약체결 당시 A에 이미 다른 임차권자나 전세권자가 있는 경우에 이러한 계약을 체결하는 것은 안전할까? A의 등기부상 소유자를 진정한 소유자라고 믿고 A를 매수하거나 임차하였는데 나중에 진정한 권리자가 나타난 경우 등기를 믿고 A를 매수하거나 임차한 사람은 자신의 소유권이나 임차권을 지킬 수 있을까? 이처럼 모든 부동산에는 다양한 권리관계가 설정되어 있거나 설정될 수도 있고, 그 권리관계에 따라 법률적으로 다양한 상황이 발생할 수 있다. 따라서 우리는 대상 부동산에 대한 권리분석을 통해 부동산 거래의 위험을 미리 파악해 보고 본인에게 미칠 위험을 최소화할 필요가 있으며, 극단적으로는 위험한 부동산

거래는 처음부터 시작하지 않는 것이 현명할 수도 있다.

▌부동산 권리분석의 방법

부동산 권리분석의 시작은 부동산등기부를 열람하는 것이다. 부동산등기부에는 소유권, 저당권, 가등기, 가처분 등 부동산에 얽힌 권리 관계가 기록되어 있으므로, 이를 통해 해당 부동산이 현재 누구의 소유인지, 제3자의 권리가 설정되어 있는지 등을 파악할 수 있다. 이를 통해 각각의 권리가 어떻게 설정되었는지, 권리의 당사자는 누구인지, 권리의 소멸가능성은 있는지 등 권리관계를 명확히 분석하여야 한다.

부동산은 위치나 용도에 따라 개발제한구역, 토지거래허가구역, 농지전용의 제한, 건축규제 등 다양한 법적 제한이 있을 수 있다. 그러므로 해당 부동산 거래의 목적을 고려하여 그 부동산의 사용 또는 개발 등이 가능한지 등을 공적장부를 통해 먼저 확인하여야 한다.

주택이나 상가의 거래와 관련해서는 기존 임대차 관계가 존재하는 경우 대항력, 우선변제적 효력 등 임차인의 권리를 파악하는 것이 중요하다. 관련 법령에 따라 보호되는 임차인의 권리가 어떤 것이 있는지 확인하지 않고 부동산 거래를 하는 경우 해당 부동산을 사용하지 못하는 경우가 생길 수도 있다.

▌공시되는 부동산 권리의 분석

부동산등기부의 갑구에는 소유권 및 소유권에 관한 보존·이전에 관한 사항이 기재되며 또한 소유권에 관한 가등기·가압류·가처분 등기 그리고 소유권의 경매에 관한 등기 등이 기재된다. 소유권은 부동산에서 가장 중요한 권리이다. 소유권을 가지는 사람은 해당 부동산을 자유롭게 사용·수익·처분할 수 있으므로 부동산 거래시 해당 부동산의 소유관계는 반드시 확인을 해야 한다. 소유권이 명확하지 않으면 거래 자체가 불가능하며, 소유권에 대한 분쟁이 발생할 위험이 있다.

부동산등기부의 을구에는 소유권 이외의 권리에 관한 사항과 이들 권리의 설정·이전·변경·말소의 등기가 기재된다. 을구에 기재되는 권리로는 저당권, 근저당권, 전세권, 지상권, 지역권과 같은 제한물권과 등기된 임차권이 대표적이다. 저당권이나 근저당권과 같은 담보물권이 설정된 부동산은 채무의 담보로 제공된 상태일 가능성이 높으므로, 부동산 거래시 이들 권리의 해소 여부를 반드시 확인해야 한다. 또한 전세권, 지상권, 지역권과 같은 용익물권이 설정된 부동산은 그 사용·수익에 제한이 있기 때문에 부동산 거래시 이러한 용익물권을 어떻게 처리할 것인지를 명확히 하여야 한다. 임차권은 채권이므로 기본적으로 등기를 요건으로 하지 않지만, 임차인은 임대인의 동의를 얻어 임차권 등기를 할 수 있고, 이 경우에는 채권인 임차권도 물권과 같은 대등한 대항력을 갖게 되므로 부동산 거래시 주의가 필요하다.

이처럼 부동산등기부에 공시되는 부동산 권리는 해당 부동산의 등기부를 확인하면 쉽게 파악할 수가 있어서 크게 문제가 될 여지는 없다. 다만 갑구에 기재가 되는 압류등기, 가압류등기, 가처분등기, 환매등기, 가등기, 경매개시결정등기 등은 해당 부동산을 둘러싸고 법률관계가 복잡하게 얽혀 있을 수 있기 때문에 좀 더 세심한 주의가 필요하다.

압류

채무자가 채무를 이행하지 않을 경우 채권자는 압류를 통해 채무자의 재산을 처분하여 채권을 회수할 수 있다. 압류는 채무자와 채권자 사이의 분쟁이나 채무불이행 등의 상황에서 주로 이루어지며 (세금체납, 금전채무미이행 등), 압류를 통해 채무자의 재산을 동결하고 처분하여 채권자의 권리를 보호한다. 따라서 압류가 되어 있는 부동산은 법적 분쟁이나 재정적 문제에 연루되어 있음을 의미하는 것이므로 거래시 신중히 접근해야 한다. 예를 들어 A가 B로부터 주택을 구입했는데 나중에 이 집에 압류가 설정된 사실을 알게 되었다면 여러 피해를 입을 수 있다. 우선 A는 주택을 임대하거나 주택을 담보로 대출을 받는 것이 어려워진다. 그리고 압류 사실이 알려지면 매수를 꺼리게 되므로 주택의 재산적 가치가 떨어질 수 있다. 또한 압류문제의 해결을 위해 추가적인 법적 절차를 밟아야 하고 이 과정에서 추가 비용이 들 수도 있다.

가압류, 가처분

가압류는 금전채권이나 금전으로 환산할 수 있는 채권(매매대금, 대여금, 어음금, 수표금, 양수금, 공사대금, 임금, 손해배상청구권 등)의 집행을 보전할 목적으로 미리 채무자의 재산을 동결시켜 채무자로부터 그 재산에 대한 처분권을 잠정적으로 빼앗는 집행보전제도이다. 가처분은 금전채권 이외의 권리 또는 법률관계에 관한 확정판결의 강제집행을 보전하기 위한 집행보전제도이다.

채권자가 채무자에 대하여 가지는 권리를 현실적으로 실현하기 위해서는 민사소송이라는 절차를 거쳐 집행권원(판결서정본, 지급명령정본, 화해조서, 조정조서 등)을 받은 뒤 다시 강제집행이라는 절차를 거쳐야 한다. 그러나 민사소송 절차는 많은 시간이 소요되고 그 사이 다툼의 대상이 되는 물건의 멸실이나 처분 등으로 사실적인 변경 또는 법률적인 변경이 생기게 되면 채권자는 집행권원을 받더라도 실질적으로 그 권리는 실현할 수 없는 경우가 발생한다. 가압류나 가처분은 이와 같은 경우에 대비하여 다툼의 대상이 되는 물건이나 지위에 대하여 임시로 잠정적인 법률관계를 형성시켜 채권자가 입게 될 손해를 사전에 예방하는 제도이다.

만일 가압류가 된 부동산을 모르고 매수를 하였다면 해당 부동산이 경매로 넘어가 부동산의 소유권을 빼앗길 수도 있고, 혹여 경매절차에서 해당 부동산을 매수한다고 하더라도 가압류된 금액을 모두 갚아야만 소유권을 온전히 취득할 수 있다. 그리고 가압류 상태의 부동산은 이를 담보로 금융기관에서 대출을 받는 것도 불가능하다.

가처분된 부동산은 제3자에게 처분할 수도 없다. 여기의 처분은 매매, 증여, 임대, 담보 제공 등 모든 형태의 처분을 포함한다. 만일 가처분을 받은 부동산을 매수할 경우 이는 가처분에 대한 위반행위가 되어 가처분채권자에게 대항할 수가 없다. 따라서 추후 가처분 권리자가 소송에 이겨서 이전등기를 하게 되면 매수인이 한 등기는 말소가 되므로, 처분금지된 부동산은 매수하지 않는 것이 좋다.

환매등기

환매는 매도인이 매매계약과 동시에 환매할 권리를 보류한 후, 그 영수한 대금 및 매수인이 부담한 매매비용을 반환하고 그 목적물을 다시 매수할 수 있도록 한 것을 말하고, 환매등기는 이러한 환매권을 부동산등기부에 기록하는 것을 말한다. 환매등기된 부동산을 매수했다가 환매권 행사로 원 소유자에게 소유권이 돌아가면 후에 매수한 소유자는 소유권을 잃게 된다. 환매등기를 하면 그 효력이 제3자에게도 미치게 되므로 환매권자가 환매권을 행사하게 되면 환매등기이후에 설정된 근저당권, 전세권 임차권 등의 권리는 효력을 상실하게 된다.

가등기

가등기는 본등기, 종국등기가 형식적 또는 실질적 요건을 갖추지 못한 경우 장래에 하게 될 본등기의 순위를 보전하기 위해 미리 해두는 등기로, 청구권 보전의 가등기와 담보가등기가 있다. 권리분석과 관련해서는 특히 소유권이전청구권 가등기와 담보가등기가 중요하다.

소유권이전청구권 가등기는 사정상 본등기를 할 수 없거나 시일을 뒤로 미루게 되는 상황이 될 때 순위 보전을 위해 하는 예비등기로 매매계약이나 매매예약이 원인이 되어 이루어진 경우가 많다. A가 B의 X아파트를 매수하는 매매계약을 체결하고 계약금을 지급한 직후, A는 B의 재정상황이 좋지 않음을 알게 되었다. 이에 A는 혹여 X아파트가 압류되는 등 사유가 생겨 온전하게 소유권을 취득하지 못할 것을 대비하여 잔금을 지급하기 전에 B의 동의를 얻어 X아파트에 소유권이전청구권 가등기를 설정하였다. 이후 B는 X아파트를 다시 매물로 내놓았고, 마침 X아파트가 마음에 든 C가 이를 매수하기로 하였다. C는 계약을 체결하기 전에 부동산등기부를 확인하고 소유권이전청구권 가등기가 설정되어 있는 것을 발견하였으나, C는 대수롭지 않게 생각하고 X아파트를 매수한 뒤 소유권이전등기까지 마쳤다. 이후 A가 잔금 등을 모두 지급하고 가등기에 의한 본등기를 신청하였다면, C는 X아파트의 소유권을 계속해서 유지할 수 있는가? 결론은 '유지할 수 없다'이다. 가등기 후 경료된 등기들은 가등기의 순위보전적 효력에 의해 보전되는 권리를 침해하는 등기이기 때문에 양립할 수 없어, 직권으로 말소되어 버리게 된다. 이처럼 소유권이전청구권 가등기가 되어 있는 부동산을 거래할 때에는 어떤 사정에 의해 가등기가 설정되었는지, 혹시 해당 가등기를 말소할 만한 사정이 있는지 등을 면밀하게 검토하고 거래여부를 결정해야 한다.

담보가등기는 채권자가 채무자로부터 자신의 채권을 회수하기 위한 담보로서 부동산에 대한 가등기를 설정하는 것을 말한다. 담보가등기의 경우에도 소유권이전청구권 가등기와 마찬가지로 순위보전적 효력이 있기 때문에 담보가등기를 근거로 본등기를 하게 되면 담보가등기의 이후의 모든 권리들이 말소된다. 이로 인해 담보가등기 이후에 매매나 증여 등으로 소유권을 취득한 제3자가 있다면 예기치 못한 손해를 보게 된다. 다만, 담보가등기의 경우에는 매수자가 그 채무액을 인수하여 대신 변제한 뒤 담보가등기를 소멸시킬 수는 있어 소유권이전청구권 가등기보다는 위험도는 낮지만, 추가적인 비용이 들어가는 문제가 생길 수 있다.

경매개시결정등기

경매는 물건을 팔고자 하는 사람(매도인)이 물건을 사고자 하는 다수의 사람(매수희망인)에게 매수의 청약을 실시해서 그 중 가장 높은 가격으로 청약을 한 사람에게 물건을 매도하는 형태의 거래를 말한다. 경매는 분류기준에 따라 다양하게 분류되지만, 부동산 거래와 관련해 검토가 필요한 것은 법원경매이다. 법원경매는 국가기관이 주체가 되는 공경매로서 임의경매와 강제경매를 모두 포함한다. 임의경매와 강제경매는 경매를 실시하는 데 집행권원이 필요한지 여부에 따른 구분이다. 임의경매는 채권자가 채무자에게 담보로 제공받은 부동산에 설정한 저당권·근저당권·유치권·질권·전세권·담보가등기 등의 담보권을 실행하는 경매이므로 집행권원이 필요 없는 반면, 강제경매는 실행할 담보가 없는 경우로서 법원의 집행권원을 부여받아야만 경매를 실시할 수 있다. 여기서 집행권원(채무명의 또는 집행명의라고도 함)은 국가의 강제력에 의해 실현될 이행청구권의 존재와 범위를 표시하고 그에 대해 강제집행을 실시할 수 있는 권리를 인정한 공정증서를 말하는데, 집행력 있는 판결, 지급명령정본, 화해조서정본 등이 여기에 해당한다.

법원은 경매신청서가 접수되면 그 신청서와 첨부서류를 검토해서 경매개시 여부를 결정하는데, 경매를 개시하는 결정을 하는 경우에는 등기관에게 경매개시결정의 등기를 촉탁한다. 특히 강제경매인 경우에 법원은 경매절차를 개시하는 결정과 동시에 해당 부동산의 압류를 명한다.

경매가 개시되면 압류의 효력이 발생한다. 이때 압류의 효력은 채무자에게 그 결정이 송달된 때 또는 경매개시결정의 기입등기가 된 때 중 먼저 된 때에 그 효력이 생긴다. 부동산이 압류되어도 채무자는 그 부동산에 대한 관리·이용을 계속할 수 있지만, 다른 사람에게 양도하거나 처분할 수 없다. 따라서 경매개시결정등기 후에 발생한 모든 권리들은 경매로 인해 소멸된다. 다만 경매신청 이후

채무자가 변제를 한다면 경매신청의 취하가 이루어지고, 이에 따라 압류의 효력은 소멸하며 경매개시결정등기도 말소된다.

▌공시되지 않는 부동산 권리의 분석

부동산 권리 중에는 점유권, 유치권, 법정지상권, 분묘기지권, 대항력 있는 임차권 등 부동산등기부에 기록되지 않는 것들이 존재한다. 이러한 권리가 있는 경우에는 해당 권리자와 직접 협의를 하거나, 협의가 이루어지지 않을 경우에는 소송을 통해 문제를 해결할 수밖에 없으므로 이러한 권리가 있는 부동산을 거래하는 경우에는 더욱 신중하고 철저한 권리분석이 필요하다.

점유권

점유권은 물건을 사실상 지배함으로써 발생하는 권리로 해당 물건을 직접 확인하지 않는 한 부동산등기나 각종 대장을 통해 그 존재 유무를 판단하기가 어렵다. 따라서 부동산을 거래하고자 하는 사람은 거래의 상대방이 직접 부동산을 점유하고 있지 않은 상태라면 거래시 추가적인 검토가 필요하다.

우선 점유권을 소멸시키기 위해 추가적인 보상 등이 필요한 상황인지를 확인하여야 한다. 예를들어 점유권자가 점유물을 보존하기 위해 각종 비용(부동산의 수선 또는 수리비용, 건물의 개조비용 등)을 들인 경우에는 점유를 회복하고자 하는 사람은 일정한 요건에 따라 그 비용을 점유권자에게 상환해야 할 의무가 발생한다. 물론 불법점유 등과 같이 정당한 점유권원이 없는 경우에는 별도의 보상없이 점유를 이전받을 수 있으나, 점유자가 이에 응하지 않는 경우 명도소송 등이 필요할 수 있어 추가적인 비용과 시간이 들 수 있다.

우리 민법은 부동산거래의 안정을 보호하기 위해 부동산 점유취득시효 제도를 두고 있다. 부동산 점유취득시효 제도는 부동산을 점유하는 사실상태가 일정한 기간 계속되는 경우에 그것이 진실한 권리관계와 일치하는가의 여부를 묻지 않고 권리취득의 효과가 생기도록 하는 제도로, 점유자는 해당 부동산을 20년간 소유의 의사로 평온·공연하게 점유하고 소유권이전등기를 함으로써 소유권을 취득할 수 있다. 부동산 거래시 부동산 점유취득시효의 요건을 충족하였거나 그 충족여부를 다툴만한 한 점유자가 있다면 소송 등 복잡한 법률문제가 발생할 여지가 크다.

유치권

유치권은 공평의 원칙에서 인정된 담보물권으로서 당사자의 의사에 기하지 않고 법률상 당연히 발생하는 법정담보물권으로 별도의 등기가 필요하지 않기 때문에 신중히 거래를 하지 않으면 불측의 손해를 입을 수 있다. 예를 들어 A가 B로부터 부동산을 매수하는 계약을 체결하였는데 계약이전부터 C가 B에게 공사대금 등의 채권이 있다고 주장하고 부동산을 유치하고 있는 경우, A는 C의 채권을 변제하거나 상당한 담보를 제공하고 C로부터 부동산을 인도 받을 수 있다. 만일 A가 C의 채권이 없다고 주장하는 경우라면 소송을 통해 이를 해결할 수밖에 없다.

유치권은 부동산공사비 채권, 인테리어 등과 같은 건물개보수비 채권, 부동산 관리에 필요한 비용상환 채권 등 해당 부동산과 일정한 법률관계가 있는 채권의 담보를 위해 다양한 상황에서 발생할 수 있다. 유치권이 있는 부동산을 거래하려는 사람은 그 유치권의 원인이 되는 법률관계를 해소하여 유치권을 소멸시킨 후에 거래를 진행하는 것이 안전하다.

법정지상권, 분묘기지권

법정지상권과 분묘기지권도 부동산등기 없이 인정되는 권리이다. 특히 존속기간과 관련해 법정지상권은 존속기간의 약정이 없는 권리로 취급하여, 석조·석회조·연와조 또는 이와 유사한 견고한 건물이나 수목의 소유를 목적으로 하는 때에는 30년, 기타 건물의 소유를 목적으로 하는 때에는 15년, 건물이외의 공작물의 소유를 목적으로 하는 때에는 5년의 존속기간이 인정된다. 분묘기지권은 당사자 사이에 존속기간의 약정이 있으면 그에 따르고, 그 약정이 없는 경우에는 관리자가 분묘의 수호와 봉사를 계속하는 한 그 분묘가 존속하는 동안은 분묘기지권은 존속하는 것으로 해석한다. 이에 따라 법정지상권이나 분묘기지권이 있는 부동산을 거래한 사람은 그 존속기간만큼 해당 부동산의 사용·수익이나 개발에 제한을 받을 수밖에 없으며, 이를 처분하는데 있어서도 제대로 된 가치평가를 받기가 어렵다. 그러므로 법정지상권이나 분묘기지권에 의해 제한을 받는 부동산을 거래하려는 사람은 이러한 권리를 소멸시킬 수 있는지 여부(예: 계약서에 해당 권리의 소멸을 위한 특약사항을 기재할 수 있는지 여부)에 관한 신중한 권리분석과 함께 반드시 현장 답사를 진행하여 예상치 못한 손해의 발생을 예방하여야 한다.

대항력 있는 임차권

채권인 임차권은 임차권 등기를 하지 않는 한 대항력을 갖지 못하는 것이 원칙이다. 그러나 우리나라는 상대적으로 사회적 약자의 지위에 있는 임차인을 보호할 목적으로 제정된 특별법(주택임대차보호법, 상가건물 임대차보호법)에 의해 채권이 물권화되는 예외를 인정하고 있다. 주택이나 상가의 임차인이 일정한 요건(건물의 인도, 주민등록 또는 사업자등록, 확정일자)을 갖추면 이러한 특별법에 따라 등기 없이도 대항력과 보증금의 우선변제적 효력을 취득하게 된다. 또한 이러한 특별법에는 임차 주택이나 상가건물의 양수인은 임대인의 지위를 승계한 것으로 본다는 규정을 두어 임차인 보호를 한층 두텁게 하고 있다. 따라서 대항력 있는 임차권이 설정된 부동산을 거래할 경우에는 해당 임차권의 존속여부, 임차권의 순위, 채권적 전세의 경우 보증금의 액수 등 다양한 측면에서의 권리분석이 필요하다.

제3장 내 부동산을 소유하기

제1절 단독소유와 공동소유

일물일권주의 원칙에 따라 하나의 물건에는 하나의 소유권이 존재한다. 하지만 하나의 소유권은 반드시 한 사람만이 가질 수 있는 것이 아니라, 2인 이상이 하나의 소유권을 가질 수도 있다. 즉 소유권은 1인의 단독소유도 가능하고 2인 이상의 공동소유도 가능하다. 단독소유의 경우에는 소유자 1인이 특정한 물건을 완전히 소유하고 해당 물건에 대한 사용·수익·처분 등의 모든 권능을 독점적으로 갖는다. 반면 공동소유는 2인 이상이 하나의 물건을 소유하기 때문에 해당 물건의 관리·사용 등에 있어 공동소유자 상호간에 합의나 의견 조율이 필요할 수도 있다. 단독소유와 공동소유는 법률요건, 당사자간 법률관계 등에 있어 서로 차이를 보이기 때문에 소유형태를 선택할 때에는 각각의 형태가 가지는 특징을 잘 고려하여 적절한 결정을 하여야 한다.

다수가 하나의 물건을 소유하는 경우에 그 형태는 그들의 목적과 사회적 요구에 따라 다양하게 나타날 수 있는데, 우리 민법은 공동소유의 형태를 인적결합의 정도에 따라 공유·합유·총유의 세 가지로 규정하고 있다.

공유

공유는 물건이 지분에 의하여 여러 사람의 소유로 된 것을 말한다. 공유는 하나의 물건을 여러 사람이 공동의 소유로 한다는 의사의 합치에 의하여 성립한다(법률행위에 의한 성립). 예를들어 A·B가 특정물건을 공유하기로 하고 양수한 경우에 A·B 간에 그 물건에 대한 공유관계가 생긴다. 이때 공유하기로 한 물건이 부동산인 경우에는 등기를 하여야 한다. 만일 공유의 등기가 없으면 공유자가 되지 못하고, 따라서 공유물에 대한 지분권도 주장하지 못한다. 또한 공유는 공유물의 과실, 구분소유건물의 공용부분, 공동상속재산 등과 같이 법률상 당연하게 성립하는 경우도 있다(법률규정에 의한 성립).

공유에서 지분이라는 말은 2개의 의미로 사용되고 있다. 첫째는 각 공유자가 공유물에 대하여 가지는 권리라는 의미로서 '지분권'이라고 한다. 둘째는 각 공유자가 공유물에 대하여 가지는 권리(지분권)의 비율이라는 의미로서 '지분의 비율'이라고 한다. 지분의 비율은 법률의 규정 또는 공유자의 의사에 의해 정해지나, 그것이 분명하지 아니한 때에는 균등한 것으로 추정된다. 부동산공유지분의 비율에 관한 약정이 있는 경우에는 이를 등기하여야 한다.

각 공유자는 공유물 전부를 비율에 따라 사용·수익할 수가 있다. 구체적인 사용방법이나 수익분배방법은 공유자간의 협의에 의하며, 지분의 비율을 넘는 사용·수익은 다른 공유자의 동의가 필요하다.

공유물은 다른 공유자 지분의 객체로도 되어 있으므로 한 공유자가 그 공유물을 자유로이 처분 또는 변경할 수 없다. 즉 공유지분의 처분은 자유로우나 공유물의 처분 또는 변경을 위해서는 공유자 전원의 동의가 필요하다. 여기서 처분은 법률상 및 사실상의 처분을 포함하고, 변경은 건물의 개축, 토지의 개간 등과 같이 목적물이 멸실하지 않는 범위에서 공유물의 성질을 변하게 하는 것을 말한다.

공유물의 관리에 관한 사항은 공유자 지분의 과반수로써 결정하는 것이 원칙이다. 관리란 공유물의 이용·개량행위를 말하고, 공유물의 이용은 공유물을 경제적 용도에 따라서 활용하는 것으로서 각 공유자의 개인적 수요를 충족하기 위한 사용·수익과는 다르다. 공유물의 개량은 그 사용가치나 교환가치를 증대케 하는 것으로서 변경의 정도까지는 이르지 않는 것을 말한다.

공유물의 보존행위는 각 공유자가 단독으로 할 수 있다. 공유물의 보존은 공유물의 멸실·훼손을 방지하고 그 현상을 유지하는 것을 말한다. 보존행위는 공유자 전원의 이익이 되고, 공유자간에 이익이 대립되지 않기 때문에 단독으로 할 수 있는 것이다.

공유자는 그 지분의 비율에 따라 관리비용과 기타 의무를 부담한다. 관리비용은 공유물의 변경·관리·보존에 필요한 비용, 기타 의무는 공유물에 부과되는 조세 등의 공과금을 말한다.

공유자는 언제라도 공유물의 분할을 청구할 수 있다. 다만 5년을 초과하지 않는 기간 내에서 분할하지 아니할 것을 약정할 수 있다. 이 불분할계약은 갱신할 수 있지만 그 기간은 갱신한 날로부터 5년을 넘지 못한다. 공유물의 분할은 협의에 의하는 것이 원칙이다. 그러나 분할의 방법에 관하여 협의가 성립되지 않는 경우에는 공유자는 법원에 대하여 공유물의 분할을 청구할 수 있다.

합유

합유는 여러 사람이 조합체로서 물건을 소유하는 공동소유형태를 말한다(예: 가족재산, 조합재산, 동업재산 등). 조합체란 여러 사람이 동일한 목적으로 결합되어 있으나 구성원의 개별성이 강하여 아직 단체로서의 체제를 갖추지 못한 결합체를 의미한다. 합유는 공유와 비교하면 단체적 색체가 강하나, 총유와 비교하면 구성원의 개성이 뚜렷하다는 특징이 있다.

합유는 조합체가 물건의 소유권을 취득함으로써 성립한다. 조합의 소유권취득 역시 물권적 합의와 공시방법을 갖추어야 하며, 부동산을 합유하는 때에는 이를 등기하여야 한다. 합유 역시 법률행위나 법률의 규정에 의해서 성립된다.

합유자의 권리인 지분은 조합재산 전체에 대하여 지분을 가지며 개개의 물건에도 지분을 갖는다. 합유물을 처분 또는 변경하려면 합의자 전원의 동의가 있어야 한다. 다만 보존행위는 각자가 할 수 있다.

합유지분은 합유물에 대한 합유자의 권리를 말하며, 이는 합유물 전부에 미친다. 합유지분은 공유지분과 같이 자유로이 처분할 수 있는 독립한 권리로서의 지분이 아니고, 조합의 목적과 단체성에 의하여 제한을 받는다. 따라서 합유물에 대한 지분을 처분하기 위해서는 합유자 전원의 동의가 필요하다. 합유지분의 비율은 조합계약으로 정할 수 있으나, 특별한 약정이 없는 때에는 출자가액에 비례한다. 이는 특별한 약정이 없는 경우 균등한 것으로 추정하는 공유와 다르다. 합유지분은 합유자 1인이 사망하거나 탈퇴한 경우 특별한 약정이 없는 한 반환하는 것이 원칙이며, 그 반환은 금전으로 할 수 있다. 합유자 일부가 사망한 경우 상속인이 그 지분을 승계하는 것이 아니라 잔존 합유자에게 귀속된다.

조합이 존속하고 있는 동안은 각 합유자는 합유물의 분할을 청구하지 못하는 것이 원칙이다. 이는 합유물의 분할을 인정하면 조합재산 없는 조합이 되므로 조합의 본질에 반하기 때문이다. 다만 조합체가 해산하는 경우에는 합유관계가 종료되므로 합유물을 분할하게 되며, 이때 분할의 방법은 공유물의 분할 방법과 동일하다.

합유는 합유물의 양도로 조합재산이 없게 되거나, 조합체의 해산이 있는 경우에 종료한다.

총유

총유는 법인이 아닌 사단(권리능력 없는 사단)의 사원이 집합체로서 물건을 소유하는 공동소유형태를 말한다. 총유가 성립하기 위해서는 그 전제로서 법인이 아닌 사단의 존재를 필요로 한다. 예를들어 종중·동창회·학회·교회 등이 회관 그 밖의 물건을 소유하고, 촌락이 산림을 소유하는 경우 등이다. 부동산의 총유는 이를 등기하여야 하며, 등기는 그 대표자 또는 관리인이 사단의 명의로 이를 신청한다.

총유물의 관리 및 처분은 원칙적으로 법인 아닌 사단의 정관규정에 따르고, 규정이 없는 경우에 사원총회의 결의에 의한다. 일반적으로 총유물의 사용·수익 권능은 각 사원에게 분속되지만 그 행사는 정관 기타의 규약에 따라 이를 하여야 한다.

총유물에 관한 사원의 권리의무는 사원의 지위를 취득·상실함으로써 취득·상실된다. 총유물에 관한 사원의 권리는 총유물의 관리·처분에 참여할 수 있는 것과 총유물을 사용·수익하는 것이다. 총유에서는 공유나 합유와 달리 지분이 없다.

구 분	공 유	합 유	총 유
인적결합형태	개인주의적 공동소유	조합의 공동소유	비법인사단 공동소유
지분의 처분	자유롭게 처분	합유자 전원의 동의	지분권이 없음
분할청구	특약이 없으면 가능	불가	지분이 없어 불가
공동소유물 처분·변경	공유자 전원 동의	합유자 전원 동의	사원총회 결의
공동소유물 관리	과반수	조합계약에 의함	사원총회 결의
공동소유물 보존	각자 가능	각자 가능	사원총회 결의
공동소유물 사용·수익	공유물 전부 지분비율로 사용 가능	합유물 전부 조합계약에 따라 가능	정관에 의함
공동소유관계 이탈	양도·분할·지분포기	조합체 해산 또는 합유물의 양도	총유물의 양도나 사원지위의 상실
부동산 등기방식	공유자 전원명의로 하되 지분 기재	합유자 전원명의로 하되 합유 취지 기재	비법인사단 자체의 명의로 등기

※ 준공동소유

준공동소유는 소유권 이외의 재산권을 여러 사람이 공동으로 소유하는 것을 말한다. 준공동소유에도 공동소유의 형태와 같이 준공유·준합유·준총유의 세 종류가 있다. 지상권, 지역권, 전세권, 저당권, 채권 등에 준공동소유가 인정될 수 있다.

제2절 부동산거래와 그 제한

부동산거래와 계약

계약과 계약자유의 원칙

사람은 삶에 필요한 모든 것들을 스스로 조달할 수가 없고, 혼자서 자신의 생활공간을 형성하는 것은 거의 불가능하다. 따라서 반드시 타인의 재화와 노무의 획득이 필요하게 되는데, 이를 실현해 줄 수 있는 것이 계약이다. 계약은 일정한 법률효과의 발생을 목적으로 하는 당사자의 합의이다. 계약당사자는 법령에 따른 제한이 없는 한 자유롭게 사법상의 법률관계를 형성할 수 있는데 이를 계약자유의 원칙이라고 한다. 계약자유의 원칙은 소유권 절대의 원칙, 과실책임의 원칙과 함께 사적자치의 실현을 위한 구체적 수단으로 작용하고 있다. 계약자유의 원칙에 따라 계약당사자에게는 ① 어떠한 계약을 체결할 것인가 또는 체결하지 않을 것인가(계약체결의 자유), ② 누구와 계약을 체결할 것인가(상대방선택의 자유), ③ 어떤 내용의 계약을 체결할 것인가(내용결정의 자유), ④ 어떤 방식에 의하여 계약을 체결할 것인가(방식의 자유)와 같은 자유 선택의 가능성이 부여된다.

다만, 계약자유의 원칙이 항상 관철되어야 하는 절대적인 원칙은 아니다. 아무리 계약의 자유가 인정된다고 하더라도 제약이 없는 무제한한 자유는 있을 수 없다. 우리 헌법은 국민의 자유와 권리는 헌법에 열거되지 아니한 이유로 경시되지 않음을 선언하면서도 국민의 자유와 권리는 국가안전 보장·질서유지 또는 공공복리를 위하여 필요한 경우에는 법률로써 제한할 수 있다고 규정하고 있다. 나아가 헌법은 국가가 ① 균형있는 국민경제의 성장 및 안정과 적정한 소득의 분배를 유지하거나, ② 시장의 지배와 경제력의 남용을 방지하거나, ③ 경제주체간의 조화를 통한 경제의 민주화를 위하여 경제에 관한 규제와 남용을 조정할 수 있다고 규정하여 국가가 계약에 개입할 수 있음을 선언하고 있다. 이러한 헌법적 근거하에 현실적으로 다양한 공법적 또는 사법적 규제가 이루어지고 있다(민법, 주택임대차보호법, 약관의 규제에 관한 법률, 각종 소비자 보호 관련 법령 등).

계약의 종류

계약은 다양한 관점과 필요성에서 아래와 같이 여러 형태로 분류할 수 있다.

① 전형계약과 비전형계약

전형계약은 민법에서 일정한 형식과 내용을 미리 정해놓은 계약의 유형이다. 민법은 매매, 증여, 교환, 임대차, 고용, 도급, 여행, 위임 등 15종의 전형계약을 규정하고 있다. 전형계약은 각 계약의 성립요건, 계약에 따른 권리와 의무, 계약의 해제와 해지 등이 명확히 규정되어 있어 계약의 안정성이 높아지고, 당사자간 분쟁 발생시 그 해결이 비교적 용이하다.

비전형계약은 민법에 규정을 두고 있지 않는 계약유형을 말한다. 비전형계약은 법에 미리 정해진 틀이나 형식이 없으며 당사자간의 협의에 따라 자유롭게 그 계약의 내용이 정해진다. 다만 유연성을 가지는 비전형계약은 불명확한 형식과 내용으로 인한 법적 분쟁의 가능성이 있으므로 계약체결시 주의가 필요하다.

② 쌍무계약과 편무계약

쌍무계약은 계약당사자가 서로 대가적 의미를 가지는 급부를 하는 계약을 말한다. 예를 들면 A가 B에게 X토지를 매도하는 매매계약을 체결한 경우에 매도인 A는 매수인 B에게 X토지의 소유권을 이전해 줄 의무를 부담하고, 매수인 B는 매도인 A에게 X토지의 매매대금을 지급할 의무를 각각 부담하게 된다.

편무계약은 증여계약과 같이 당사자 일방만이 급부를 하고, 상대방은 이에 대응하는 반대급부를 하지 않는 계약을 말한다.

③ 유상계약과 무상계약

유상계약은 매매계약나 임대차계약과 같이 계약당사자 쌍방이 서로 대가적인 의미를 가지는 경제적 출연을 수반하는 계약을 말한다.

무상계약은 증여계약 등과 같이 경제적인 출연을 하는 것은 일방뿐이고, 상대방은 이에 대응하는 반대급부를 하지 않는 계약을 말한다.

④ 낙성계약과 요물계약

낙성계약은 당사자 사이의 의사표시가 합치하기만 하면 계약이 성립하고, 그 밖에 다른 형식이나 절차를 필요로 하지 않는 계약을 말한다.

요물계약은 당사자 사이의 합의 외에 물건의 인도나 그 밖에 급부가 있어야만 성립하는 계약을 말한다.

계약의 성립과 효력

일반적으로 계약은 당사자일방이 먼저 의사표시(청약)를 하고, 상대방이 그에 대한 의사표시(승낙)을 함으로써 성립한다. 예를 들어 A가 B에 대해서 A가 소유하는 X토지를 5억 원에 팔기로 하는 의사를 표시(청약)하고, B는 A에 대해서 A가 제시한 조건에 동의하는 의사를 표시(승낙)하면 계약은 성립한다. 또한 예외적으로 청약자의 의사표시나 관습에 의하여 승낙의 통지가 필요하지 아니한 경우에는 승낙의 의사표시로 인정되는 사실이 있는 때에 계약이 성립하기도 하고, 당사자 쌍방이 동일한 내용의 청약을 서로 행한 경우(교차청약)에는 두 청약이 모두 도달한 때에 계약이 성립하기도 한다.

계약은 낙성·불요식행위이기 때문에 당사자간 구두의 합의만으로도 유효하게 성립한다. 다만 계약내용을 명확히 하고, 분쟁 발생시 증거확보를 용이하게 하기 위하여 부동산계약과 같은 중요한 계약은 반드시 서면으로 작성하는 것이 좋다.

유효하게 성립한 계약은 원칙적으로 당사자간에 계약내용에 따른 채권·채무관계를 발생시킴으로써, 당사자로 하여금 약정된 채무를 이행케 하는 구속력을 가지게 된다.

부동산거래의 제한

계약자유의 원칙에 따라 누구나 부동산을 취득할 수 있는 것이 원칙이지만, 일정한 목적달성을 위해 부동산의 취득 또는 처분을 제한하거나 부동산거래의 허가나 신고를 의무화 하는 경우가 있다.

공직자의 부동산취득 제한

최근 부동산 정책을 담당하는 공공기관 임직원들이 업무처리 중 알게 된 미공개정보를 이용하여 부정하게 재산상의 이득을 취하는 등 국민적 공분을 산 사례가 있었다. 이에 2021년 공직자윤리법을 개정하여 부동산 관련 공직자 및 유관단체 직원들의 부동산취득 제한 제도를 신설하였다. 각 부처에서는 부동산 신규 취득 제한에 관한 지침을 만들어 이들 공직자의 부동산취득을 제한하고 있다. 현재 법무부, 국토교통부, 국방부, 기획재정부, 문화체육관광부, 환경부, 해양수산부, 중소벤처기업부, 인사혁신처, 방위사업청, 산림청 등 소속 공무원 및 그 업무를 지휘·감독하는 상급감독자 그리고 그 이해관계자는 특별한 사정이 없는 한 직무 관련 부동산(소속 공무원 및 그 이해관계자의 관련 업무 분야 및 관할의 부동산)을 새로 취득하지 못하도록 규정되어 있다.

외국인의 부동산취득 제한

외국인의 부동산취득에는 상호주의 원칙이 적용된다. 즉, 대한민국 국민, 대한민국의 법령에 따라 설립된 법인 또는 단체나 대한민국 정부에 대하여 자국(自國) 안의 토지의 취득 또는 양도를 금지하거나 제한하는 국가의 개인·법인·단체 또는 정부는 일정한 요건에 따라 대한민국 안의 토지의 취득 또는 양도가 금지되거나 제한될 수 있다(부동산 거래신고 등에 관한 법률 제7조). 상호주의에 따라 외국인의 부동산취득이 허용되더라도 외국인 등이 대한민국 안의 부동산 등을 취득하는 계약을 체결하였을 때에는 계약체결일부터 60일 이내에 신고관청에 신고할 의무가 부과된다.

종합금융회사의 부동산취득 제한

종합금융회사는 업무용 부동산 또는 담보권의 실행으로 인하여 취득하는 부동산을 제외하고는 원칙적으로 부동산을 취득하거나 소유할 수 없도록 하고 있다(자본시장과 금융투자업에 관한 법률 제347조).

농지의 취득 제한

우리나라 헌법에는 경자유전의 원칙이 달성될 수 있도록 노력하여야 한다는 규정에 있고, 이에 따라 농지법에서는 자기의 농업경영에 이용하거나 이용할 자가 아니면 원칙적으로 농지를 소유할 수 없도록 하여 그 취득을 제한하고 있다. 또한 농지법에서는 농지를 취득하려는 사람은 농지 소재지를 관할하는 시·구·읍·면의 장에게 농지취득자격증명을 발급받아야 한다고 규정하여 농지를 소유할 수 있는 경우에도 그 취득을 엄격히 제한하고 있다.

■ 농지법 시행규칙 [별지 제3호서식]

농지취득자격증명신청서

※ 뒤쪽의 유의사항을 참고하시기 바라며, [ ]에 해당되는 곳에 √표를 합니다 (3쪽 중 제1쪽)

접수번호	접수일시	처리기간 7일(농업경영계획서를 작성하지 않는 경우에는 4일, 농지위원회의 심의 대상인 경우에는 14일)

농지 취득자 (신청인)	①성명(명칭)	②주민등록번호 (법인등록번호·외국인등록번호)
	③주소	
	④전화번호	
	⑤취득자의 구분 [ ]농업인 [ ]농업법인 [ ]농업인이 아닌 개인 [ ]그 밖의 법인	

취득 농지의 표시	⑥소재지					
	시·군	구·읍·면	리·동	⑦지번	⑧지목	⑨면적(㎡)

취득 농지의 표시	⑩농지구분			
	농업진흥지역		농업진흥지역 밖	영농여건 불리농지
	농업진흥구역	농업보호구역		

⑪ 취득 원인	
⑫ 취득 목적	[ ]농업경영 [ ]주말·체험영농 [ ]농지전용 [ ]시험·연구·실습지용 등

「농지법」 제8조제2항, 같은 법 시행령 제7조제1항 및 같은 법 시행규칙 제7조제1항제2호에 따라 위와 같이 농지취득자격증명의 발급을 신청합니다.

년 월 일

농지취득자(신청인) (서명 또는 인)

시장·구청장·읍장·면장 귀하

210mm×297mm[백상지 80g/㎡]

토지거래허가구역내 토지의 취득 제한

국토교통부장관 또는 시·도지사는 국토의 이용 및 관리에 관한 계획의 원활한 수립과 집행, 합리적인 토지 이용 등을 위하여 토지의 투기적인 거래가 성행하거나 지가가 급격히 상승하는 지역과 그러한 우려가 있는 지역으로서 5년 이내의 기간을 정하여 토지거래계약에 관한 허가구역으로 지정할 수 있다(부동산 거래신고 등에 관한 법률 제10조). 토지거래허가구역에 있는 토지에 관한 소유권·지상권(소유권·지상권의 취득을 목적으로 하는 권리를 포함)을 이전하거나 설정(대가를 받고 이전하거나 설정하는 경우만 해당)하는 계약(예약을 포함)을 체결하려는 당사자는 특별한 사정이 없는 한 공동으로 시장·군수 또는 구청장의 허가를 받아야 한다(부동산 거래신고 등에 관한 법률 제11조 제1항).

■ 부동산 거래신고 등에 관한 법률 시행규칙 [별지 제9호서식] 온나라 부동산정보통합포털(onnara.go.kr)에서도 신청할 수 있습니다.

토지거래계약 허가 신청서

※ 뒤쪽의 유의사항·작성방법을 읽고 작성하시기 바라며, 색상이 어두운 란은 신청인이 작성하지 않습니다. (앞쪽)

접수번호	접수일시	처리기간 15일

매도인	①성명(법인명)	②주민등록번호(법인·외국인등록번호)
	③주소(법인소재지)	(휴대)전화번호
매수인	④성명(법인명)	⑤주민등록번호(법인·외국인등록번호)
	⑥주소(법인소재지)	(휴대)전화번호

⑦허가신청하는 권리	[ ] 소유권 [ ] 지상권

토지에 관한 사항	번호	⑧소재지	⑨지 번	지 목 ⑩법정	지 목 ⑪현실	⑫면적(㎡)	⑬용도지역·용도지구	⑭이용현황
	1 2 3							
	⑮권 리 설 정 현 황							

토지의 정착물에 관한 사항	번호	⑯종 류	⑰ 정착물의 내용	이전 또는 설정에 관한 권리 ⑱종 류	이전 또는 설정에 관한 권리 ⑲내 용
	1 2 3				

이전 또는 설정하는 권리의 내용에 관한 사항	번호	⑳소유권의 이전 또는 설정의 형태	그 밖의 권리의 경우 ㉑존 속 기 간	그 밖의 권리의 경우 ㉒지대(연액)	㉓특 기 사 항
	1 2 3				

계약예정 금액에 관한 사항	번호	토 지 ㉔지목(현실)	토 지 ㉕면적(㎡)	토 지 ㉖단가(원/㎡)	토 지 ㉗예정 금액(원)	정 착 물 ㉘종류	정 착 물 ㉙예정 금액(원)	㉚예정금액 합계(원) (㉗+㉙)
	1 2 3							
			계	평균	계		계	계

「부동산 거래신고 등에 관한 법률」 제11조제1항, 같은 법 시행령 제9조제1항 및 같은 법 시행규칙 제9조에 따라 위와 같이 허가를 신청합니다.

년 월 일

매도인 (서명 또는 인)

매수인 (서명 또는 인)

시장·군수·구청장 귀하

신청인 제출서류	1.「부동산 거래신고 등에 관한 법률 시행규칙」제11조제1항 각 호의 사항을 적은 토지이용계획서(「농지법」 제8조에 따라 농지취득자격증명을 발급받아야 하는 농지의 경우에는 같은 조 제2항에 따른 농업경영계획서를 말합니다) 2.「부동산 거래신고 등에 관한 법률 시행규칙」제9조제2항에 따른 별지 제10호서식의 토지취득자금조달계획서	수수료 없음
담당 공무원 확인사항	토지등기사항증명서	

210mm×297mm[백상지(80g/㎡) 또는 중질지(80g/㎡)]

주택의 처분제한

부동산 시장에서의 과도한 투기 등을 막고 부동산 가격 안정을 통해 실수요자를 보호할 목적으로 주택을 구입한 후 일정 기간 동안 제3자에게 해당 주택을 매도할 수 없도록 하는 전매제한 제도를 두고 있다. 주택법에 따르면 ① 투기과열지구 및 조정대상지역에서 건설·공급되는 주택, ② 분양가상한제 적용주택, ③ 공공택지 외의 택지에서 건설·공급되는 주택, ④ 공공재개발사업에서 건설·공급되는 주택, ⑤ 토지임대부 분양주택의 경우 10년의 범위에서 대통령령으로 정하는 일정 기간이 지나기 전에는 전매(상속은 제외)나 전매알선이 원칙적으로 금지된다(주택법 제64조, 주택법 시행령 제73조, 주택법 시행령 별표 3).

부동산거래의 신고

공정하고 투명한 부동산 거래질서를 확립하고 공평과세를 목적으로 부동산 거래 계약시 실제 거래금액 등을 신고하도록 하는 부동산거래 신고제도를 두고 있다. 부동산 거래신고 등에 관한 법률에 따르면 ① 부동산의 매매계약, ② 택지개발촉진법, 주택법 등의 법률에 따른 부동산에 대한 공급계약, ③ 택지개발촉진법, 주택법 등의 법률에 따른 부동산에 대한 공급계약을 통하여 부동산을 공급받는 자로 선정된 지위의 매매계약, ④ 도시 및 주거환경정비법 제74조에 따른 관리처분계획의 인가 및 빈집 및 소규모주택정비에 관한 특례법 제29조에 따른 사업시행계획인가로 취득한 입주자로 선정된 지위의 매매계약을 체결한 때에는 그 부동산의 실제 거래가격 등을 거래계약의 체결일부터 30일 이내에 매매대상 부동산(권리에 관한 매매계약의 경우에는 그 권리의 대상인 부동산) 소재지의 관할 시장·군수 또는 구청장에게 공동으로 신고하여야 한다(부동산 거래신고 등에 관한 법률 제3조 제1항). 부동산거래의 신고는 원칙적으로 거래당사자가 공동으로 하여야 하지만 일방이 신고를 거부할 경우에는 단독으로 신고할 수 있고, 거래 일방이 국가·지방자치단체 등일 경우에는 국가·지방자치단체 등이 신고하여야 한다(부동산 거래신고 등에 관한 법률 제3조 제1항 제2항). 만일 해당 부동산의 거래를 개업공인중개사가 중개한 경우에는 공인중개사가 신고의무를 부담한다(부동산 거래신고 등에 관한 법률 제3조 제3항).

■ 부동산 거래신고 등에 관한 법률 시행규칙 [별지 제1호서식] 〈개정 2022. 2. 28.〉 부동산거래관리시스템(rtms.molit.go.kr)에서도 신청할 수 있습니다.

부동산거래계약 신고서

※ 뒤쪽의 유의사항·작성방법을 읽고 작성하시기 바라며, [ ]에는 해당하는 곳에 √표를 합니다. (앞쪽)

<table>
<tr><td colspan="2">접수번호</td><td colspan="3">접수일시</td><td colspan="3">처리기간 지체없이</td></tr>
<tr><td rowspan="3">① 매도인</td><td colspan="3">성명(법인명)</td><td colspan="3">주민등록번호(법인·외국인등록번호)</td><td>국적</td></tr>
<tr><td colspan="6">주소(법인소재지)</td><td>거래지분 비율
(분의)</td></tr>
<tr><td colspan="3">전화번호</td><td colspan="4">휴대전화번호</td></tr>
<tr><td rowspan="5">② 매수인</td><td colspan="3">성명(법인명)</td><td colspan="3">주민등록번호(법인·외국인등록번호)</td><td>국적</td></tr>
<tr><td colspan="6">주소(법인소재지)</td><td>거래지분 비율
(분의)</td></tr>
<tr><td colspan="3">전화번호</td><td colspan="4">휴대전화번호</td></tr>
<tr><td colspan="2">③ 법인신고서등</td><td colspan="5">[ ]제출 [ ]별도 제출 [ ]해당 없음</td></tr>
<tr><td colspan="2">외국인의 부동산등 매수용도</td><td colspan="5">[ ]주거용(아파트) [ ]주거용(단독주택) [ ]주거용(그 밖의 주택)
[ ]레저용 [ ]상업용 [ ]공업용 [ ]그 밖의 용도</td></tr>
<tr><td rowspan="4">개업
공인중개사</td><td colspan="3">성명(법인명)</td><td colspan="4">주민등록번호(법인·외국인등록번호)</td></tr>
<tr><td colspan="3">전화번호</td><td colspan="4">휴대전화번호</td></tr>
<tr><td colspan="3">상호</td><td colspan="4">등록번호</td></tr>
<tr><td colspan="7">사무소 소재지</td></tr>
<tr><td rowspan="10">거래대상</td><td rowspan="2">종류</td><td colspan="6">④ [ ]토지 [ ]건축물 ( ) [ ]토지 및 건축물 ( )</td></tr>
<tr><td colspan="2">⑤ [ ]공급계약 [ ]전매</td><td colspan="2">[ ]분양권 [ ]입주권</td><td colspan="2">[ ]준공 전 [ ]준공 후
[ ]임대주택 분양전환</td></tr>
<tr><td rowspan="3">⑥ 소재지/
지목/면적</td><td colspan="6">소재지</td></tr>
<tr><td colspan="2">지목</td><td colspan="2">토지면적 ㎡</td><td colspan="2">토지 거래지분
(분의)</td></tr>
<tr><td colspan="2">대지권비율
(분의)</td><td colspan="2">건축물면적 ㎡</td><td colspan="2">건축물 거래지분
(분의)</td></tr>
<tr><td>⑦ 계약대상
면적</td><td colspan="2">토지 ㎡</td><td colspan="4">건축물 ㎡</td></tr>
<tr><td rowspan="2">⑧ 물건별
거래가격</td><td colspan="4">원</td><td colspan="2"></td></tr>
<tr><td>공급계약
또는 전매</td><td>분양가격
원</td><td colspan="2">발코니 확장 등 선택비용
원</td><td colspan="2">추가 지급액 등
원</td></tr>
<tr><td rowspan="3">합계

원</td><td>계약금</td><td>원</td><td colspan="2">계약 체결일</td><td colspan="2"></td></tr>
<tr><td>중도금</td><td>원</td><td colspan="2">중도금 지급일</td><td colspan="2"></td></tr>
<tr><td>잔금</td><td>원</td><td colspan="2">잔금 지급일</td><td colspan="2"></td></tr>
<tr><td rowspan="6">⑩ 종전
부동산</td><td rowspan="3">소재지/지목
/면적</td><td colspan="6">소재지</td></tr>
<tr><td colspan="2">지목</td><td colspan="2">토지면적 ㎡</td><td colspan="2">토지 거래지분
(분의)</td></tr>
<tr><td colspan="2">대지권비율
(분의)</td><td colspan="2">건축물면적 ㎡</td><td colspan="2">건축물 거래지분
(분의)</td></tr>
<tr><td>계약대상 면적</td><td colspan="2">토지 ㎡</td><td colspan="2">건축물 ㎡</td><td colspan="2">건축물 유형( )</td></tr>
<tr><td rowspan="2">거래금액</td><td colspan="2">합계
원</td><td colspan="2">추가 지급액 등 원</td><td colspan="2">권리가격
원</td></tr>
<tr><td colspan="2">계약금 원</td><td colspan="2">중도금 원</td><td colspan="2">잔금 원</td></tr>
<tr><td colspan="2">⑪ 계약의 조건 및 참고사항</td><td colspan="6"></td></tr>
</table>

(⑨ 총 실제 거래가격(전체) — 합계 원)

「부동산 거래신고 등에 관한 법률」 제3조제1항부터 제4항까지 및 같은 법 시행규칙 제2조제1항부터 제4항까지의 규정에 따라 위와 같이 부동산거래계약 내용을 신고합니다.

년 월 일

신고인 매도인 : (서명 또는 인)
매수인 : (서명 또는 인)
개업공인중개사 : (서명 또는 인)
(개업공인중개사 중개 시)

시장·군수·구청장 귀하

210mm×297mm[백상지(80g/㎡) 또는 중질지(80g/㎡)]

부동산 검인계약서 제출의무

부동산 투기와 탈세를 방지하고 공정한 부동산 거래질서의 확립을 위해 부동산 검인계약서 제도를 두고 있다. 검인계약서제도는 계약을 원인으로 하여 소유권이전등기를 신청할 때는 부동산의 소재지를 관할하는 시장·구청장·군수 등의 검인을 받은 계약서를 제출하여야만 등기신청을 받아주는 제도이다(부동산등기 특별조치법 제3조). 다만 부동산거래 신고인이 앞서 설명한 부동산거래 신고를 하여 신고필증을 발급받은 때에 검인은 면제된다(부동산 거래신고 등에 관한 법률 제3조 제6항).

제3절 부동산 소유권의 취득

▌부동산 매매

매매계약의 성립

우리가 부동산을 취득하는 가장 전형적인 방법은 매매계약일 것이다. 매매는 당사자 일방인 매도인이 재산권을 상대방인 매수인에게 이전할 것을 약정하고 상대방이 그 대금을 지급할 것을 약정함으로써 그 효력이 생기는 계약이다(민법 제563조).

매매는 당사자간 의사의 합치만으로 성립하는 낙성계약이고, 그 성립에 특별한 방식이 필요 없는 불요식계약이고, 대가를 받고 재산권을 이전하는 유상계약이며, 당사자간 의무가 대가적 관계에 있는 쌍무계약이다.

매매계약에서의 당사자간 의사의 합치는 계약의 내용을 이루는 모든 사항에 관하여 있어야 하는 것은 아니나 그 본질적 사항이나 중요사항에 관하여는 구체적으로 의사의 합치가 있거나 적어도 장래 구체적으로 특정할 수 있는 기준과 방법 등에 관한 합의는 있어야 한다.

매매계약에 관한 비용은 당사자 사이에 특약이 없으면 당사자쌍방이 균분하여 부담한다(민법 제566조). 다만, 거래관행상 부동산등기 비용은 매수인이 부담하는 경우가 대부분이다.

계약금

부동산 매매계약에 대한 당사자 간 의사의 합치를 통해 계약서를 작성하고, 그 계약에 대한 징표로서 금전 등의 유가물을 계약금으로 교부하는 경우가 많다. 당사자간에 계약금이 수수되었다면 최소한 계약이 체결되었다는 사실이 증명된다(증약금). 참고로 계약금은 그 성격에 따라서 증약금(증거의 취지), 해약금(계약금의 손실을 각오하면 계약을 해제할 수 있다고 하는 취지), 위약금(손해배상액의 예정과 위약벌로서 몰수된다고 하는 취지), 성약금(계약을 성립시킨다고 하는 취지) 등으로 표현을 하기도 한다.

※ 계약금의 종류

○ 증약금: 계약을 체결한 사실을 나타내고, 그 증거로 한다고 하는 취지로 교부된 계약금

○ 해약금: 계약금의 손실을 각오하면 상대방의 채무불이행이 없더라도 계약을 해제할 수 있다고 하는 취지로 교부된 계약금

○ 위약금

① 손해배상액의 예정으로서의 계약금: 당사자 일방이 채무불이행을 한 경우에 계약금을 교부한 자는 그 계약금을 몰수당하고, 계약금을 수령한 자는 그 배액을 반환한다고 하는 취지로 교부된 계약금

② 위약벌로서의 계약금: 매수인이 채무의 이행을 하지 않은 경우에 위약벌로서 몰수된다고 하는 취지로 교부되며 손해가 생기면 매도인은 위약벌과는 별도로 채무불이행에 기한 손해배상을 청구할 수 있음

○ 성약금: 계약을 성립시킨다고 하는 취지로 교부된 계약금

민법은 매매의 당사자일방이 계약 당시에 금전 기타 물건을 계약금·보증금 등의 명목으로 상대방에게 교부하는 때에는 당사자간에 다른 약정이 없는 한 당사자의 일방이 이행에 착수할 때까지 교부자는 이를 포기하고 수령자는 그 배액을 상환하여 매매계약을 해제할 수 있다고 규정하여 이를 해약금으로 추정한다(민법 제565조 제1항). 다만 일반적으로는 부동산 매매계약서 작성시 해약금에 의한 해제의 약정을 별도로 하는 것이 보통이다.

해약금에 의한 해제에서 '당사자의 일방이 이행에 착수할 때까지'란 객관적으로 외부에서 인식할 수 있을 정도로 채무 이행행위의 일부를 행하거나 또는 이행을 하기 위하여 필요한 전제행위를 하는 것을 말한다. 예를들어 중도금을 지급하였거나, 잔대금을 준비하여 소유권이전등기를 청구하는 행위 등은 이행에 착수한 것으로 평가할 수 있다. 만일 이러한 단계에서 상대방으로부터 계약이 해제된

다면 예측하지 못한 손해를 입게 될 우려가 있으므로 이를 방지하고자 하는데 그 취지가 있다. 수령자가 배액을 상환하여야 한다는 것은 해제의 의사표시와 동시에 배액상환이나 이행의 제공이 있어야 한다는 의미이며, 배액이 되지 못하면 해제하지 못한다.

해약금에 의한 해제가 되면 계약은 소급해서 소멸한다. 다만, 아직 이행에 착수하기 전에 해제하는 것이므로 원상회복의 문제는 발생하지 않는다. 해약금에 의한 해제는 해약금계약이라는 특약에 의한 것이어서 채무불이행에 의한 해제와는 구별되므로 손해배상의 문제 또한 발생하지 않는다. 계약에 의한 해제권유보와 채무불이행으로 인한 해제는 별개의 것이므로 법정해제권의 발생, 행사, 효과에는 영향을 주지 않는다.

※ 인터넷 법률신문, 2015. 04. 30.

'계약금 일부만 받은 상태서 부동산 매매계약 취소하려면'

부동산을 팔려던 사람이 계약금 중 일부만 받은 상태에서 매매계약을 취소하려면, 실제로 받은 돈이 아니라 원래 약속한 계약금을 기준으로 위약금을 산정해야 한다는 대법원의 첫 판결이 나왔다. 법원은 실제로 준 돈의 두배를 돌려주는 것으로 계약을 해제하려는 시도는 사실상 계약의 구속력이 약화되는 결과를 초래해 부당하다고 판단했다.

대법원 3부(주심 김신 대법관)는 부동산 매매계약을 취소당한 매수인 김모(64)씨가 "계약 해제에 따른 손해를 배상하라"며 부동산 주인 주모(73)씨를 상대로 낸 손해배상 청구소송 상고심(2014다231378)에서 "주씨는 김씨로부터 교부받은 계약금 1000만원을 포함해 총 8700만원을 지급하라"며 원고일부승소 판결한 원심을 23일 확정했다.

재판부는 "매수인이 계약금 일부만을 먼저 지급하고 잔액은 나중에 지급하기로 약정하거나 계약금 전부를 나중에 지급하기로 약정한 경우 계약금을 교부받은 매도인이 계약금의 잔금 또는 전부를 지급하지 않는 한 임의로 계약을 해제할 수 없다"고 판시했다.

이어 "이번 사건과 같이 계약금 일부만 지급된 경우 계약금을 교부받은 주씨가 매매계약을 해제할 수 있다고 하더라도, 그 해약금의 기준이 되는 돈은 '실제 교부받은 계약금'이 아니라 '약정 계약금'이라고 보는 것이 타당하다"고 밝혔다.

또 "교부받은 계약금'의 배액만을 상환해 매매계약을 해제할 수 있다면 이는 당사자가 일정한 금액을 계약금으로 정한 의사에 반하게 될 뿐 아니라, 교부받은 돈이 소액일 경우에는 사실상 계약을 자유롭게 해제할 수 있어 계약의 구속력이 약화되는 결과를 낳는다"고 설명했다.

주씨는 2013년 3월 김씨에게 서울 서초동에 있는 아파트 한채를 11억원에 팔기로 하면서 계약금을 1억1000만원으로 정했다. 매수인이 매매계약을 해제하려 할 때는 계약금을 포기하고, 매도인이 해제할 경우에는 계약금의 배를 배상하기로 하는 조항도 마련했다.

하지만 주씨는 송금받기로 한 계좌를 폐쇄한 뒤 김씨에게 계약 해제를 통보했고, 이미 받은 1000만원의 두배인 2000만원을 변제공탁했다. 뒤늦게 이 사실을 알게 된 김씨는 "계약 해제를 위해서는 2000만원이 아니라 계약금 1억 1000만원을 기준으로 위약금을 계산해야 한다"며 소송을 냈다.

1심은 "주씨는 김씨로부터 지급받은 계약금 1000만원과 함께 약정 계약금의 30%에 해당하는 손해배상금 3300만원을 지급하라"며 원고 일부 승소 판결했다. 2심은 손해배상금을 약정 계약금의 70%로 계산, "주씨는 김씨에게 총 8700만원을 지급하라"고 판결했다.

매매계약의 효력

매매는 매도인이 재산권을 매수인에게 이전하고 매수인은 그 대가로서 매도인에게 대금을 지급하기로 하는 계약이므로 매매계약이 유효하게 성립하면 매도인은 매수인에 대하여 재산권이전의무를 부담한다. 매도인은 매수인에게 권리 그 자체를 이전해 주어야 하며, 부동산의 점유를 내용으로 하는 물권의 매매에서는 부동산등기 외에 목적부동산의 점유도 이전해 주어야 한다. 매도인의 재산권이전의무는 특별한 약정이나 관습이 없으면 매수인의 대금지급의무와 동시이행의 관계에 있다(민법 제568조 제2항).

매수인은 약정한 바와 같이 재산권 이전에 대가적 관계에 놓인 대금을 지급할 의무를 진다. 대금의 액수와 지급시기와 장소는 약정에 따라 하지만, 약정이 없는 경우에는 민법의 규정이 보충적으로 적용된다. 매매당사자 일방에 대한 이행기가 정해져 있는 경우에는 동일기한의 추정에 의하여 타방 당사자의 이행기도 동일한 것으로 추정된다(민법 제585조). 대금지급의무와 목적물인도의무는 동시이행관계에 있으므로, 매수인은 약정된 대금지급시기를 도과하였더라도 목적물의 인도가 없는 한 이자를 지급할 의무가 없고, 그에 상응하여 매도인은 인도 이전에는 매매목적물의 과실수취권을 유지한다(민법 제587조). 매수인의 대금지급의무를 전부 인정하기에 부적절한 정도의 사정이 있을 경우, 예를들어 매매목적물에 관하여 권리를 주장하는 사람이 있는 경우나 매수한 권리의 전부나 일부를 잃을 염려가 있는 경우에는 매수인에게 대금지급거절권이 인정된다(민법 제588조).

		동시이행의 항변권	대금지급거절권
공통점		항변권	
차이점	요건	쌍무계약의 이행상의 견련성에 기초하여 인정	담보책임의 사전구제수단으로서 매수인이 매수한 권리의 전부나 일부를 잃을 염려가 있는 경우에 인정
	효과	매도인이 권리를 완전하게 이전하는 것에 대응하여 매수인은 그 대금 전부의 이행을 거절	매수인이 매수한 권리의 전부나 일부를 잃을 위험의 한도에서만 이행거절이 인정. 매도인이 상당한 담보를 제공하여 거절권을 소멸시키거나 공탁을 청구하는 것도 인정
	판결의 내용	동시(상환)이행의 판결	위험한도내에서 매도인의 대금청구를 배척하는 판결

매도인은 무과실책임으로서의 담보책임을 부담한다. 매도인의 담보책임은 매매의 목적물에 성질상 또는 법률상의 하자가 존재하고 있는 것에 대하여 그 계약의 채무자(매도인)가 부담하는 책임이다. 매도인이 담보책임을 지는 경우는 ① 매매목적물이 제3자에게 속하

거나 목적물에 대하여 제3자의 권리가 존속하고 있어 매수인이 완전한 재산권을 취득할 수 없는 경우와 ② 목적물에 물적인 하자가 존재하는 경우이다. 이러한 경우 매수인은 일정한 구체적인 법정요건에 따라 계약해제권, 대금감액청구권, 손해배상청구권, 완전물급부청구권을 가진다.

<table>
<tr><th colspan="2" rowspan="2">담보책임원인</th><th rowspan="2">매수인의 선의·악의</th><th colspan="3">책임의 내용</th></tr>
<tr><th>대금감액청구권</th><th>해제권</th><th>손해배상청구권</th></tr>
<tr><td rowspan="10">권리의 하자에 대한 담보책임</td><td rowspan="2">전부 타인의 권리(570조)</td><td>선의</td><td></td><td>있음</td><td>있음</td></tr>
<tr><td>악의</td><td></td><td>있음</td><td>없음</td></tr>
<tr><td rowspan="2">일부 타인의 권리(572조)</td><td>선의</td><td>있음</td><td>일정한 경우에만 있음</td><td>있음</td></tr>
<tr><td>악의</td><td>있음</td><td>없음</td><td>없음</td></tr>
<tr><td rowspan="2">수량부족·일부멸실 (574조)</td><td>선의</td><td>있음</td><td>일정한 경우에만 있음</td><td>있음</td></tr>
<tr><td>악의</td><td>없음</td><td>없음</td><td>없음</td></tr>
<tr><td rowspan="2">용익권에 의한 제한 (575조)</td><td>선의</td><td></td><td>목적을 달성할 수 없는 경우에 있음</td><td>있음</td></tr>
<tr><td>악의</td><td></td><td>없음</td><td>없음</td></tr>
<tr><td rowspan="2">저당권·전세권에 의한 제한 (576조)</td><td>선의</td><td></td><td>일정한 경우에 있음</td><td>일정한 경우에 있음</td></tr>
<tr><td>악의</td><td></td><td>일정한 경우에 있음</td><td>일정한 경우에 있음</td></tr>
<tr><td rowspan="4">물건의 하자에 대한 담보책임</td><td rowspan="2">하자 (특정물의 경우) (580조)</td><td>선의</td><td></td><td>목적을 달성할 수 없는 경우에 있음</td><td>있음</td></tr>
<tr><td>악의</td><td></td><td>없음</td><td>없음</td></tr>
<tr><td rowspan="2">하자 (종류물의 경우) (581조)</td><td>선의</td><td></td><td>목적을 달성할 수 없는 경우에 있음</td><td>손해배상청구권 또는 완전물급부청구권</td></tr>
<tr><td>악의</td><td></td><td>없음</td><td>없음</td></tr>
</table>

매매계약의 해제

계약의 해제는 유효하게 성립한 계약관계를 당사자의 일방적 의사표시에 의하여 해소시키는 것을 말한다. 계약을 해제할 수 있는 법적 권한을 해제권이라 하고, 해제권은 일방적 의사표시에 의하여 계약관계의 소멸을 가져오는 권리이므로 형성권이다. 계약해제권은 계약이 처음부터 존재하지 않았던 것과 같은 효과를 발생케 하는 권리이므로 계약당사자 또는 당사자의 지위를 승계한 자만이 가질 수 있다.

계약의 해제는 법정해제과 약정해제로 구분할 수 있다. 법정해제는 법률의 규정에 의하여 발생하는 것으로, 채무불이행(이행지체, 이행불능 등)에 의한 해제가 가장 대표적이다. 약정해제는 계약 당사자들이 사전에 정한 조건에 따라 계약을 해제할 수 있도록 한 것으로, 계약서 등에 약정해제에 관한 내용이 포함되어 있어야 해제를 통해 계약을 소멸시킬 수 있다.

매매계약 체결시 유의사항

매매계약을 체결하기 전에 매수하려는 부동산 관련 서류를 확인하는 것이 반드시 필요하다. 매수인은 우선 당해 부동산의 권리의 무관계에 대해서는 부동산등기(등기사항증명서)를 확인해야 하고, 물리적인 상황에 대해서는 건축물대장, 토지대장, 임야대장, 토지이용계획확인서, 공시지가확인서, 지적도, 임야도 등을 확인해야 한다. 또한 매수하려는 부동산에 대한 행정적 규제가 있는지 여부에 대해서도 부동산종합증명서 등을 통해 확인을 해야 한다. 토지거래허가구역내에 있는 부동산을 매수할 경우에는 그 허가가 날지에 대해서도 미리 검토해 보아야 하고, 건축을 할 경우에는 도시계획 여부나 개발제한구역 여부 등도 확인해야 한다. 예를들어 비오톱 1등급 토지의 경우에는 부동산개발이 사실상 불가능하다. 비오톱(Biotope)은 그리스어로 '생명'을 의미하는 bios와 '땅 혹은 장소'를 의미하는 topos의 합성어로, 특정한 식물과 동물이 하나의 생활공동체, 즉 군집을 이루어 지표상에서 다른 곳과 명확하게 구분되는 하나의 서식지를 형성한 지역을 의미한다. 비오톱은 5년마다 실시되는 도시생태현황도 조사 결과에 따라 결정되며 5등급으로 분류된다. 비오톱 등급은 토지이용계획원, 부동산종합증명서 등을 통해 확인하거나 국토환경성평가 지도(https://ecvam.neins.go.kr/main.do) 사이트를 통해서도 확인이 가능하다.

부동산을 매수하기 위해서는 매수하려는 부동산에 대한 현장 확인도 필요하다. 만일 공적장부에 기재되지 않은 불법건축물이 존재하는 상황이라면 매수인은 이행강제금이 부과되거나 철거명령이 내려지는 등의 예기치 못한 손해를 입을 우려가 있다. 또한 유치권이나 법정지상권 등과 같이 공시되지 않은 권리가 있는 경우에도 매수인은 손해를 입을 우려가 있다. 따라서 매수인은 현장 확인을 통해 부동산의 매수 목적에 부합하는지 여부, 부동산의 상태, 주변환경, 건물의 경우 노후의 정도 및 관리상태 등을 확인하고 문제가 없을 경우에 매수 절차를 진행하여야 한다.

매수를 원하는 부동산을 정하고 하게 되는 첫 절차는 매매계약서를 작성하는 것이다. 매매계약서를 작성할 때는 우선 계약의 당사자가 정말 해당 부동산의 소유자인지를 정확히 확인하여야 한다. 이때 계약 당사자가 진정한 소유자인지 여부는 본인의 경우 주민등록증 등 신분증을 대조하고, 대리인인 경우에는 주민등록증, 위임장, 인감증명서 등을 꼼꼼히 확인하여야 한다. 그 다음으로는 계약서에 기재된 매매대금의 액수와 그 지불 시기, 매도인과 매수인의 인적사항, 해당 부동산의 인도시기, 당사자 중 일방이 제대로 이행을 하지 않은 경우의 책임소재, 그 외 특약으로 정하고 싶은 사항 등이 제대로 기재되었는지 여부를 꼼꼼히 확인하여야 한다.

매매계약 체결 후 계약을 이행하는 과정에서도 주의가 필요하다. 매수인은 매매계약에 따른 잔금을 지급할 때에는 등기부 등본을 재확인하여 매매계약 후 중요한 권리변동이 있었는지를 확인해야 한다. 종종 등기부 등본을 이용한 사기가 발생하는 경우가 있는데, 이러한 사기 피해를 방지하기 위해서는 문제가 생기면 손해배상을 하여야 한다는 내용을 매매계약서에 써 두고 공증을 받는 것이 좋다. 그리고 잔금을 지급하면서 부동산 소유권 이전등기에 필요한 서류의 교부, 부동산 점유의 이전 등을 받아야 한다.

부 동 산 매 매 계 약 서

매도인과 매수인 쌍방은 아래 표시 부동산에 관하여 다음 계약 내용과 같이 매매계약을 체결한다.
1.부동산의 표시

소 재 지						
토 지	지 목		대지권		면 적	㎡
건 물	구조·용도		면 적			㎡

2. 계약내용
제 1 조 (목적) 위 부동산의 매매에 대하여 매도인과 매수인은 합의에 의하여 매매대금을 아래와 같이 지불하기로 한다.

매매대금	금 원정(₩)		
계 약 금	금 원정은 계약시에 지불하고 영수함. 영수자(㉤)		
융 자 금	금 원정(은행)을 승계키로 한다.	**임대보증금**	총 원정 을 승계키로 한다.
중 도 금	금 원정은 년 월 일에 지불하며		
	금 원정은 년 월 일에 지불한다.		
잔 금	금 원정은 년 월 일에 지불한다.		

제 2 조 (**소유권 이전 등**) 매도인은 매매대금의 잔금 수령과 동시에 매수인에게 소유권이전등기에 필요한 모든 서류를 교부하고 등기절차에 협력하며, 위 부동산의 인도일은 ________년______월______일로 한다.
제 3 조 (**제한물권 등의 소멸**) 매도인은 위의 부동산에 설정된 저당권, 지상권, 임차권 등 소유권의 행사를 제한하는 사유가 있거나,제세공과 기타 부담금의 미납금 등이 있을 때에는 잔금 수수일까지 그 권리의 하자 및 부담 등을 제거하여 완전한 소유권을 매수인에게 이전한다. 다만, 승계하기로 합의하는 권리 및 금액은 그러하지 아니하다.
제 4 조 (**지방세 등**) 위 부동산에 관하여 발생한 수익의 귀속과 제세공과금 등의 부담은 위 부동산의 인도일을 기준으로 하되, 지방세의 납부의무 및 납부책임은 지방세법의 규정에 의한다.
제 5 조 (**계약의 해제**) 매수인이 매도인에게 중도금(중도금이 없을때에는 잔금)을 지불하기 전까지 매도인은 계약금의 배액을 상환하고, 매수인은 계약금을 포기하고 본 계약을 해제할 수 있다.
제 6 조 (**채무불이행과 손해배상**) 매도인 또는 매수인이 본 계약상의 내용에 대하여 불이행이 있을 경우 그 상대방은 불이행한자에 대하여 서면으로 최고하고 계약을 해제할 수 있다. 그리고 계약당사자는 계약해제에 따른 손해배상을 각각 상대방에게 청구할 수 있으며, 손해배상에 대하여 별도의 약정이 없는 한 계약금을 손해배상의 기준으로 본다.

특약사항

본 계약을 증명하기 위하여 계약 당사자가 이의 없음을 확인하고 각각 서명·날인 후 매도인, 매수인 및 중개업자는 매장마다 간인하여야 하며 각각 1통씩 보관한다.
년 월 일

매도인	주 소					㉤
	주민등록번호		전 화		성 명	
	대 리 인	주 소	주민등록번호		성 명	
매수인	주 소					㉤
	주민등록번호		전 화		성 명	
	대 리 인	주 소	주민등록번호		성 명	

부 동 산 매 매 계 약 서

매도인과 매수인 쌍방은 아래 표시 부동산에 관하여 다음 계약 내용과 같이 매매계약을 체결한다.
1.부동산의 표시

소 재 지						
토 지	지 목		대지권		면 적	㎡
건 물	구조·용도		면 적	㎡		

2. 계약내용
제 1 조 (목적) 위 부동산의 매매에 대하여 매도인과 매수인은 합의에 의하여 매매대금을 아래와 같이 지불하기로 한다.

매매대금	금 원정(₩)		
계 약 금	금 원정은 계약시에 지불하고 영수함. 영수자(㉖)		
융 자 금	금 원정(은행)을 승계키로 한다.	**임대보증금**	총 원정 을 승계키로 한다.
중 도 금	금 원정은 년 월 일에 지불하며		
	금 원정은 년 월 일에 지불한다.		
잔 금	금 원정은 년 월 일에 지불한다.		

제 2 조 (**소유권 이전 등**) 매도인은 매매대금의 잔금 수령과 동시에 매수인에게 소유권이전등기에 필요한 모든 서류를 교부하고 등기 절차에 협력하며, 위 부동산의 인도일은 ________년______월______일로 한다.

제 3 조 (**제한물권 등의 소멸**) 매도인은 위의 부동산에 설정된 저당권, 지상권, 임차권 등 소유권의 행사를 제한하는 사유가 있거나, 제세공과 기타 부담금의 미납금 등이 있을 때에는 잔금 수수일까지 그 권리의 하자 및 부담 등을 제거하여 완전한 소유권을 매수인에게 이전한다. 다만, 승계하기로 합의하는 권리 및 금액은 그러하지 아니하다.

제 4 조 (**지방세 등**) 위 부동산에 관하여 발생한 수익의 귀속과 제세공과금 등의 부담은 위 부동산의 인도일을 기준으로 하되, 지방세의 납부의무 및 납부책임은 지방세법의 규정에 의한다.

제 5 조 (**계약의 해제**) 매수인이 매도인에게 중도금(중도금이 없을때에는 잔금)을 지불하기 전까지 매도인은 계약금의 배액을 상환하고, 매수인은 계약금을 포기하고 본 계약을 해제할 수 있다.

제 6 조 (**채무불이행과 손해배상**) 매도인 또는 매수인이 본 계약상의 내용에 대하여 불이행이 있을 경우 그 상대방은 불이행한자에 대하여 서면으로 최고하고 계약을 해제할 수 있다. 그리고 계약당사자는 계약해제에 따른 손해배상을 각각 상대방에게 청구할 수 있으며, 손해배상에 대하여 별도의 약정이 없는 한 계약금을 손해배상의 기준으로 본다.

제 7 조 (**중개수수료**) 중개업자는 매도인 또는 매수인의 본 계약 불이행에 대하여 책임을 지지 않는다. 또한, 중개수수료는 본 계약체결과 동시에 계약 당사자 쌍방이 각각 지불하며, 중개업자의 고의나 과실없이 본 계약이 무효·취소 또는 해제되어도 중개수수료는 지급한다. 공동 중개인 경우에 매도인과 매수인은 자신이 중개 의뢰한 중개업자에게 각각 중개수수료를 지급한다.(중개수수료는 거래가액의 ________%로 한다.)

제 8 조 (**중개수수료 외**) 매도인 또는 매수인이 본 계약 이외의 업무를 의뢰한 경우 이에 관한 보수는 중개수수료와는 별도로 지급하며 그 금액은 합의에 의한다.

제 9 조 (**중개대상물확인·설명서 교부 등**) 중개업자는 중개대상물 확인·설명서를 작성하고 업무보증관계증서(공제증서 등) 사본을 첨부하여 계약체결과 동시에 거래당사자 쌍방에게 교부한다.

특약사항 ....

본 계약을 증명하기 위하여 계약 당사자가 이의 없음을 확인하고 각각 서명·날인 후 매도인, 매수인 및 중개업자는 매장마다 간인하여야 하며, 각각 1통씩 보관한다.
년 월 일

매도인	주 소						㉖
	주민등록번호		전 화		성 명		
	대 리 인	주 소	주민등록번호		성 명		
매수인	주 소						㉖
	주민등록번호		전 화		성 명		
	대 리 인	주 소	주민등록번호		성 명		
중개업자	사무소소재지			사무소소재지			
	사 무 소 명 칭			사 무 소 명 칭			
	대 표	서명및날인	㉖	대 표	서명및날인	㉖	
	등 록 번 호		전화	등 록 번 호		전화	
	소속공인중개사	서명및날인	㉖	소속공인중개사	서명및날인	㉖	

▌부동산 증여

증여는 당사자 일방이 무상으로 재산을 상대방에게 수여한다는 의사를 표시하고 상대방이 이것을 승낙함으로써 성립하는 계약이다(민법 제554조). 증여는 상대방에게 재산을 대가없이 무상으로 수여하는 행위이지만 증여받기를 원하지 않는 상대방에게 재산을 수령하도록 강요할 수 없기 때문에 당사자의 승낙의 의사가 필요하다. 증여는 그 계약의 방식에 있어 특별한 제한은 없으나, 증여의 의사가 서면으로 표시되지 않은 경우에는 각 당사자는 이를 해제하는 것이 가능하기 때문에(민법 제555조), 증여계약을 해제할 수 없도록 하기 위해서는 반드시 서면으로 표시해야 한다.

증여의 기본적인 효력은 증여자가 증여의 목적물인 일정한 재산을 수여자에게 수여하는 채무를 부담하고, 수여자는 이를 청구할 수 있는 권리를 취득하는 것이다. 비록 증여의 목적물이 타인의 소유물이라 하더라도 증여계약 자체가 무효 또는 취소가 되지 않는 한 증여 목적물의 소유권을 취득하여 이전해 줄 의무가 발생한다.

우리 민법은 증여계약이 서면에 의하지 않은 경우(민법 제555조)나 증여계약이 체결된 후에 수여자에 대해 망은행위를 한 경우(민법 제556조)와 증여자의 재산상태가 악화되어 생계가 곤란하게 된 경우(민법 제557조)에는 그러한 증여계약을 해제할 수 있다고 규정하고 있다.

① 서면에 의하지 않은 증여계약의 해제(제555조)

서면에 의한 증여란 증여계약 당사자 사이에 증여자가 자기의 재산을 상대방에게 준다는 증여의사가 문서를 통하여 확실히 알 수 있는 정도로 서면에 나타난 증여를 말한다. 따라서 서면의 문언 자체는 증여계약서로 되어 있지 않더라도 그 서면의 작성에 이르게 된 경위를 아울러 고려할 때 그 서면이 바로 증여의사를 표시한 서면이라고 인정될 수 있으면 된다. 증여의 의사표시는 수증자에 대하여 서면으로 표시되어야 한다. 따라서 증여자의 제3자에 대한 서면이나, 증여자 자신의 내부관계에서 적은 서면(일기 등)으로는 부족하다.

② 망은행위에 의한 증여의 해제(제556조 제1항)

증여자 또는 그 배우자나 직계혈족에 대한 수증자의 범죄행위와 같은 망은행위가 있는 경우 증여자는 증여계약을 해제할 수 있다. 그러나 증여자의 용서가 표시된 경우에는 망은행위를 이유로 한 해제권은 더 이상 행사될 수 없다.

다만 계약이 해제되더라도 이러한 계약의 내용이 이미 이행된 부분에 대해서는 해제의 효과를 제한하고 있다(민법 제558조). 여기서 이미 이행된 경우란 증여자가 약속대로 재산을 수증자에게 주는 것을 의미한다. 그런데 부동산의 증여에서 등기이전을 통한 소유권의 이전이 있어야 이행이 되었다고 할 수 있는데, 만약 등기 없이 인도만 있는 경우에도 이미 이행이 되었다라고 볼 수 있는지가 문제된다. 이 경우 신의칙상 이행된 것으로 해석하고 있는 견해도 있으나, 대법원은 부동산 물권변동에 관하여 형식주의를 취한 이상 인도만으로는 부족하고 등기까지 있어야 한다고 보고 있다.

부동산 교환

교환은 당사자 쌍방이 금전 이외의 재산권을 상호 이전할 것을 약정함으로써 생기는 계약이다(민법 제596조). 교환계약은 낙성, 유상, 쌍무, 불요식 계약이다.

교환은 금전 이외의 재산권을 급부로 한다는 점에서 당사자 일방이 금전을 지급하는 매매와 차이가 있다. 자신이 소유하고 있는 부동산과 상대방이 소유하고 있는 부동산을 서로 이전하기로 하는 경우가 이에 해당할 것이다. 다만 교환의 대상인 재산권의 가치에 차이가 있을 때에는 그 차액을 보충하기 위해서 당사자 일방이 금전을 함께 지급하는 경우가 있다. 민법은 이것도 교환으로 보고 특칙을 두어(민법 제597조) 이 금전부분에 관해서는 매매대금에 관한 규정이 준용되도록 한다. 이 때에 지급되는 금전을 '보충금'이라고 한다.

부동산 상속

상속은 사람의 사망으로 일정한 사람(상속인)이 그 사람(피상속인)의 재산 등을 포함하는 권리와 의무를 포괄적으로 승계하는 것이다(민법 제997조, 제1005조). 상속권은 상속개시전에는 상속인이 가지는 기대권으로써의 성질을 가지며 상속개시후에는 상속인이 상속의 효과를 받을 수 있는 실체적 권리로서의 성질을 갖는다.

상속은 사람의 사망에 의해서만 발생한다(민법 제997조). 사망의 효과는 자연사 외에도 실종선고에 의한 사망이나 인정사망도 포함이 된다. 상속의 개시 시기는 피상속인이 사망한 때이다(민법 제997조). 상속의 개시시기를 언제로 하느냐에 따라서 상속인의 능력이나 자격의 결정, 상속에 관한 각종 권리의 시기나 제척기간의 진행, 상속의 효력발생, 상속재산의 산정 등에 관한 이해관계들이 달라질 수 있기 때문에 상속의 개시시기는 상속에 있어 중요한 쟁점이 된다.

상속인은 피상속인의 재산상 지위를 승계한 사람을 말한다. 상속인은 단순한 상속인의 자격을 가지고 있는 사람과는 구별되는 개념이다. 상속인이 되기 위해서는 상속능력을 가지고 있고, 상속결격자가 아니며, 최우선 상속순위에 있어야 한다.

상속이 개시되면 그 때부터 피상속인의 재산적 권리와 의무는 모두 상속인에게 이전된다. 따라서 피상속인의 사망사실을 상속인이 몰라서 상속등기 등의 절차를 밟지 않고 있더라도 사망자가 가지고 있던 권리는 상속인들에게 이전된다. 다만 상속인이 가지고 있던 상속재산을 제3자에게 주장하거나 제3자에게 양도하려고 할 경우에는 상속인이 자신의 이름으로 상속등기를 하고 난 후에야 가능하다.

상속인이 여러 명인 경우에는 그 공동의 상속인은 각자의 상속분에 따라 피상속인의 권리의무를 승계하게 된다(민법 제1077조). 여기서 상속분은 공동상속의 경우에 상속재산 전체에 대하여 여러 명의 공동상속인이 각각 배당을 받을 몫의 비율을 의미하는 것으로 피상속인의 유언에 의한 지정상속분과 법률의 규정에 따른 법정상속분이 있다. 참고로 법정상속분은 동순위의 상속인이 여러 명인 경우에는 그 상속분은 균분이 원칙이고, 피상속인의 배우자의 상속분은 직계비속과 공동으로 상속하는 때에는 공동상속인(직계비속 또는 직계존속)의 상속분에 5할을 가산한다(민법 제1009조 2항).

상속의 효력은 상속인의 의사와는 관계없이 또한 상속인이 상속개시사실을 알든 모르든 당연히 발생하게 된다. 따라서 상속재산에 채무가 많을 때에는 상속은 오히려 부담이 되어 곤란하기 때문에 상속인을 보호하기 위하여 상속의 승인과 포기제도를 두고 있다.

※ 사례로 보는 상속

□ 미성년자 甲은 부(父) 乙, 조부 丙(70세)과 함께 생활하던 중 부부인 A와 B의 일반 양자로 입양되었다. 양부 A에게는 모 C(65세)가 생존해 있다.

1. 甲이 사망하면 甲의 상속인은 누구인가?

   일반양자의 경우 입양 전의 친족관계가 존속하므로(제882조의2 제2항) 양자가 사망한 경우 양부모와 친생부모가 공동상속한다. 따라서 직계존속인 乙과 A·B가 각각 3분의 1의 비율로 공동상속한다.

   판례〉 신민법 시행 후 양자가 직계비속 없이 사망한 경우 그가 미혼인 경우 제2순위 상속권자인 직계존속이, 그에게 유처가 있는 경우 직계존속과 처가 동순위로 각 상속인이 되는 바, 이 경우 양자를 상속할 직계존속에 대하여 아무런 제한을 두고 있지 않으므로 양자의 상속인에는 양부모뿐 아니라 친부모도 포함된다고 보아야 한다(대결 1995. 1. 20, 94마535).

2. A가 사망한 후 甲이 사망하면 甲이 A로부터 상속받은 재산은 누가 상속하게 되는가?
   乙과 B가 직계존속으로서 동등친이므로, 甲의 재산은 乙과 B가 공동상속한다.

3. 乙과 A가 모두 사망한 후 甲이 사망하면 甲이 乙과 A로부터 상속받은 재산은 누가 상속하는가?
   B가 丙보다 근친이므로 B가 단독상속한다.

4. 乙과 A·B가 모두 사망한 후 甲이 사망하면 甲이 A·B로부터 상속받은 재산은 누가 상속하는가?
   동등친인 丙과 C가 공동상속한다.

5. A·B가 모두 사망한 후 甲이 사망하면 甲이 A·B로부터 상속받은 재산은 누가 상속하는가?
   甲의 직계존속으로 乙과 C가 있으나, 乙이 근친이므로 乙이 단독상속한다.

6. 甲과 A·B가 교통사고를 당하여 동시에 사망하면 甲의 재산과 A의 재산은 각각 누가 상속하는가?
   甲의 재산은 직계존속인 乙, 丙, C 가운데 근친인 乙이 상속한다.
   A의 재산과 관련해서는 A와 甲이 동시사망하였으므로 A의 재산을 甲이 상속할 수 없고 A의 존속인 C가 상속한다.

□ 갑순이는 첫사랑인 갑돌이와 결혼하여 아이 둘을 낳고 10년째 살고 있다. 그러나 술과 사람을 좋아하는 갑돌이는 술에 취해 새벽녘이 되어서야 집에 돌아오기 일쑤였다. 더구나 갑돌이는 수입도 일정치 않았다. 이에 갑순이는 아이들 교육비와 생활비를 감당하기 위해 식당 주방일을 하고 있다.
그러던 중 갑돌이가 불의의 사고로 사망하게 되었다. 이 때 갑돌이의 재산은 현재 살고 있는 월세방의 보증금 1000만원이 전부였다. 이후 1년

이라는 시간이 흐른 어느 날 갑순이에게 법정에 나오라는 출석통지서가 도착하게 된다. 이 통지서의 내용은 대부업자 김놀부가 갑순이와 아이들을 상대로 갑돌이의 대출금을 대신 갚으라는 소송을 제기하였다는 것이다. 사망한 갑돌이가 3년전 2천만원을 김놀부로부터 빌렸는데 이를 갚지 않아 그 원금과 이자 등 총채무액이 5천만원에 이르게 된 것이었다. 갑순이는 이러한 모든 사실을 법원의 출석통지서를 받고서야 처음으로 알게 되었는데, 이를 어떻게 해결해야 할지 막막해 하고 있다. 이 경우 갑순이와 두 아이를 구제해 줄 방법은 없는가?

대부업자인 김놀부는 자신의 채권을 확보하기 위해 정당한 법절차에 따라 채무자의 상속인들을 상대로 소송을 제기한 것이므로, 이를 비난하기는 어렵다.

그렇다고 해서 갑순이와 두 아이에게 그 모든 채무를 부담시키는 것도 어딘지 모르게 불합리해 보일 수 있다.

이에 우리 민법에서는 상속의 승인과 포기제도를 규정하고 있다. 즉 상속인은 일정한 기간(3개월)내에 상속을 받을 것인지(단순승인), 상속을 받되 상속범위 내에서만 채무를 책임질 것인지(한정승인), 아니면 상속을 거부할 것인지(상속포기)를 결정할 수 있다.

그러나 본 사안의 경우에 갑순이는 남편인 갑돌이가 사망한 후 1년이 지나도록 아무 것도 하지 않았다. 이 경우 민법에 의하면 단순승인을 한 것으로 보게 되어 갑순이와 두 아이는 월세보증금 1천만원뿐 아니라 남편이 대부업체에 진 빚의 5천만 원도 물려받아 갚아야 한다.

하지만, 이러한 경우에도 우리 민법은 특별한정승인(민법 제1019조 제3항)이라는 제도를 두어 갑순이와 같은 사정에 있는 이들을 도와주고 있다. 즉, 갑순이는 재판통지서를 받고서야 갑돌이에게 빚이 있다는 사실을 알았으므로, 이때부터 3개월 내에 특별한정승인을 청구할 수 있다. 이 경우 한정승인이 받아들여 지면 갑순이와 두 아이는 상속받은 재산(1천만원) 범위내에서만 채무를 부담하게 된다.

□ 망인 A는 2005. 11. 2.경 "본인은 모든 재산을 아들 B에게 물려준다(강남구 일원동 집 기타 등등), 사후에 자녀 간에 불협화음을 없애기 위하여 이것을 남긴다."는 내용의 유언장을 자필로 작성하였다.
A는 유언장의 말미에 작성연월일(2005. 11. 2.), 주민등록번호, 성명을 자서한 후 날인하였고, 작성연월일 옆에 "암사동에서"라고 기재하였다.
A의 상속인으로는 자녀인 B와 C가 있었다. A 사망후 C는 상속을 원인으로 A소유 X부동산에 대하여 B와 C 각 1/2씩 지분을 공유하는 것으로 하여 지분이전등기를 마쳤다.
이에 B는 이러한 지분이전등기가 A의 자필증서에 의한 유언에 반하는 등기라고 주장하며 C명의로 된 1/2 지분이전등기의 말소를 구하는 소를 제기하였다. B의 주장은 타당한가?

민법 제1065조 내지 제1070조가 유언의 방식을 엄격하게 규정한 것은 유언자의 진의를 명확히 하고 그로 인한 법적 분쟁과 혼란을 예방하기 위한 것이므로, 법정된 요건과 방식에 어긋난 유언은 그것이 유언자의 진정한 의사에 합치하더라도 무효이다. 따라서 자필증서에 의한 유언은 민법 제1066조 제1항의 규정에 따라 유언자가 전문과 연월일, 주소, 성명을 모두 자서하고 날인하여야만 효력이 있고, 유언자가 주소를 자서하지 않았다면 이는 법정된 요건과 방식에 어긋난 유언으로서 효력을 부정하지 않을 수 없으며, 유언자의 특정에 지장이 없다고 하여 달리 볼 수 없다. 여기서 자서가 필요한 주소는 반드시 주민등록법에 의하여 등록된 곳일 필요는 없으나, 적어도 민법 제18조에서 정한 생활의 근거되는 곳으로서 다른 장소와 구별되는 정도의 표시를 갖추어야 한다.

설령 망인이 B의 암사동 주소지에서 거주하였다고 볼 수 있다 하더라도, A가 유언장에 기재한 '암사동에서'라는 부분을 다른 주소와 구별되는 정도의 표시를 갖춘 생활의 근거되는 곳을 기재한 것으로 보기는 어렵다. 따라서 이 사건 유언장은 주소의 자서가 누락되어 법정된 요건과 방식에 어긋나므로 그 효력이 없다고 할 것이다.

□ 사회사업가인 A는 2003년 11월 경 "전재산을 한국대에 기부한다"는 유언장과 함께 재산(약120억 원)을 B은행의 한 지점에 맡겼다.

A의 사망 후 A의 상속인은 B은행에 A가 맡긴 전재산의 지급을 요구하였으나, 은행은 상속인의 지급요구를 거절하였고, 한국대는 A가 남긴 유언장을 근거로 120여억 원은 '학교 돈'이라고 주장을 하여 결국 소송이 벌어졌다.
한편 A는 자필증서에 의한 유언장을 작성하면서 전문과 연월일, 주소, 성명은 모두 자서하였으나, 날인을 하지 않았다. 누구의 주장이 타당한가?

민법 제1065조 내지 제1070조가 유언의 방식을 엄격하게 규정한 것은 유언자의 진의를 명확히 하고 그로 인한 법적 분쟁과 혼란을 예방하기 위한 것이므로, 법정된 요건과 방식에 어긋난 유언은 그것이 유언자의 진정한 의사에 합치하더라도 무효라고 하지 않을 수 없고, 민법 제1066조 제1항은 "자필증서에 의한 유언은 유언자가 그 전문과 연월일, 주소, 성명을 자서하고 날인하여야 한다."고 규정하고 있으므로, 유언자의 날인(무인 포함되나 서명(사인)은 포함되지 않음)이 없는 유언장은 자필증서에 의한 유언으로서의 효력이 없다고 할 것이다.

따라서 유언장의 효력이 인정되지 않으므로 A의 상속인의 주장이 타당하다.

□ 장숙자 여사는 어느 날 길에서 갑자기 쓰러져, 주위사람들에게 도움을 청한다. 그러나 지나던 사람들은 아무런 도움도 주지 않고 장숙자 여사를 지나쳐 버린다. 그러던 중 우연히 그곳을 지나던 고은성(각종 아르바이트를 하며 혼자 어렵게 생계를 유지해 가고 있음)이 쓰러져 정신을 잃은 장숙자 여사를 발견하고 병원으로 옮겨 자신의 비용으로 장숙자 여사를 치료를 해 준다. 이러한 고은성의 행동에 깊은 감동을 받은 장숙자 여사는 자신이 사망하면 자신의 모든 재산을 고은성에게 주겠다는 유언장을 작성하고 이 사실을 가족들에게 알리게 된다. 현재 장숙자 여사는 설렁탕 전문업체인 진성식품의 사장으로, 회사의 지분, 각종 부동산 등 많은 재산을 소유하고 있으며, 가족으로는 손자(선우환), 손녀(선우정)가 전부이다(아들과 며느리는 오래 전에 교통사고로 사망함).
이에 장숙자 여사의 가족들은 그건 말도 안된다며 대책을 논의하기에 이른다.

과연 장숙자 여사는 고은성에게 자신의 모든 재산을 줄 수 있을까? 선우환, 선우정은 장숙자 여사의 재산을 하나도 상속 받을 수 없는 것인가?

현행법상 사람은 누구든지 자기 재산을 자유롭게 증여할 수 있고, 유언에 의하여 처분할 수 있다. 따라서 장숙자 여사는 자신의 전 재산을 고은성에게 주겠다는 취지의 유언장을 작성하는 것은 가능하다.

그러나 이 사안처럼 장숙자 여사가 유언으로 자신의 전재산을 고은성에게 주게 되면, 장숙자 여사의 법정상속인인 선우환과 선우정은 상속을 전혀 받을 수가 없게 된다. 이에 민법에서는 법정상속인의 상속에 대한 일종의 기대권을 보장해 주는 취지에서 유류분이라는 제도를 인정하고 있다.

유류분은 상속재산 중에서 상속인을 위하여 반드시 남겨두어야 하는 일정비율의 상속재산으로서 피상속인의 유언에 의한 재산처분의 자유가 제한된다. 민법상 유류분을 가지는 사람은 법정상속인 중 피상속인의 직계비속, 배우자, 직계존속이다(제1112조). 유류분의 비율은 ① 피상속인의 직계비속은 그 법정상속분의 2분의 1, ② 피상속인의 배우자는 그 법정상속분의 2분의 1, ③ 피상속인의 직계존속은 그 법정상속분의 3분의 1이다(제1112조).

따라서 이 사안의 경우 선우환과 선우정은 유언장 내용에도 불구하고, 장숙자 여사의 사망 후 자신들의 유류분권을 고은성에게 주장할 수 있다(선우환과 선우정은 피상속인의 직계비속이므로 법정상속분의 2분의 1 만큼을 고은성에게 반환청구 할 수 있음). 물론 유류분권은 포기가 가능하기 때문에, 선우환과 선우정은 고인의 유지를 받들어 유류분권을 포기하는 것도 가능하다.

□ A는 B와 혼인하여 장녀 C(1994년생)와 차녀 D(2000년생)를 두었다.
A는 B와 혼인관계에 있던 중 2006. 11.경 E와의 사이에 장남 F(2006년생)을 두었다.
A는 2017. 4. 16. 사망하였고, E는 A의 유체를 화장한 후 그 유해를 X재단법인이 운영하는 추모공원 내 봉안당에 봉안하였다.
이에 B, C, D는 X재단법인과 E를 상대로 A의 유해를 인도할 것을 구하는 소를 제기하였다.

장례 후 유골함에 담겨 봉안된 A의 유해에 대한 권리가 공동상속인 중 누구에게 있는가?

민법 제1008조의3은 "분묘에 속한 1정보 이내의 금양임야와 600평 이내의 묘토인 농지, 족보와 제구의 소유권은 제사를 주재하는 자가 이를 승계한다"고 규정하고 있다. 제사주재자와 관련하여 대법원은 공동상속인들 사이에 협의가 이루어지지 않는 경우에는 제사주재자의 지위를 인정할 수 없는 특별한 사정이 있지 않는 한 피상속인의 직계비속 중 남녀, 적서를 불문하고 최근친의 연장자가 제사주재자로 우선한다고 보는 것이 가장 조리에 부합한다고 판단하였다.

대법원 판단에 의하면 직계비속이면서 최근친의 연장자인 C에게 A의 유해에 대한 권리가 귀속된다.

부동산 경매

경매는 물건을 팔고자 하는 사람(매도인)이 물건을 사고자 하는 다수의 사람(매수희망인)에게 매수의 청약을 실시해서 그 중 가장 높은 가격으로 청약을 한 사람에게 물건을 매도하는 형태의 거래를 말한다. 경매는 경매를 집행하는 주체가 누구인지에 따라 사경매와 공경매로 나눌 수 있다. 사경매는 개인이 주체가 되어 경매를 실시하는 반면, 공경매는 국가기관이 주체가 되어 경매를 실시한다. 공경매에는 법원이 집행주체가 되는 법원경매가 대표적이다. 부동산 소유권 취득의 원인으로 주로 논의가 되는 것은 공경매이다.

부동산 경매는 토지·주택·상가건물·임야·농지·공장 등 토지 및 그 정착물을 대상으로 하는데, 경매를 실시하는 집행권원이 필요한지에 따라 강제경매와 임의경매로 구분할 수 있다. 강제경매는 민사소송법 상의 강제집행으로, 채권자 등이 법원에 신청하여 채무자 소유의 부동산을 압류·매각하여 그 매각대금으로 채권자의 금전채권을 충당시키는 절차를 말한다. 강제경매에 의하여 취득한 부동산

소유권은 등기를 하지 않아도 효력이 발생한다. 임의경매는 채무자가 빌린 돈의 이자 및 원금을 갚지 않았을 경우, 채권자가 담보로 받은 부동산의 저당권, 근저당권 등의 담보권을 실행하여 받아야 할 채권을 회수하는 법적인 절차를 말한다. 즉, 채권자가 담모물을 경매로 매각하여 그 매각대금에서 자신의 채권을 회수하는 강제적 집행 절차이다(담보권 실행을 위한 경매).

경매는 ① 매도가격이 시가보다 저렴하게 책정되며, 2회차부터는 최초 입찰가의 20%씩 하락하기 때문에 경우에 따라서는 매우 저렴하게 소유권취득이 가능하다는 점(유찰시 가격하락), ② 경매물건을 낙찰받고 잔금을 납부하면 법원이 기존 등기부상 설정된 권리들을 직권으로 말소시켜 주는 점(권리정리의 편의성), ③ 토지거래규제 지역 내 토지를 낙찰받더라도 이미 토지거래 허가를 받은 것으로 간주해 별도의 허가를 받는 절차가 필요 없는 점(토지거래허가의 편의성), ④ 공매에 비해 품목이 다양해서 선택의 폭이 넓은 점(경매품목의 다양성) 등의 장점이 있다. 그러나 경매는 ① 서류상으로 존재하는 것으로 파악되는 권리 이외에도 공시되지 않은 권리에 대한 직접 파악이 필요하여 권리분석이 어렵다는 점(권리분석의 난해성), ② 낙찰 후 45일 이내에 잔금 90%를 납부해야 하기 때문에 자금 준비가 철저해야 한다는 점(대금준비의 엄격성) 등의 단점 또한 존재한다.

경매와 유사한 것으로 공매가 있다. 공매는 한국자산관리공사가 체납된 세금이나 국가추징금을 대신해 압류한 재산을 경매 입찰하는 것을 말하며 공고나 입찰 등의 절차는 경매와 유사하다. 경매와 공매의 공통점은 ① 공개적인 입찰경쟁을 통하여 가장 높은 금액을 부른 사람에게 매각된다는 점, ② 매각에 일정한 기준 이상의 입찰자가 없을 경우 유찰된다는 점, ③ 채권회수를 위한 강제집행절차라는 점 등이 있다. 경매와 공매의 차이점은 ① 경매는 민사집행법에 근거를 두지만, 공매는 국세징수법에 근거하는 점(근거법령). ② 경매는 법원에서 집행하지만, 공매는 한국자산관리공사에서 집행하는 점(집행기관). ③ 경매는 법원에 직접 찾아가 입찰해야 하나, 공매는 온비드에서 인터넷으로 입찰하는 점(입찰방법) 등이 있다.

부동산 취득시효

취득시효는 물건 또는 권리를 점유하는 사실상태가 일정한 기간 계속되는 경우에 그것이 진실한 권리관계와 일치하는가의 여부를 묻지 않고 권리취득의 효과가 생기는 것으로 하는 제도이다. 시효로 취득할 수 있는 권리는 소유권과 그 밖의 재산권이다. 부동산에 대한 취득시효 제도의 존재이유는 부동산을 점유하는 상태가 오랫동안 계속된 경우 권리자로서 외형을 지닌 사실 상태를 존중하여 이를 진실한 권리관계로 높여 보호함으로써 법질서의 안정을 도모하고, 장기간 지속된 사실 상태는 진실한 권리관계와 일치될 개연성이 높다는 사실을 고려하여 권리관계에 관한 분쟁이 생긴 경우 점유자의 증명곤란을 구제하려는 데에 있다

부동산 소유권의 취득시효는 점유취득시효와 등기부취득시효가 인정되고 있다. 점유취득시효는 20년간 소유의 의사로 평온·공연하게 부동산을 점유한 사람이 그 부동산을 등기함으로써 그 소유권을 취득하는 것을 말한다(민법 245조 1항). 등기부취득시효는 부동산의 소유자로 등기한 자가 10년간 소유의 의사로 평온·공연하게 선의이며 과실 없이 그 부동산을 점유한 때에 그 소유권을 취득하게 되는 것을 말한다(민법 제245조 제2항).

기타 부동산의 취득

주택청약제도

주택청약제도는 청약관련 예금을 통하여 일정한 요건을 갖춘 사람에게 동시분양되는 아파트에 청약할 수 있는 자격을 주는 제도이다. 분양주택은 크게 국민주택, 민영주택 구분되는데, 주택 청약자들은 분양받고자 하는 분양주택의 종류에 따라 일정한 입주자격을 갖추어

사겠다는 의사표시로 청약통장에 가입해야 한다. 아파트 등 주택 청약에 관한 상세는 한국부동산원 청약홈 홈페이지를 통해 상세히 확인할 수 있다. 참고로 국민주택은 ① 국가, 지방자치단체, LH 및 지방공사가 건설하는 주거전용면적 85㎡ 이하의 주택, ② 국가나 지방자치단체의 재정 또는 주택도시기금(구 국민주택기금)을 지원받아 건설·개량하는 주거전용면적 85㎡ 이하의 주택을 말하며, 민영주택은 국민주택을 제외한 주택을 말한다.

분양권 전매

분양권 전매는 신규 주택에 대한 분양권을 다른 사람에게 매도하는 것을 말한다. 분양권이란 주택청약통장 가입자에게 우선 공급하는 신규아파트의 입주권을 뜻한다. 따라서 분양권 전매는 입주권을 권리 형태로 명의 변경하여 제3자에게 넘기는 것이다. 분양권은 지역, 공급형태 등에 따라 전매 제한기간이 있을 수 있다. 일반적으로 분양권 전매는 "최초 청약 당첨자 분양권 당첨 → 청약자가 건설사와 계약 → 분양권 매매 계약(매수자와 매도자) → 매도자에게 잔금(프리미엄, 계약금, 중도금 등) 입금 → 부동산 거래 신고서 작성 → 은행 대출 승계(필요시) → 명의변경(분양 건설사)"의 순서로 이루어지게 된다.

조합원 입주권 매매

조합원 입주권은 재개발이나 재건축 등 도시 정비 사업에 참여한 조합원이 소유하는 권리로 매매가 가능하다. 다만 조합원 입주권은 단지나 세대를 미리 배정받기 때문에 선호도가 높은 층이나 동호수를 선점할 수 있고 조합원이 되었을 경우 일반분양을 받는 것보다 분양가가 저렴하고 대출이자 지원 등 혜택이 있을 수 있으나, 재건축이나 재개발은 설립인가부터 준공까지 오랜시간이 걸리는 경우가 많고 불가피하게 추가 분담금이 발생할 수도 있기 때문에 조합원 입주권 매매시 상당한 주의가 필요하다.

제4장 다른 사람 소유의 부동산을 사용하기

제1절 전세권과 임차권

부동산은 자신이 소유권을 취득하여 이를 자유롭게 사용할 수도 있지만, 부동산 사용을 위한 물권이나 채권을 취득하여 다른 사람의 부동산을 빌려서 사용할 수도 있다. 다른 사람의 부동산을 빌리는 가장 전형적인 방법은 민법상 물권인 전세권을 설정하거나 채권인 임차권을 설정하는 방법이다. 만약 건물 기타의 공작물이나 수목을 소유하기 위해 다른 사람의 토지를 빌려서 사용하는 경우에는 물권인 지상권을 설정할 수도 있다.

다른 사람의 부동산을 빌리는 경우에 실제 거래계에서는 임차권 설정계약이 주로 이용되는데, 이는 계약체결 등의 편의를 위해서이다. 그러나 채권은 물권에 비해 그 보호가 약한 문제가 있다.

※ 민법상 전세권과 임차권의 비교

	전세권	임차권
성격	물권	채권
처분의자유	있음	없음(예외있음)
목적물관리	설정자: 소극적 인용의무 전세권자: 유지, 수선의무	임대인: 사용,수익에 필요한 상태 유지 의무 임차인: 필요비상환청구권
목적물	부동산	부동산, 동산
존속기간	최장 10년, 갱신가능, 건물전세는 최단 1년	최장 20년, 갱신가능, 처분권없는 자의 단기임대차는 10년, 5년, 3년, 6월 단, 헌법재판소 판결에 의해 건물 임대차 기간이 최장 20년이라는 민법규정은 위헌이라는 결정이 내려졌음(헌법재판소 2013. 12. 26. 2011헌바234 결정)

	전세권	임차권
증액제한	전세금의 1/20 이내 계약, 증액후 1년이내 증액금지	없음
대항력	있음	원칙적으로 없지만 임차권등기를 하면 대항력 있음
전세금 반환채권의 확보	경매청구권, 우선변제권 인정	보호규정 없음

제2절 민법상 임대차 계약

▌임대차의 성립과 효력

임대차란 당사자의 한쪽인 임대인이 다른 쪽인 임차인에게 목적물을 사용·수익하게 할 것을 약정하고, 임차인은 차임의 지급과 목적물의 반환채무를 임대인에게 부담하기로 약정함으로써 성립하는 계약이다(민법 제618조).

임대차는 물건의 사용·수익을 목적으로 하는 채권계약으로 낙성·유상·쌍무·불요식의 계약이다. 임대차의 목적물은 물건이고, 권리는 안 된다. 임대차의 목적물인 물건은 유체물 중에서 사용·수익으로 소멸하지 않는 것이어야 한다. 그 물건 자체를 반환해야 하기 때문이다. 따라서 동산·부동산 모두가 목적물이 될 수 있고, 물건의 일부도 목적물이 될 수 있다. 다만 부동산 중에서 농지는 농지법에 의하여 일정한 제한이 있다(농지법 제23조). 임대차는 채권계약이다. 임차인은 임대인에게 목적물을 사용·수익하게 할 것을 요구할 수 있는 채권이 있을 뿐이다. 따라서 임차인의 임차권은 대항력이 없는 채권이고 물권이 아니다. 부동산임차권은 임차인의 생활의 터전이 되는 경우가 많으므로 그 생활의 안정을 위하여 부동산임차권의 강화를 요구하는 현상이 나타나게 된다. 이것을 「임차권의 물권화」라고 한다. 임대차는 사용·수익의 대가로서 지급하는 차임이 임대차의 요소이다. 이 차임의 지급이 없으면 사용대차와 다르지 않다. 차임은 금전에 한하지 않는다. 약정에 의하여 다른 종류로도 차임을 정할 수 있다.

임차인은 계약의 내용·임차물의 성질에 따라 그 용법으로 사용·수익하여야 한다(민법 제654조, 민법 제610조 제1항). 위의 사항을 위반하면 임대인은 위반행위의 정지청구, 손해배상청구, 계약해지를 할 수 있다.

임차인은 임대차 종료시 임대인에 대하여 부속물의 매수청구권을 가진다. 부속물의 매수청구권은 건물·공작물의 임차인이 임대인의 동의를 얻어 그 사용의 편익을 위하여 임차물에 부속시킨 물건, 또는 임대인으로부터 매수한 부속물이 있으면 임대차 종료시에 이들을 매수해 줄 것을 임차인이 임대인에게 청구할 수 있는 권리이다(민법 제646조). 부속물매수청구권을 인정하는 이유는 임차인이 임차물의 사용편익을 위하여 들인 자본을 회수할 수 있게 하려는 방법으로서 임차인의 이익보호를 위한 것이다.

임대차는 기간의 만료, 해지의 통지 등의 사유로 종료한다. 임대차의 존속기간이 정해져 있는 때에는 그 기간의 만료로 임대차는 종료한다. 존속기간의 약정이 없으면 당사자는 언제나 해지통지를 할 수 있다. 상대방이 해지통지를 받은 날로부터 일정한 기간이 지나면 임대차는 종료하는데, ① 토지·건물 등의 임대차의 경우에 임대인이 통지하면 6개월, 임차인이 통지하면 1개월이 지나면 임대차는 종료한다. 또한 ① 임대인이 임차인의 의사에 반하여 임차물의 보존행위를 한 때, ② 임차물의 일부가 임차인의 책임없는 사유로 멸실하여 남은 부분으로는 임대차의 목적을 달성할 수 없을 때, ③ 임대인의 동의 없이 임차인이 제3자에게 임차권을 양도하거나 임차물을 전대한 때, ④ 차임을 2기 이상 연체한 때, ⑤ 그 외의 당사자 간에 채무불이행이 있을 때에는 약정기간의 유무에 관계가 없이 해지함으로써 바로 임대차를 종료시킬 수 있다.

▌부동산 임차권의 강화

임대차는 물건을 사용하고 그 대가를 지급하는 것으로 자본주의 경제제도에 부합하는 측면이 많다. 특히 임대차는 부동산을 이용하는 관계에서 실제로 중요한 역할을 한다.

부동산은 우리의 생활터전이므로 토지와 건물의 임대차는 임차인의 보호를 위해 구체적이고 명확한 보호·유지가 필요하게 된다. 물론 타인의 부동산을 빌려서 사용하는 법적 수단이 임대차만 있는 것은 아니다. 물권, 즉, 용익물권을 설정하는 방법도 있지만 사정상 임대차를 활용할 수밖에 없는 경우도 있다. 이때 임대차는 채권관계이므로 물권관계인 용익물권을 설정하는 것보다 임차인의 보호가 약한 편이다. 이러한 이유에서 부동산임차인의 보호를 위하여 부동산임차권의 강화가 필요하게 된다. 특히 주택임대차관계는 생활관계의 기초를 이루고 있기 때문에 더욱 임차인 보호가 필요해 특별법을 제정하여 그 보호를 강화하고 있다. 다만 임차인 보호와 함께 임대물소유자와의 형평 측면에서 임대물 소유자의 보호 문제도 항상 고려되어야 한다. 부동산임차권의 강화의 내용으로서 보통 생각할 수 있는 것이 ① 대항력의 강화 , ② 제3자에 의한 임차권에 대한 사실적 침해의 배제, ③ 임차권의 처분, ④ 임차권 존속의 보장 등이다. 우리 민법은 부동산 임차권 강화를 위해 여러 규정을 두고 있다. 예를들어 부동산임차인은 당사자간에 반대의 약정이 없으면 임대인에 대하여 부동산임차권의 등기에 협력의 청구를 할 수 있고, 등기한 때에는 제3자에게 대항할 수 있다(민법 제621조). 또한 대지임대차의 경우에는 그 임차권을 등기하지 않아도 임차인이 그 지상건물의 등기를 하면 대지임차권을 가지고 제3자에게 대항할 수 있다(민법 제622조).

부 동 산 임 대 차 계 약 서

□ 전세　□ 월세

임대인과 임차인 쌍방은 아래 표시 부동산에 관하여 다음 계약내용과 같이 임대차계약을 체결한다.

1.부동산의 표시

소 재 지				
토 지	지 목		면 적	㎡
건 물	구조·용도		면 적	㎡
임대할부분			면 적	㎡

2. 계약내용

제 1 조 (목적) 위 부동산의 임대차에 한하여 임대인과 임차인은 합의에 의하여 임차보증금 및 차임을 아래와 같이 지불하기로 한다.

보 증 금	금 원정 (₩)
계 약 금	금 원정은 계약시에 지불하고 영수함. 영수자(㊞)
중 도 금	금 원정은 년 월 일에 지불하며
잔 금	금 원정은 년 월 일에 지불한다.
차 임	금 원정은 (선불로 · 후불로) 매월 일에 지불한다.

제 2조 (**존속기간**) 임대인은 위 부동산을 임대차 목적대로 사용·수익할 수 있는 상태로 ________년______월______일까지 임차인에게 인도하며, 임대차 기간은 인도일로부터 ________년______월______일까지로 한다.

제 3조 (**용도변경 및 전대 등**) 임차인은 임대인의 동의없이 위 부동산의 용도나 구조를 변경하거나 전대·임차권 양도 또는 담보제공을 하지 못하며 임대차 목적 이외의 용도로 사용할 수 없다.

제 4조 (**계약의 해지**) 임차인의 차임연체액이 2기의 차임액에 달하거나 제3조를 위반하였을 때 임대인은 즉시 본 계약을 해지 할 수 있다.

제 5조 (**계약의 종료**) 임대차계약이 종료된 경우에 임차인은 위 부동산을 원상으로 회복하여 임대인에게 반환한다. 이러한 경우 임대인은 보증금을 임차인에게 반환하고, 연체 임대료 또는 손해배상금이 있을 때는 이들을 제하고 그 잔액을 반환한다.

제 6조 (**계약의 해제**) 임차인이 임대인에게 중도금(중도금이 없을때는 잔금)을 지불하기 전까지, 임대인은 계약금의 배액을 상환하고, 임차인은 계약금을 포기하고 이 계약을 해제할 수 있다.

제 7조 (**채무불이행과 손해배상**) 임대인 또는 임차인이 본 계약상의 내용에 대하여 불이행이 있을 경우 그 상대방은 불이행한 자에 대하여 서면으로 최고하고 계약을 해제 할 수 있다. 그리고 계약 당사자는 계약해제에 따른 손해배상을 각각 상대방에 대하여 청구할 수 있다.

제 8조 (**중개수수료**) 부동산중개업자는 임대인과 임차인이 본 계약을 불이행 함으로 인한 책임을 지지 않는다. 또한, 중개수수료는 본 계약체결과 동시에 계약 당사자 쌍방이 각각 지불하며, 중개업자의 고의나 과실없이 본 계약이 무효·취소 또는 해제되어도 중개수수료는 지급한다. 공동중개인 경우에 임대인과 임차인은 자신이 중개 의뢰한 중개업자에게 각각 중개수수료를 지급한다.(중개수수료는 거래가액의 ________%로 한다.)

제 9 조 (**중개대상물확인·설명서 교부등**)중개업자는 중개대상물 확인·설명서를 작성하고 업무보증관계증서(공제증서등) 사본을 첨부하여 ____년 월 일 거래당사자 쌍방에게 교부한다.

특약사항

본 계약을 증명하기 위하여 계약 당사자가 이의 없음을 확인하고 각각 서명·날인 후 임대인, 임차인 및 중개업자는 매장마다 간인하여야 하며, 각각 1통씩 보관한다.

년 월 일

임대인	주 소						㊞
	주민등록번호		전 화		성 명		
	대 리 인	주 소	주민등록번호		성 명		
임차인	주 소						㊞
	주민등록번호		전 화		성 명		
	대 리 인	주 소	주민등록번호		성 명		

중개업자				
사무소소재지		사무소소재지		
사 무 소 명 칭		사 무 소 명 칭		
대 표	서명및날인 ㊞	대 표	서명및날인 ㊞	
등 록 번 호	전화	등 록 번 호	전화	
소속공인중개사	서명및날인 ㊞	소속공인중개사	서명및날인 ㊞	

제3절 주택임대차보호법상 임대차

▌주택임대차보호법의 목적과 적용범위

주택소유자에 비하여 상대적으로 사회적 약자의 지위에 있는 주택임차인을 보호하여 국민 주거생활의 안정을 도모한다는 사회정책적 목적을 달성하기 위하여 1981. 3. 5. 주택임대차보호법이 제정되었다. 이 법은 특별법으로서 주택임대차에 관하여 민법에 대한 여러 가지 특례를 규정하고 있어, 대부분의 주택 임대차 계약은 이 법의 적용을 받게 된다.

이 법은 주택 내지 주거용 건물의 전부 또는 일부의 임대차에 적용된다. 그리고 임차주택의 일부가 주거 이외의 목적으로 사용되는 경우에도 적용된다(제2조). 뿐만 아니라 채권적 주택 전세에도 준용된다(제12조). 이 법에 위반하는 약정으로서 임차인에게 불리한 것은 무효이다(제10조).

▌제3자에 대한 대항력

대항력은 임차인이 제3자에게 자신의 임대차관계를 주장할 수 있는 권리를 말한다. 주택임대차보호법의 적용을 받는 주거임차인, 주거전세임차인은 그 임차권의 등기를 하지 않아도 주택의 인도를 받고 그곳에 주민등록을 마친 때(전입신고를 한 때에 주민등록이 된 것으로 봄)에는 그 다음날로부터 제3자에게 임차권으로 대항할 수 있다(제3조 제1항).

대항력으로 인해 임차주택이 양도되어도 임차인은 임차권을 잃지 않고, 주택양수인은 임대인의 지위를 승계 받는다. 주택임대차보호법 제3조의 임차인이 주택의 인도와 주민등록을 마친 때에는 '그 다음날로부터' 제3자에 대하여 효력이 생긴다고 함은 익일 오전 영시부터 대항력이 생긴다는 취지이다.

▌주택임차권 존속의 보호

주택임대차보호법상 임대차기간은 2년 이상이어야 한다. 그리고 기간 약정이 없는 것은 2년으로 본다(제4조 제1항 본문). 다만 임차인은 2년 미만으로 정한 기간의 유효를 주장할 수 있다(제4조 제1항 단서). 그리고 약정임대차기간 2년 이상의 기간이 만료되어도 임차인이 보증금을 반환받을 때까지는 임대차관계는 존속한 것으로 본다(제4조 제2항). 임차인을 보호하기 위하여 보증금반환과 임차물의 반환을 동시이행으로 하기 위함이다.

임대차 갱신의 경우, 임대인은 임대차기간 종료 6개월 전부터 2개월 전까지 사이에 그리고 임차인은 임대차 기간 종료 전 1개월까지 상대방에게 갱신거절, 또는 계약조건 변경을 해야 갱신하겠다는 통지를 하지 않으면 임대차계약기간이 만료된 때에, 전임대차와 같은 조건으로 다시 임대차한 것으로 본다(제6조 제1항). 이 경우 임대차의 존속기간은 2년으로 본다(제6조 제2항). 다만 2기의 차임액에 달하도록 연체하거나 그 밖에 임차인으로서의 의무를 현저히 위반한 임차인에 대하여는 갱신이 되지 않는다(제6조 제3항).

묵시의 갱신에 의해 계약이 갱신된 경우 임차인은 언제나 계약해지의 통지를 할 수 있고, 이 통지가 임대인에게 도달한 날로부터 3개월이 지나면 해지의 효력은 발생한다(제6조의2).

주택임차인은 계약갱신요구권을 갖는다(제6조의3). 이에 따라 임대인은 아래 사유가 있는 경우를 제외하고는 임차인이 계약갱신 요구기간 내에 계약의 갱신을 요구할 경우 정당한 사유없이 이를 거절할 수 없다. 다만 임차인은 계약갱신요구권을 1회에 한하여 행사할 수 있고, 이 경우 갱신되는 임대차의 존속기간은 2년으로 본다(제6조의3 제2항). 갱신되는 임대차는 전 임대차와 동일한 조건으로 다시 계약된 것으로 보지만, 차임과 보증금은 일정한 범위에서 증감할 수 있다(제6조의3 제3항). 또한 임대인(임대인의 직계존속·직계비속을 포함)이 목적 주택에 실제 거주함을 이유로 갱신을 거절하였음에도 불구하고 갱신요구가 거절되지 아니하였더라면 갱신되었을 기간이 만료되기 전에 정당한 사유 없이 제3자에게 목적 주택을 임대한 경우 임대인은 갱신거절로 인하여 임차인이 입은 손해를 배상하여야 한다(제6조의3 제5항). 이때의 손해배상액은 거절 당시 당사자 간에 손해배상액의 예정에 관한 합의가 있으면 그 합의에 따르고, 합의가 없는 경우에는 ① 갱신거절 당시 월차임(차임 외에 보증금이 있는 경우에는 그 보증금을 주택임대차보호법 제7조의2 각 호 중 낮은 비율에 따라 월 단위의 차임으로 전환한 금액을 포함한다. 이하 "환산월차임"이라 한다)의 3개월분에 해당하는 금액, ② 임대인이 제3자에게 임대하여 얻은 환산월차임과 갱신거절 당시 환산월차임 간 차액의 2년분에 해당하는 금액, ③ 임대인(임대인의 직계존속·직계비속을 포함)이 목적 주택에 실제 거주함을 이유로 갱신을 거절함으로 인하여 임차인이 입은 손해액 중 큰 금액으로 산정한다(제6조의3 제6항).

* 임대인의 계약갱신 거절 사유(제6조의3 제1항)
  1. 임차인이 2기의 차임액에 해당하는 금액에 이르도록 차임을 연체한 사실이 있는 경우
  2. 임차인이 거짓이나 그 밖의 부정한 방법으로 임차한 경우
  3. 서로 합의하여 임대인이 임차인에게 상당한 보상을 제공한 경우
  4. 임차인이 임대인의 동의 없이 목적 주택의 전부 또는 일부를 전대(轉貸)한 경우
  5. 임차인이 임차한 주택의 전부 또는 일부를 고의나 중대한 과실로 파손한 경우
  6. 임차한 주택의 전부 또는 일부가 멸실되어 임대차의 목적을 달성하지 못할 경우
  7. 임대인이 다음 각 목의 어느 하나에 해당하는 사유로 목적 주택의 전부 또는 대부분을 철거하거나 재건축하기 위하여 목적 주택의 점유를 회복할 필요가 있는 경우

 가. 임대차계약 체결 당시 공사시기 및 소요기간 등을 포함한 철거 또는

재건축 계획을 임차인에게 구체적으로 고지하고 그 계획에 따르는 경우

나. 건물이 노후·훼손 또는 일부 멸실되는 등 안전사고의 우려가 있는 경우

다. 다른 법령에 따라 철거 또는 재건축이 이루어지는 경우

8. 임대인(임대인의 직계존속·직계비속을 포함한다)이 목적 주택에 실제 거주하려는 경우
9. 그 밖에 임차인이 임차인으로서의 의무를 현저히 위반하거나 임대차를 계속하기 어려운 중대한 사유가 있는 경우

차임 등의 증감청구권

당사자는 약정한 차임이나 보증금이 임차주택에 관한 조세, 공과금, 그 밖의 부담의 증감이나 경제사정의 변동으로 인하여 적절하지 아니하게 된 때에는 장래에 대하여 그 증감을 청구할 수 있다. 이 경우 증액청구는 임대차계약 또는 약정한 차임이나 보증금의 증액이 있은 후 1년 이내에는 하지 못한다(제7조 제1항).

증액청구는 약정한 차임이나 보증금의 20분의 1의 금액을 초과하지 못한다. 다만, 특별시·광역시·특별자치시·도 및 특별자치도는 관할 구역 내의 지역별 임대차 시장 여건 등을 고려하여 본문의 범위에서 증액청구의 상한을 조례로 달리 정할 수 있다(제7조 제2항).

보증금의 회수

주택임차인이 대항력을 갖추고 임대차계약서에 확정일자를 받으면 임차물이 경매, 공매되어도 후순위저당권자보다 우선변제를 받게 된다(제3조의2 제2항).

※ 주택임차인과 저당권자의 우열

- ▢ 입주, 전입신고 →(다음날)→ 확정일자, 저당권설정 ==〉 임차권과 저당권은 동순위
- ▢ 입주, 전입신고, 확정일자 저당권설정 ==〉 저당권이 임차권에 우선

▢ 입주, 전입신고, 확정일자 →(다음날)→ 저당권설정 ==〉 임차권이 저당권에 우선

실입주일	주민등록이전	확정일자	대항력	우선변제력
2016.3.2.	2016.3.3.	2016.3.4.	2016.3.4.	2016.3.4.
2016.3.2.	2016.3.5.	2016.3.7.	2016.3.6.	2016.3.7.
2016.3.2.	2016.3.2.	2016.3.2.	2016.3.3.	2016.3.3.

또한 일정한 범위의 임차인(이른바 소액임차인)은 일정한 범위의 보증금에 관하여는 다른 담보물권자보다도 우선하여 변제받을 수 있다(주택임대차보호법 제8조, 주택임대차보호법 시행령 제10조, 제11조). 그 범위〈2023. 2. 21. 개정 기준〉는 ① 서울특별시는 1억 6,500만 원 이하의 보증금으로 입주하고 있는 임차인에 한하여 5,500만 원까지 우선변제가 인정되고, ② 「수도권정비계획법」에 따른 과밀억제권역(서울특별시는 제외한다), 세종특별자치시, 용인시, 화성시 및 김포시는 1억 4,500만 원 이하의 보증금으로 입주하고 있는 임차인에 한하여 4,800만 원까지 우선변제가 인정되고, ③ 광역시(「수도권정비계획법」에 따른 과밀억제권역에 포함된 지역과 군지역은 제외한다), 안산시, 광주시, 파주시, 이천시 및 평택시는 8,500만 원 이하의 보증금으로 입주하고 있는 임차인에 한하여 2,800만 원까지 우선변제가 인정되고, ④ 그 밖의 지역은 7,500만 원 이하의 보증금으로 입주하고 있는 임차인에 한하여 2,500만 원까지 우선변제가 인정된다. 임차인의 보증금 중 일정액이 주택가액의 2분의 1을 초과하는 경우에는 주택가액의 2분의 1에 해당하는 금액까지만 우선변제권이 있다(시행령 제10조 제2항). 하나의 주택에 임차인이 2명 이상이고, 그 각 보증금 중 일정액을 모두 합한 금액이 주택가액의 2분의 1을 초과하는 경우에는 그 각 보증금 중 일정액을 모두 합한 금액에 대한 각 임차인의 보증금 중 일정액의

비율로 그 주택가액의 2분의 1에 해당하는 금액을 분할한 금액을 각 임차인의 보증금 중 일정액으로 본다(시행령 제10조 제3항). 하나의 주택에 임차인이 2명 이상이고 이들이 그 주택에서 가정공동생활을 하는 경우에는 이들을 1명의 임차인으로 보아 이들의 각 보증금을 합산한다(시행령 제10조 제4항). 다만, 소액임차인 보호와 관련하여 주의할 점이 있다. 건물주인 임대인의 건물이 경매로 넘어간 경우(주택 및 상가 모두) 임차인이 최우선변제 보호를 받기 위한 소액보증금의 기준은 경매 당시의 기준이나 임대차 계약일 기준에 의하는 것이 아니라, 등기상 최선순위 물권자의 권리설정일 당시의 소액보증금 기준에 따라 결정된다(주택임대차보호법 시행령 및 상가건물임대차보호법 시행령 부칙 중 소액보증금 보호에 관한 적용례 참조). 즉 등기부에 최선순위로 설정된 물권(예컨대 저당권)이 부동산 경매권리분석시 말소기준으로서의 역할을 하며 그 때를 기준으로 소액임차인의 최우선변제 보호금액이 달라진다. 이를테면 같은 시세의 아파트에 같은 날 각각 계약을 하고 세 들어 산다 하더라도 등기된 최선순위 저당권 설정일자가 언제인지에 따라 최우선변제금액이 달라지게 된다.

임차권등기명령

주택임대차보호법의 임차인이 임차주택에서 옮기더라도 대항요건을 보장하고 우선변제를 받게 하기 위하여 임차권등기명령제도를 두고 있다(제3조의3). 임차인은 신청서에 신청이유, 사실의 증명을 하여 주택지 관할지방법원에 임차권 등기를 신청할 수 있다. 이 임차권등기가 있은 후에 그 주택에 임차권을 새로 가지는 임차인은 소액보증금의 최우선변제권이 없다(제3조의3 제6항). 임차권등기인이 최우선변제를 받게 되기 때문이다. 그리고 임차인은 이 임차권등기명령에 의한 등기비용을 임대인에게 청구할 수 있다.

▌ 경매에 관한 특칙

주택임차인은 임차주택을 인도하지 않고서도 경매를 신청할 수 있다(제3조의2). 임차주택에 대하여 민사집행법상의 경매가 경락되면 주택임차권은 소멸한다. 그러나 보증금의 전액변제가 없으면 대항력 있는 임차권은 소멸하지 않고 존속한다(제3조의5). 따라서 경락인이 임대인의 지위를 승계 한다.

* 주의 -대항력이 소멸하는 경우
대법원 2003. 4. 25. 선고 2002다70075 판결

[1] 부동산의 경매절차에 있어서 주택임대차보호법 제3조에 정한 대항요건을 갖춘 임차권보다 선순위의 근저당권이 있는 경우에는, 낙찰로 인하여 선순위 근저당권이 소멸하면 그보다 후순위의 임차권도 선순위 근저당권이 확보한 담보가치의 보장을 위하여 그 대항력을 상실하는 것이지만, 낙찰로 인하여 근저당권이 소멸하고 낙찰인이 소유권을 취득하게 되는 시점인 낙찰대금지급기일 이전에 선순위 근저당권이 다른 사유로 소멸한 경우에는, 대항력이 있는 임차권의 존재로 인하여 담보가치의 손상을 받을 선순위 근저당권이 없게 되므로 임차권의 대항력이 소멸하지 아니한다.

[2] 선순위 근저당권의 존재로 후순위 임차권이 소멸하는 것으로 알고 부동산을 낙찰받았으나, 그 후 채무자가 후순위 임차권의 대항력을 존속시킬 목적으로 선순위 근저당권의 피담보채무를 모두 변제하고 그 근저당권을 소멸시키고도 이 점에 대하여 낙찰자에게 아무런 고지도 하지 않아 낙찰자가 대항력 있는 임차권이 존속하게 된다는 사정을 알지 못한 채 대금지급기일에 낙찰대금을 지급하였다면, 채무자는 민법 제578조 제3항의 규정에 의하여 낙찰자가 입게 된 손해를 배상할 책임이 있다.

▌ 임차인의 사망과 주택임차권의 승계

임대차계약의 당사자인 임차인이 사망하면 임차권은 어떻게 되는

가에 대해 논란이 있다. 임차인과 동거가족의 주거생활의 안정을 보호하여야 하기 때문이다. 특히 임차인과 동거하던 가족이 상속인이 아닌 경우에 더욱 불안하다. 따라서 이에 관한 특별규정을 두고 있다. 임차인이 상속권자 없이 사망한 경우에 그 주택에서 가정공동생활을 하던 사실상의 혼인관계의 자가 있으면 그 자가 사망한 임차인의 권리·의무를 승계한다(제9조 제1항). 이때에 사실상의 배우자는 임차인 사망 후 1개월 내에 임대인에 대하여 반대의사를 표시함으로써 임차권의 승계는 하지 않을 수 있다(제9조 제3항). 임차인이 사망한 경우에 사망 당시 상속권자가 그 주택에서 가정공동생활을 하지 않은 때에는 그 주택에서 가정공동생활을 하던 사실상의 배우자와 2촌 이내의 친족은 사망한 임차인의 권리·의무를 공동으로 승계한다(제9조 제2항). 이 경우에도 임차인 사망 후 1개월 내에 임대인에 대하여 반대의사를 표시함으로써 임차권을 승계하지 않을 수 있다(제9조 제3항).

전세사기 피해 방지 수단

최근 전세사기 문제가 사회적으로 이슈화되면서 2023년 4월 18일 주택임대차보호법에 전세사기 피해 방지를 위한 규정들이 추가되었다.

우선 개정법에서는 임대인의 정보 제시의무를 신설하였다(제3조의7). 전세사기 등 피해가 발생하는 주된 원인은 임차인이 계약을 체결할 때, 임대인의 세금 체납 정보, 선순위 보증금 정보 등 추후 보증금 회수 가능성에 영향을 미치는 정보를 제대로 알 수 없다는 점이었다. 이에 개정법은 임대차계약을 체결할 때 임대인이 ① 해당 주택의 선순위 확정일자 부여일, 차임 및 보증금 등 임대차 정보와 ② 국세징수법·지방세징수법에 따른 납세증명서를 임차인에게 제시할 것을 의무화했다. 이와 함께 임대인이 사전에 고지하지 않은 선순위 임대차 정보나 미납·체납한 국세·지방세가 있다는 사실이 확인된 경우, 임차인은 위약금 없이 계약을 해제할 수 있도록 하는 특약사항 체결을 권고하는 내용으로 주택임대차표준계약서를 개정하였다.

다음으로 임차권등기가 신속히 처리될 수 있도록 하였다(제3조의3 제3항). 개정 전에는 법원의 결정이 임대인에게 고지되어야 비로소 임차권등기를 할 수 있었으므로 임대인의 주소불명이나 송달회피 또는 임대인 사망 후 상속관계 미정리 등으로 임차권등기명령 송달이 어려운 경우, 보증금을 반환받지 못한 임차인이 임차권등기를 할 수 없어 거주 이전을 하지 못하는 문제가 있었다. 이러한 문제점을 해결하기 위해 개정법은 임차권등기명령 조항(제3조의3 제3항)에도, '가압류 집행은 채무자에게 재판을 송달하기 전에도 할 수 있다'는 「민사집행법」 제292조 제3항을 준용했다. 이에 따라 임대인에게 임차권등기명령 결정이 고지되기 전에도 임차권등기가 이루어질 수 있게 함으로써 임차인의 대항력·우선변제권 및 거주이전의 자유를 보장하고, 임차인의 보증금반환채권 보호를 보다 강화했다.

※ 전세사기 사례

〈출처: 이소은 기자, 머니투데이, 2022.05.25.〉

"주택 1277채 '빌라의 신'은 어떻게 전세사기를 쳤을까"

[편집자주] 1277채를 소유한 '빌라의 신'이 '전세가=매매가' 무갭투자로 청년과 신혼부부 전세금을 떼 먹는 대형사고가 또 발생했다. 나쁜집주인 공개법이 발의됐지만 개인정보 보호에 막혀 서민들은 '깜깜이' 전세계약을 해야한다. 되풀이 되는 전세사기, 막을 방법이 없는지 짚어봤다.

최근 논란이 된 '빌라의 신' A씨가 홀로 1277채를 소유할 수 있었던 것은 전세와 매매가가 같은 '무갭 전세'를 이용해서다. A씨가 소유한 집들은 자기자본 없이 보증금으로만 취득한 일명 '깡통주택'들이다. 이 경우, 기존 세입자는 다음 세입자가 구해지지 않으면 보증금을 돌려 받을 수 없다. A씨의 사기 수법은 여기에 '동시진행' 방식까지 접목시켜 더욱 교묘하게 이뤄졌다.

순서는 이렇다. 우선 건축주가 건물을 짓고 집을 분양하면서 분양가와 동일하거나 혹은 더 비싸게(무갭전세) 전세매물을 내놓는다. 세입자가 건축주와 전세계약을 하면 건축주는 전세보증금을 받은 후 A씨로 집주인을 변경(동시진행)한다. 이렇게 되면 A씨는 자기돈을 한푼도 들이지 않고 집을 매입하게 된다. 이 과정에서 중개업소도 건축주로부터 집 분양가의 10%를 리베이트로 받는다. 이 돈으로 세입자에게 전세금대출 이자와 이사비를 지원해 준다며 미끼를 던졌다.

여기서 더 큰 문제는 A씨가 양도소득세, 종합부동산세 등을 납부하지 않는 등 세금 총 72억원을 체납하면서 A씨 소유 주택 전체에 '압류'가 걸렸다는 점이다. 공매 절차에 들어가면 세입자들은 계약시 확정일자와 전입신고를 받아놨어도 보증금 상당액을 날릴 수 밖에 없다. 공매는 경매와 달리, 세금 체납으로 인해 진행되는 것이라 보증금이 세금체납액의 후순위로 밀린다. 낙찰대금이 공매비용, 세금체납액 순으로 먼저 변제되고 3순위로 전세임차인에 배당된다.

이같은 전세사기의 피해자가 되지 않으려면 무엇보다 계약하는 집이 '깡통주택'이 아닌지부터 점검해야 한다. 통상 보증금과 선순위채권의 합산 금액이 집값의 80%를 넘지 않아야 적정수준이다. 집주인인 척하거나 대리인 행세를 하는 허위임대인을 피하기 위해서는 등기부등본상 소유자와 계약의 상대방이 일치하는지 보고 대리인과 계약할 때는 임대인과 유선통화를 반드시 거쳐야 한다. 전입신고와 확정일자를 통해 대항력을 갖췄더라도 부동산에 부과되는 국세·지방세와 임금채권은 보증금보다 먼저 변제되기 때문에 반드시 등기부등본에 압류, 가압류, 강제경매 개시결정 등 권리침해가 있는지 확인해야 한다.

전문가들은 사기수법이 나날이 교묘해지고 있는 만큼 보증금 보호를 위한 전세보증금반환보증(전세보증)을 적극 활용하라고 조언한다. 전세보증은 임대보증금보증과 달리 임차인이 직접 가입하는 보증으로, 보증금이 수도권 7억원 이하(그외 지역은 5억원 이하)일 경우 보증기관이 보증금 반환을 책임진다. 가입 하려면 계약 체결 전 등기부등본에 소유권에 대한 권리침해사항이 없는시, 선순위채권이 집값의 60% 이내인지, 주택 건물과 토지가 모두 집주인 소유인지 등을 확인해야 한다.

전세사기는 계약 체결 후 피해구제가 사실상 어려워 계약체결 전 예방이 중요하다. 주택도시보증공사(HUG)는 올 하반기 전세사기 사례와 대처 방안 등에 관한 정보를 상세히 담은 '전세사기 예방센터' 홈페이지를 열고 임차인들에게 공유할 계획이다. 권형택 HUG 사장은 "최근 다양한 유형의 전세사기로 서민의 재산권이 심각하게 위협받고 있다"며 "갈수록 지능화되는 전세사기 피해사례를 면밀히 파악해 임차인이 전세사기로 더 이상 고통받지 않도록 적극 지원하겠다"고 말했다.

▌전세사기피해자 지원 및 주거안정에 관한 특별법

전세사기 문제가 사회적으로 이슈화됨에 따라 정부에서는 전세사기를 구조적으로 차단할 수 있는 예방적 장치를 마련하는 등 전세사기 근절을 위한 다양한 노력을 하였다. 그러나 이러한 정책에도 불구하고 전세사기피해자 지원에는 한계가 있었다. 특히 과거에 체결된 전세사기 계약의 만료일이 도래하면서 지속적인 피해 발생이 우려됨에 따라 경·공매 등으로 퇴거 위기에 처한 피해자의 주거불안을 해소할 수 있도록 하는 방안 마련이 시급했다. 이에 한시적인 특별법인 전세사기피해자 지원 및 주거안정에 관한 특별법을 제정·시행(시행일 2023. 6. 1)하여 국토교통부장관이 전세사기피해지원위원회를 통해 전세사기피해자를 결정하고, 이들에 대하여 경공매 절차, 조세 징수 등에 관한 특례를 부여함으로써 피해자의 주거안정을 도모하고자 하고 있다. 또한 2024년에는 전세사기피해자의 주거안정 지원을 강화하고, 전세사기피해자 인정범위를 확대하며, 전세사기피해자 결정에 관한 절차를 효율화하는 등 현행 제도의 운용상 나타난 미비점을 개선·보완하는 작업을 하여 2024. 9. 10. 개정법률을 공포하였다. 개정법에서는 임차주택의 인도가 불가능했던 경우도 이 법 적용 대상에 포함하여 이중임대차계약 피해자에 대한 지원을 강화하고, 전세사기피해자 요건 중 임차보증금의 기본 한도를 3억원 이하에서 5억원 이하로 상향하고, 다수 피해자 요건을 2인 이상 임차인이 피해를 본 경우로 명확히 하였다.

□ 주택임대차보호법 관련 Q&A

◈ 사례 1

법인이 사원용 주택의 마련을 위하여 주택을 임차하고 사원을 입주시킨 후 입주한 사원 명의로 주민등록을 마쳤다. 이러한 경우 법인도 주택임대차보호법상 주택임차인으로서 보호받을 수 있는가?

〈해설〉 보호받을 수 없다. 왜냐하면 주택임대차보호법은 자연인인 무주택자의 주거 안정을 입법목적으로 하고 있고, 법인은 애당초 대항요건의 하나인 주민등록을 자신의 명의로 할 수 없을 뿐만 아니라 그 직원 명의로 주민등록을 마쳤다고 하더라도 이를 법인의 주민등록으로 볼 수 없기 때문이다. 다만 하급심판결중에는 보호 인정한 사례가 있다(서울고법 1996. 1. 9. 선고 95나21398 판결).

다만, 국민주택기금을 재원으로 하여 저소득층 무주택자에게 주거생활 안정을 목적으로 전세임대주택을 지원하는 법인이 주택을 임차한 후 지방자치단체의 장 또는 그 법인이 선정한 입주자가 그 주택을 인도받고 주민등록을 마쳤을 때에는 대항력을 취득한다(주택임대차보호법 제3조 제2항). 이 경우 대항력이 인정되는 법인은 대통령령으로 정한다(시행령 제1조의 2 ①「한국토지주택공사법」에 따른 한국토지주택공사, ②「지방공기업법」 제49조에 따라 주택사업을 목적으로 설립된 지방공사).

「중소기업기본법」 제2조에 따른 중소기업에 해당하는 법인이 소속 직원의 주거용으로 주택을 임차한 후 그 법인이 선정한 직원이 해당 주택을 인도받고 주민등록을 마쳤을 때에는 제1항을 준용한다. 임대차가 끝나기 전에 그 직원이 변경된 경우에는 그 법인이 선정한 새로운 직원이 주택을 인도받고 주민등록을 마친 다음 날부터 제삼자에 대하여 효력이 생긴다((주택임대차보호법 제3조 제3항).

◈ 사례 2

건축물대장상의 용도는 공장으로 되어 있지만 현재 내부구조를 변경하여 주거로 사용하고 있는 건물을 임차하여 입주와 전입신고를 마쳤다. 이러한 건물도 주택임대차보호법의 적용을 받을 수 있는가?

〈해설〉 적용을 받을 수 있다. 어떤 건물이 주택임대차보호법의 적용의 대상이 되는 주거용건물인지 여부는 등기부, 건축물대장 등 공부상 표시만을 기준으로 할 것이 아니라 사실상 주거로 사용하는지 여부를 기준으로 결정한다. 따라서 공부상 용도가 상가, 공장으로 되어 있어도 이미 건물의 내부구조 및 형태가 주거용으로 용도 변경된 건물을 귀하가 임차하여 그곳에서 일상생활을 영위하면서 사실상 주거로 사용하고 있다면 주택임대차보호법이 적용된다. 최근 다가구용단독주택에서 옥상의 옥탑을 주거용으로 용도 변경하는 경우를 종종 볼 수 있는데 이러한 경우도 임차하여 실제로 주거용으로 사용하고 있으면 주택임대차보호법의 적용을 받는다.

◈ 사례 3

현재 주택의 일부를 상가로 개조한 건물을 임차하여 입주와 동시에 전입신고를 마치고 그곳에서 거주하면서 상가를 경영하고 있다. 이러한 건물도 주택임대차보호법의 적용을 받을 수 있는가?

〈해설〉 적용을 받을 수 있다. 왜냐하면 주택임대차보호법 제2조 단서는 임차주택의 일부를 주거 이외의 목적으로 사용되는 경우에도 같은 법이 적용된다고 규정하고 있기 때문이다. 그러나 본 사안과 달리 건물 중 주택과 점포의 구조와 점유면적, 건물의 주된 용도 등을 참작할 때 오히려 비주거용건물의 일부를 주거로 사용하고 있는 경우라고 판단된다면 주택임대차보호법이 적용되지 않을 수도 있다.

◈ 사례 4

현재 방 2개와 주방이 있는 다방 40평을 임차하여 그곳에서 살면서 다방을 경영하고 있는데 전체 면적 중 다방영업을 위한 부분이 27평 정도이고, 방과 부엌을 합한 주거면적이 13평 정도이다. 이러한 경우에도 주택임대차보호법의 적용을 받을 수 있는가?

〈해설〉 적용을 받을 수 없다. 왜냐하면 본사안의 경우에는 비주거용건물 중 일부인 방과 주방을 어디까지나 다방 영업에 부수하여 주거목적으로 사용하는 것에 불과하기 때문이다.

◈ 사례 5

점포용 건물을 임차하여 장사를 하다가 영업이 잘 되지 아니하여 현재는 주거용으로 내부를 개조하여 거주하고 있다. 이러한 경우에도 주택임대차보호법의 적용을 받을 수 있는가?

〈해설〉 원칙적으로 적용을 받을 수 없다. 왜냐하면 주택임대차보호법이 적용되기 위하여는 임대차계약 당시에 이미 임대건물이 주거용도로 사용할 수 있어야 한다. 따라서 본 사안의 경우와 같이 계약 당시에 점포용 건물이었다면 그후 임차인이 임의로 주거용으로 개조하더라도 주택임대차보호법의 적용을 받을 수 없다. 다만 임대인의 승낙을 얻어 주거용으로 개조한 경우에는 개조한 때부터 주택임대차보호법의 적용을 받을 수 있다.

◈ 사례 6

주택을 임차하여 가족과 함께 입주하여 거주하고 있으나 사정이 있어서 처와 자녀만 주민등록 전입신고를 하고 임차인 본인은 전입신고를 하지 못하고 있다. 이러한 경우에도 대항요건을 갖추었다고 할 수 있는가?

〈해설〉 할 수 있다. 왜냐하면 임차인의 처나 자녀와 같이 임차인 본인과 공동생활을 영위하는 가족만이 주민등록 전입신고를 하여도 주택임대차보호법상의 대항요건인 주민등록을 마친 것으로 볼 수 있기 때문이다(대법원 1988.6.14. 선고 87다카3093,3094 판결).

◈ 사례 7

甲은 시골 출신 대학 1학년생인데 현재 방 1칸을 임차하여 전입신고를 하고 입주하여 자취를 하고 있다. 그런데 아직 미성년자이기 때문에 시골에 거주하는 부친이 임대차계약을 체결하였다. 이러한 경우에도 주택임대차보호법의 보호를 받을 수 있는가?

〈해설〉 보호를 받을 수 있다. 왜냐하면 임차인인 부친이 甲을 통하여 점유하는 것으로 되기 때문에(이러한 경우 甲은 부친의 점유보조자가 되는 것임) 甲이 점유와 주민등록이라는 대항요건을 갖춘 이상 임차인인 부친이 대항력을 취득하는 것으로 되기 때문이다.

◈ 사례 8

주민등록전입신고를 하면서 착오로 임차주택의 소재지 지번을 잘못 기재하여 주민등록부에 다른 지번이 기재되고 말았다. 이러한 경우에도 주택임대차보호법의 보호를 받을 수 있는가?

〈해설〉 현재 상태로는 보호를 받을 수 없다. 그 이유는 임차인이 착오로 전입신고를 잘못하여 다른 지번에 주민등록이 되어 버린 경우에는 주민등록이 실제 지번과 일치하지 아니하여 주택임대차보호법상의 유효한 공시방법을 갖추었다고 볼 수 없기 때문이다. 따라서 본 사안의 경우 제3자가 임차주택을 양수받거나 저당권, 가압류·압류의 등기가 되기 전에 실제지번에 맞도록 주민등록을 신속하게 정정하여야만 그때부터 비로소 보호를 받을 수 있다.

◈ 사례 9

甲은 임차인으로서 임차건물 소재지 지번으로 전입신고를 올바르게 하였는데, 담당공무원의 착오로 주민등록부에 지번이 다소 틀리게 등재되고 말았다. 이러한 경우에도 주택임대차보호법상의 보호를 받을 수 있는가?

〈해설〉 보호를 받을 수 있다(대판 1991. 8. 13, 91다18118 - 임차인이 전입신고를 올바르게(즉 임차건물 소재지 지번으로) 하였다면 이로써 그 임대차의 대항력이 생기는 것이므로 설사 담당공무원의 착오로 주민등록표상에 신거주지 지번이 다소 틀리게(안양동 545의 5가 안양동 545의 2로)기재되었다 하여 그 대항력에 소장을 끼칠 수는 없다).

◈ 사례 10

실제 동표시가 '라동'인 신축 다세대주택 101호를 임차하여 사전 입주하면서 주민등록전입신고도 '라동 101호'로 마쳤다. 그런데 준공검사후 건축물대장이 작성되면서 '가동'으로 등재되고 그에 따라 등기부도 '가동 101호'로 보존등기됨으로써 주민등록이 공부상의 동표시와 불일치하게 되었다. 이러한 경우에도 주택임대차보호법의 보호를 받을 수 있는가?

〈해설〉 보호를 받을 수 없다. 왜냐하면 주민등록이 공부상의 동표시와 일치하지 않는 경우에는 주택임대차보호법이 요구하는 유효한 공시방법인 주민등록에 해당하지 않기 때문이다. 따라서 주민등록을 가동 101호로 정정하여야 그때부터 비로소 주택임대차보호법의 보호를 받을 수 있게 된다.

대법원 1994.11.22. 선고 94다13176 판결(다세대주택 임차 당시 칭하여진 동호수로 주민등록은 이전하고 임대차계약서에 확정일자를 받았는데 준공검사 후 건축물관리대장이 작성되면서 동호수가 바뀌어 등기부 작성시에도 임대계약서와 다른 동호수가 등재된 경우, 그 주택에 대하여 근저당권자의 신청에 의한 임의경매절차가 진행되던 중 임차인이 위 확정일자의 임대차계약서를 근거로 경매법원에 임차보증금반환채권에 대한 권리신고 및 배당요구를 하였다가 뒤늦게 그 주택의 표시가 위와 같이 다르게 되었다는 것을 알게 되어, 동장에게 그 주민등록 기재에 대하여 이의신청을 하여 주민등록표상의 주소를 등기부상 동호수로 정정하게 하였다면, 그 주택의 실제의 동표시와 불일치한 임차인의 주민등록은 임대차의 공시방법으로서 유효한 것이라고 할 수 없고, 임차인은 실제 동표시와 맞게 주민등록이 정리된 이후에야 비로소 대항력을 취득하였다고 볼 것이다.)

◈ 사례11

다세대주택(여러 가구가 거주할 수 있는 건물 중 아파트처럼 각 호실마다 구분등기를 할 수 있는 주택)을 임차하여 거주하고 있는데 주민등록상에 주택소재지의 지번만 기재되어 있고 동호수 표시는 기재되어 있지 않다. 이러한 경우에도 주택임대차보호법의 보호를 받을 수 있는가?

〈해설〉 보호를 받을 수 없다. 왜냐하면 주민등록법 시행령 제9조 제4항은 다세대주택과 같은 공동주택의 경우에는 지번 다음에 공동주택의 명칭과 동·호수를 기재하도록 규정하고 있고(예 ○○빌라 ○동 ○호), 주민등록에 동호수를 기재하지 않으면 제3자의 입장에서 임차인이 그 다세대주택의 몇동·몇호에 주소를 가지고 있는지 여부를 알 수 없기 때문이다. 다만 공동주택이 아닌 다가구용 단독주택(1동의 주택에 출입문을 별도로 설치하는 등 2가구이상이 독립된 생활을 할 수 있도록 건축되었으나 아파트 처럼 각 호실마다 구분등기를 할 수 없는 단독주택)의 층·호수는 편의상 구분하여 놓은 데 불과하고 주민등록법 시행령에 기재하도록 규정되어 있지 않기 때문에 임차인이 전입신고를 하면서 주택소재지의 지번만 기재하여도 주택임대차보호법의 보호를 받을 수 있다.

대법원 1996. 2. 23. 선고 95다48421 판결(임차인들이 다세대주택의 동·호수 표시 없이 그 부지 중 일부 지번으로만 주민등록을 한 경우, 그 주민등록으로써는 일반의 사회통념상 그 임차인들이 그 다세대주택의 특정 동·호수에 주소를 가진 것으로 제3자가 인식할 수는 없는 것이므로, 임차인들은 그 임차 주택에 관한 임대차의 유효한 공시방법을 갖추었다고 볼 수 없다)

대법원 1998. 1. 23. 선고 97다47828 판결(다가구용 단독주택의 경우, 주택임대차보호법상의 대항요건을 갖추기 위해서 지번 외에 호수까지 기재해야 하는지 여부(소극) 및 임차인이 같은 건물 내에서 이사를 하면서 호수를 변경한 전입신고를 다시 한 경우에도 원래의 전입신고가 유효한 공시방법이 되는지 여부(적극))

◈ 사례 12

신축된 다가구용 단독주택 중 1실을 임차하여 입주한 후 등기부를 열람하여 보니 위 주택이 ○○동 3의 1, 3의 2 두 필지 위에 축조되어 있는 사실을 발견하게 되었다. 이러한 경우에 주민등록표에 주택소재지의 위 양 지번 중 하나인 3의 1만 기재되어 있어도 주택임대차보호법의 보호를 받을 수 있는가?

〈해설〉 보호를 받을 수 있다. 왜냐하면 건축법 제2조 제1항 제1호, 같은 시행령 제3조 제1항은 한 채의 건물이 2필지 이상에 걸쳐 건축된 경우에는 이를 하나의 대지로 보도록 규정하고 있고, 행정관서에서도 위와 같은 경우에 주민등록상에 한 필지의 지번만을 기재하고 있으므로 주택의 대지인 여러 필지 지번 중 하나만 기재한 주민등록도 유효한 공시방법이라고 할 수 있기 때문이다.

◈ 사례 13

주택을 임차하여 주민등록전입신고까지 마치고 거주하던 중 사정이 생겨서 가족 전원의 주민등록만을 다른 곳으로 일시이전을 하였다가 다시 전입을 하였다. 그런데 그 사이에 저당권이 설정되고 그에 따른 경매가 실시되어 현재 경락인이 집을 비워 줄 것을 요구하고 있다. 임대보증금의 반환을 받지 못한 채 무조건 비워 주어야 하는 것인가?

〈해설〉 경락인에게 무조건 집을 비워 주어야 한다. 왜냐하면 임대기간 중에 주민등록을 옮기면 비록 그 집에서 가족과 함께 계속 거주하고 있었다고 하여도 대항력을 상실하고 그 후 다시 전입신고를 하더라도 그 때부터 새로운 대항력이 다시 발생하므로 그 사이에 저당권이 설정되면 그에 기한 경매절차에서의 경락인에 대하여 임차권을 주장할 수 없기 때문이다. 다만 가족의 주민등록은 그대로 둔 채 본인의 주민등록만을 일시적으로 옮겼다면 대항력을 상실하지 않기 때문에 경락인에게 임대보증금의 반환을 요구할 수 있다.

◈ 사례 14

주택을 임차하여 입주한 후 사정이 생겨 며칠이 경과한 후에 주민등록전입신고를 마쳤다. 그런데 그 후 등기부를 열람하여 보니 임차주택에 입주한 후 전입신고를 하기 전에 임대인이 은행에서 돈을 차용하면서 저당권을 설정한 사실을 알게 되었다. 임대인은 이 주택 이외에는 특별한 재산없이 사업을 하는 사람인데 만일 저당권실행을 위한 경매절차가 실시된다면 임차인은 임차주택을 경락받은 사람에게 대항할 수 있는가?

〈해설〉 대항할 수 없다. 왜냐하면 저당권설정등기 전에 주택의 인도 및 주민등록을 모두 갖추어야만 주택임차인이 경락인에 대하여 대항력을 취득하는데, 이러한 경우에는 저당권이 설정된 후에 전입신고를 하였기 때문이다.

◈ 사례 15

주택을 임차하여 입주 및 전입신고를 마쳤는데, 그 당시에 이미 임차주택에 다른 사람 명의로 소유권이전청구권 보전의 가등기가 되어 있었다. 그런데 그 후 가등기권자가 가등기에 기한 소유권이전의 본등기를 마친 후 임차인에게 명도를 요구하고 있다. 임대보증금의 반환을 받지 못한 채 무조건 비워 주어야 하는 것인가?

〈해설〉 유감스럽지만 무조건 집을 비워 주어야 하고 임대보증금은 종전 소유자인 임대인으로부터 반환받을 수 밖에 없다. 왜냐하면 임차인이 가등기경료시보다 나중에 대항요건을 갖춘 이상 설사 가등기에 기한 소유권이전의 본등기시보다는 앞선다 하더라도 본등기를 경료한 자에 대하여 대항할 수 없기 때문이다. 이것은 처분금지가처분자가 본안소송에서 승소확정판결을 받아 소유권이전등기를 경료한 경우에도 마찬가지이다.

그러나 반대로 만일 임차인이 대항요건을 구비한 후에 가등기가 경료된 경우에는 본등기를 경료한 자에 대하여 대항할 수 있다.

◈ 사례 16

주택을 임차하여 입주후 주민등록을 마쳤는데 임대인이 임차주택을 다른 사람에게 양도하였다. 임차인이 임차주택의 양수인에게 임차권을 주장할 수 있는가? 만일 임대기간이 끝난 후 임대보증금을 반환받지 못하고 있는 사이에 주택이 양도되면 어떻게 되는가?

〈해설〉 임차인은 양수인에게 임차권을 주장할 수 있다. 왜냐하면 주택임차인이 대항요건을 갖춘 후 주택이 양도되면 양수인은 임대인의 지위를 당연히 승계하는 것으로 되기 때문이다. 따라서 임차인은 양수인과 다시 임대차계약을 체결할 필요없이 나머지 임대기간 동안 계속 거주하다가 임대기간이 끝나면 양수인으로부터 보증금을 반환받을 수 있다.

그리고 임대기간이 끝난 경우에도 임차인이 임대보증금을 반환받을 때까지는 임대차관계는 계속하는 것으로 보게되고, 그 상태에서 임차주택을 양수한 자는 임대인의 지위를 승계하게 되므로 설사 양수인이 명도를 청구하는 경우에도 보증금을 반환받을 때까지는 임차주택을 비워 줄 의무가 없다.

◈ 사례 17

주택을 임차하고 입주하여 주민등록을 마치고 계약서에 확정일자도 받았는데, 집주인이 그 후 은행에서 사업자금을 빌리면서 임차주택에 저당권을 설정하였고 대출금을 변제하지 아니하여 현재 경매절차가 진행 중에 있다. 임차인은 주택임대차보호법상 어떠한 보호를 받을 수 있는가?

〈해설〉 본 사안에서 임차인은 근저당권보다 대항요건과 우선변제권 취득요건을 모두 갖추었으므로, 첫째 경락인에게 대항하여 나머지 임대기간 동안 그리고 기간만료 후에는 보증금의 반환을 받을 때까지 임차주택의 반환을 거부할 수 있고, 둘째 경매절차에서 배당요구를 하여 보증금의 우선변제를 받을 수도 있다. 위 두 가지 권리중 어느 것을 행사할 것인지 여부는 임차인이 자유롭게 결정할 수 있고, 우선변제권을 행사한 경우 만일 보증금 전액을 배당받지 못하더라도 나머지 보증금을 반환받을 때까지 경락인에게 임차주택을 비워주지 않아도 된다. 다만 저당권설정등기 후에 임대인과 계약을 갱신하면서 보증금을 인상한 경우에는 인상전 보증금액에 한하여 경락인에게 대항할 수 있고, 보증금 중 인상된 부분에 대하여는 대항력이나 우선변제를 주장할 수 없다.

◈ 사례 18

주택임대차계약을 체결하고 먼저 입주 및 주민등록을 모두 갖춘 다음날에 계약서에 확정일자도 받았다. 그런데 우연히 확정일자를 받은 날에 저당권설정등기가 경료되었다. 임차인과 저당권자 중 누가 우선하는가?

〈해설〉 같은 순위이다. 왜냐하면 임차인과 저당권자 사이의 우선순위는 임차인이 대항요건과 확정일자를 모두 갖춘 최종 시점과 저당권설정등기를 마친 시점의 전후에 의하여 결정되기 때문이다. 따라서 임차인은 저당권자와 같은 순위에서 채권액에 비례하여 평등배당을 받는다.

◈ 사례 19

주택임대차계약을 체결하고 입주를 한 후 계약서에 확정일자도 받았으나 개인 사정으로 주민등록 전입신고를 그보다 늦게 하였다. 그런데 나중에 등기부를 열람해 보니 전입신고를 한 날에 저당권설정등기가 된 사실을 발견하게 되었다. 임차인과 저당권자 중 누가 우선하는가?

〈해설〉 저당권자가 우선한다. 왜냐하면 우선변제권은 확정일자를 입주 및 주민등록일과 같은 날 또는 그보다 먼저 갖춘 경우에는 대항력과 마찬가지로 인도와 주민등록을 마친 다음날에 발생하므로 우선변제권도 전입신고를 한 다음날(즉 저당권설정등기일 다음날)에 발생하기 때문에 저당권자가 우선하게 된다.

◈ 사례 20

대지에만 근저당권이 설정된 후 그 지상에 신축된 주택을 임차하여 입주한 후 주민등록까지 마쳤는데 대지의 근저당권자가 대지 외에 건물도 경매신청하였다. 임차인은 경락인에게 대항하여 계속 거주할 수 있는가?

〈해설〉 건물을 건축하기 이전에 대지에 저당권이 설정되었고 그후 건물이 건축된 경우에 대지의 저당권자는 대지뿐만 아니라 건물에 대하여도 일괄경매를 청구할 수 있다(민법 제365조). 그러나 저당권은 대지 상에만 설정된 것이고 건물에 대해 설정된 것은 아니기 때문에 일괄경매 되더라도 건물에 대해 저당권의 효력을 주장할 수는 없다. 따라서 건물에 아무런 저당권이 설정되지 않은 상태에서 입주 및 주민등록의 대항요건을 마친 건물임차인은 건물경락인에 대해 대항력을 가지므로 나머지 임대기간 동안 계속 거주하다가 임대기간이 끝나면 경락인으로부터 보증금을 반환받을 때까지 임차주택을 비워 주지 않아도 된다.

◈ 사례 21

임차인 A는 갑, 을, 병 3인이 각 ⅓의 지분비율로 공유하고 있는 주택을 갑, 을 2인으로부터 임차하여 현재 거주하고 있다. 그런데 주변에서 공유주택에 관한 임대차계약은 공유자 전원과 체결하여야 유효하다고 하여 A는 불안해하고 있다. A가 병에 대하여 임차권을 주장할 수 없는 것인가?

〈해설〉 그렇지 않다. 왜냐하면 민법 제265조 본문은 공유물의 관리에 관한 사항은 지분의 과반수로써 결정하도록 규정하고 있고 공유주택의 임대행위는 위 관리행위에 해당하는데, A의 경우 ⅔의 공유지분을 보유한 갑, 을과 사이에 임대차계약을 체결하였기 때문에 비록 병이 임대인에서 제외되었다고 하여도 병에 대하여 유효한 임차권을 가지고 대항할 수 있다.

이 계약서는 법무부에서 국토교통부·서울시 및 학계 전문가와 함께 민법, 주택임대차보호법, 공인중개사법 등 관계법령에 근거하여 만들었습니다. **법의 보호를 받기 위해 【중요확인사항】(별지)을 꼭 확인하시기 바랍니다.**

주택임대차계약서

□보증금 있는 월세
□전세 □월세

임대인(   )과 임차인(   )은 아래와 같이 임대차 계약을 체결한다

[임차주택의 표시]

<table>
<tr><td>소 재 지</td><td colspan="4">(도로명주소)</td></tr>
<tr><td>토 지</td><td>지목</td><td></td><td>면적</td><td>㎡</td></tr>
<tr><td>건 물</td><td>구조·용도</td><td></td><td>면적</td><td>㎡</td></tr>
<tr><td>임차할부분</td><td colspan="2">상세주소가 있는 경우 동·층·호 정확히 기재</td><td>면적</td><td>㎡</td></tr>
</table>

<table>
<tr><td>미납 국세</td><td>선순위 확정일자 현황</td><td rowspan="2">확정일자 부여란</td></tr>
<tr><td>□ 없음
(임대인 서명 또는 날인 ____________㊞)

□ 있음(중개대상물 확인·설명서 제2쪽 II. 개업공인중개사 세부 확인사항 '⑨ 실제 권리관계 또는 공시되지 않은 물건의 권리사항'에 기재)</td><td>□ 해당 없음
(임대인 서명 또는 날인 ____________㊞)

□ 해당 있음(중개대상물 확인·설명서 제2쪽 II. 개업공인중개사 세부 확인사항 '⑨ 실제 권리관계 또는 공시되지 않은 물건의 권리사항'에 기재)</td></tr>
<tr><td colspan="3">유의사항: 미납국세 및 선순위 확정일자 현황과 관련하여 개업공인중개사는 임대인에게 자료제출을 요구할 수 있으나, 세무서와 확정일자부여기관에 이를 직접 확인할 법적권한은 없습니다. ※ 미납국세·선순위확정일자 현황 확인방법은 "별지"참조</td></tr>
</table>

[계약내용]

제1조(보증금과 차임) 위 부동산의 임대차에 관하여 임대인과 임차인은 합의에 의하여 보증금 및 차임을 아래와 같이 지불하기로 한다.

보 증 금	금 원정(₩)
계 약 금	금 원정(₩)은 계약시에 지불하고 영수함. 영수자 (인)
중 도 금	금 원정(₩)은 ______년 ______월 ______일에 지불하며
잔 금	금 원정(₩)은 ______년 ______월 ______일에 지불한다
차임(월세)	금 원정은 매월 일에 지불한다(입금계좌:)

제2조(임대차기간) 임대인은 임차주택을 임대차 목적대로 사용·수익할 수 있는 상태로 ______년 ____월 ____일까지 임차인에게 인도하고, 임대차기간은 인도일로부터 ______년 ______월 ______일까지로 한다.

제3조(입주 전 수리) 임대인과 임차인은 임차주택의 수리가 필요한 시설물 및 비용부담에 관하여 다음과 같이 합의한다.

수리 필요 시설	□ 없음 □ 있음(수리할 내용:)
수리 완료 시기	□ 잔금지급 기일인 ______년 ____월 ____일까지 □ 기타 ( )
약정한 수리 완료 시기까지 미 수리한 경우	□ 수리비를 임차인이 임대인에게 지급하여야 할 보증금 또는 차임에서 공제 □ 기타( )

제4조(임차주택의 사용·관리·수선) ① 임차인은 임대인의 동의 없이 임차주택의 구조변경 및 전대나 임차권 양도를 할 수 없으며, 임대차 목적인 주거 이외의 용도로 사용할 수 없다.

② 임대인은 계약 존속 중 임차주택을 사용·수익에 필요한 상태로 유지하여야 하고, 임차인은 임대인이 임차주택의 보존에 필요한 행위를 하는 때 이를 거절하지 못한다.

③ 임대인과 임차인은 계약 존속 중에 발생하는 임차주택의 수리 및 비용부담에 관하여 다음과 같이 합의한다. 다만, 합의되지 아니한 기타 수선비용에 관한 부담은 민법, 판례 기타 관습에 따른다.

임대인부담	(예컨대, 난방, 상·하수도, 전기시설 등 임차주택의 주요설비에 대한 노후·불량으로 인한 수선은 민법 제623조, 판례상 임대인이 부담하는 것으로 해석됨)
임차인부담	(예컨대, 임차인의 고의·과실에 기한 파손, 전구 등 통상의 간단한 수선, 소모품 교체 비용은 민법 제623조, 판례상 임차인이 부담하는 것으로 해석됨)

④ 임차인이 임대인의 부담에 속하는 수선비용을 지출한 때에는 임대인에게 그 상환을 청구할 수 있다.

1/3

제5조(계약의 해제) 임차인이 임대인에게 중도금(중도금이 없을 때는 잔금)을 지급하기 전까지, 임대인은 계약금의 배액을 상환하고, 임차인은 계약금을 포기하고 이 계약을 해제할 수 있다.

제6조(채무불이행과 손해배상) 당사자 일방이 채무를 이행하지 아니하는 때에는 상대방은 상당한 기간을 정하여 그 이행을 최고하고 계약을 해제할 수 있으며, 그로 인한 손해배상을 청구할 수 있다. 다만, 채무자가 미리 이행하지 아니할 의사를 표시한 경우의 계약해제는 최고를 요하지 아니한다.

제7조(계약의 해지) ① 임차인은 본인의 과실 없이 임차주택의 일부가 멸실 기타 사유로 인하여 임대차의 목적대로 사용할 수 없는 경우에는 계약을 해지할 수 있다.

② 임대인은 임차인이 2기의 차임액에 달하도록 연체하거나, 제4조 제1항을 위반한 경우 계약을 해지할 수 있다.

제8조(계약의 종료) 임대차계약이 종료된 경우에 임차인은 임차주택을 원래의 상태로 복구하여 임대인에게 반환하고, 이와 동시에 임대인은 보증금을 임차인에게 반환하여야 한다. 다만, 시설물의 노후화나 통상 생길 수 있는 파손 등은 임차인의 원상복구의무에 포함되지 아니한다.

제9조(비용의 정산) ① 임차인은 계약종료 시 공과금과 관리비를 정산하여야 한다.

② 임차인은 이미 납부한 관리비 중 장기수선충당금을 소유자에게 반환 청구할 수 있다. 다만, 관리사무소 등 관리주체가 장기수선충당금을 정산하는 경우에는 그 관리주체에게 청구할 수 있다.

제10조(중개보수 등) 중개보수는 거래 가액의 ____________% 인 ________________원(□ 부가가치세 포함 □ 불포함)으로 임대인과 임차인이 각각 부담한다. 다만, 개업공인중개사의 고의 또는 과실로 인하여 중개의뢰인간의 거래행위가 무효·취소 또는 해제된 경우에는 그러하지 아니하다.

제11조(중개대상물확인·설명서 교부) 개업공인중개사는 중개대상물 확인·설명서를 작성하고 업무보증관계증서(공제증서등) 사본을 첨부하여 __________년__________월__________일 임대인과 임차인에게 각각 교부한다.

[특약사항]

상세주소가 없는 경우 임차인의 상세주소부여 신청에 대한 소유자 동의여부(□ 동의 □ 미동의)

※ 기타 임차인의 대항력·우선변제권 확보를 위한 사항, 관리비·전기료 납부방법 등 특별히 임대인과 임차인이 약정할 사항이 있으면 기재

-【대항력과 우선변제권 확보 관련 예시】"주택을 인도받은 임차인은 ____년 ____월 ____일까지 주민등록(전입신고)과 주택임대차계약서상 확정일자를 받기로 하고, 임대인은 ____년 ____월 ____일(최소한 임차인의 위 약정일자 이틀 후부터 가능)에 저당권 등 담보권을 설정할 수 있다"는 등 당사자 사이 합의에 의한 특약 가능

본 계약을 증명하기 위하여 계약 당사자가 이의 없음을 확인하고 각각 서명·날인 후 임대인, 임차인, 개업공인중개사는 매 장마다 간인하여, 각각 1통씩 보관한다. 년 월 일

<table>
<tr><td rowspan="3">임대인</td><td>주 소</td><td colspan="6"></td><td rowspan="3">서명 또는 날인㉤</td></tr>
<tr><td>주민등록번호</td><td colspan="2"></td><td>전 화</td><td></td><td>성 명</td><td></td></tr>
<tr><td>대 리 인</td><td>주 소</td><td></td><td>주민등록번호</td><td></td><td>성 명</td><td></td></tr>
<tr><td rowspan="3">임차인</td><td>주 소</td><td colspan="6"></td><td rowspan="3">서명 또는 날인㉤</td></tr>
<tr><td>주민등록번호</td><td colspan="2"></td><td>전 화</td><td></td><td>성 명</td><td></td></tr>
<tr><td>대 리 인</td><td>주 소</td><td></td><td>주민등록번호</td><td></td><td>성 명</td><td></td></tr>
<tr><td rowspan="5">중개업자</td><td>사무소소재지</td><td colspan="2"></td><td>사무소소재지</td><td colspan="4"></td></tr>
<tr><td>사 무 소 명 칭</td><td colspan="2"></td><td>사 무 소 명 칭</td><td colspan="4"></td></tr>
<tr><td>대 표</td><td>서명 및 날인</td><td>㉤</td><td>대 표</td><td>서명 및 날인</td><td colspan="3">㉤</td></tr>
<tr><td>등 록 번 호</td><td></td><td>전화</td><td>등 록 번 호</td><td></td><td>전화</td><td colspan="2"></td></tr>
<tr><td>소속공인중개사</td><td>서명 및 날인</td><td>㉤</td><td>소속공인중개사</td><td>서명 및 날인</td><td colspan="3">㉤</td></tr>
</table>

법무부 국토교통부 서울특별시 대한법률구조공단

주택임대차 관련 분쟁은 전문가로 구성된 대한법률구조공단 분쟁조정위원회에서 신속하고 효율적으로 해결할 수 있습니다.(국번없이 132)

2/3

별지)

법의 보호를 받기 위한 중요사항! 반드시 확인하세요

< 계약 체결 시 꼭 확인하세요 >

【당사자 확인 / 권리순위관계 확인 / 중개대상물 확인·설명서 확인】

① 신분증·등기사항증명서 등을 통해 당사자 본인이 맞는지, 적법한 임대·임차권한이 있는지 확인합니다.

② 대리인과 계약 체결 시 위임장·대리인 신분증을 확인하고, 임대인(또는 임차인)과 직접 통화하여 확인하여야 하며, 보증금은 가급적 임대인 명의 계좌로 직접 송금합니다.

③ **중개대상물 확인·설명서**에 누락된 것은 없는지, 그 내용은 어떤지 꼼꼼히 확인하고 서명하여야 합니다.

【대항력 및 우선변제권 확보】

① 임차인이 **주택의 인도와 주민등록**을 마친 때에는 그 다음날부터 제3자에게 임차권을 주장할 수 있고, 계약서에 **확정일자**까지 받으면, 후순위권리자나 그 밖의 채권자에 우선하여 변제받을 수 있습니다.

- 임차인은 최대한 신속히 ① 주민등록과 ② 확정일자를 받아야 하고, 주택의 점유와 주민등록은 임대차 기간 중 계속 유지하고 있어야 합니다.

② **등기사항증명서, 미납국세, 다가구주택 확정일자 현황** 등 반드시 확인하여 선순위 담보권자가 있는지, 있다면 금액이 얼마인지를 확인하고 계약 체결여부를 결정하여야 보증금을 지킬 수 있습니다.

※ 미납국세와 확정일자 현황은 임대인의 동의를 받아 임차인이 관할 세무서 또는 관할 주민센터·등기소에서 확인하거나, 임대인이 직접 납세증명원이나 확정일자 현황을 발급받아 확인시켜 줄 수 있습니다.

< 계약기간 중 꼭 확인하세요 >

【차임증액청구】

계약기간 중이나 묵시적 갱신 시 차임·보증금을 증액하는 경우에는 5%를 초과하지 못하고, 계약체결 또는 약정한 차임 등의 증액이 있은 후 1년 이내에는 하지 못합니다.

【월세 소득공제 안내】

근로소득이 있는 거주자 또는「조세특례제한법」제122조의3 제1항에 따른 성실사업자는「소득세법」및「조세특례제한법」에 따라 월세에 대한 소득공제를 받을 수 있습니다. 근로소득세 연말정산 또는 종합소득세 신고 시 **주민등록표등본, 임대차계약증서 사본 및 임대인에게 월세액을 지급하였음을 증명할 수 있는 서류**를 제출하면 됩니다. 기타 자세한 사항은 국세청 콜센터(국번 없이 126)로 문의하시기 바랍니다.

【묵시적 갱신 등】

① 임대인은 임대차기간이 끝나기 6개월부터 1개월 전까지, 임차인은 1개월 전까지 각 상대방에게 기간을 종료하겠다거나 조건을 변경하여 재계약을 하겠다는 취지의 통지를 하지 않으면 종전 임대차와 동일한 조건으로 자동 갱신됩니다.

② 제1항에 따라 갱신된 임대차의 존속기간은 2년입니다. 이 경우, 임차인은 언제든지 계약을 해지할 수 있지만 임대인은 계약서 제7조의 사유 또는 임차인과의 합의가 있어야 계약을 해지할 수 있습니다.

< 계약종료 시 꼭 확인하세요 >

【보증금액 변경시 확정일자 날인】

계약기간 중 보증금을 증액하거나, 재계약을 하면서 보증금을 증액한 경우에는 증액된 보증금액에 대한 우선변제권을 확보하기 위하여 반드시 **다시 확정일자**를 받아야 합니다.

【임차권등기명령 신청】

임대차가 종료된 후에도 보증금이 반환되지 아니한 경우 임차인은 임대인의 동의 없이 임차주택 소재지 관할 법원에서 임차권등기명령을 받아, **등기부에 등재된 것을 확인하고 이사**해야 우선변제 순위를 유지할 수 있습니다. 이때, 임차인은 임차권등기명령 관련 비용을 임대인에게 청구할 수 있습니다.

법무부 MINISTRY OF JUSTICE 국토교통부 서울특별시 대한법률구조공단

3/3

제4절 상가건물 임대차보호법상 임대차

▮ 상가건물 임대차보호법의 목적

정부는 2001년 12월 29일 국회가 제정한 상가건물임대차보호법을 법률 제6542호로 공포하였다. 이 법은 원래 부칙 제1항에서 시행일을 2003년 1월 1일로 정하였으나, 이 법의 시행전에 임대료가 과도하게 인상되고 계약해지권이 남발되고 있어 이러한 문제점을 보완하기 위하여 이 법의 시행시기를 2002년 11월 1일로 앞당기는 것으로 개정(2002년 8월 26일)하였다. 이 법은 상가건물 임대차에 관하여 민법에 대한 특례를 규정함으로써 국민 경제생활의 안정을 보장함을 목적으로 한다.

▮ 적용범위

상가건물 임대차보호법은 상가건물(부가가치세법 제8조, 소득세법 제168조, 법인세법 제111조의 규정에 의한 사업자등록의 대상이 되는 건물)의 임대차(임대차 목적물의 주된 부분을 영업용으로 사용하는 경우를 포함한다)에 적용한다. 다만, 대통령령이 정하는 보증금액을 초과하는 상가 임대차에 대하여는 적용하지 아니한다(제2조 제1항). 일시사용을 위한 임대차임이 명백한 경우에는 이를 적용하지 아니한다(동법 제16조). 목적건물의 등기하지 아니한 전세계약에 관하여 이 법을 준용한다. 이 경우 "전세금"은 "임대차의 보증금"으로 본다(제17조). 다만, 제3조(대항력 등), 제10조(계약갱신 요구 등) 제1항, 제2항, 제3항 본문, 제10조의2(계약갱신의 특례)부터 제10조의9(계약 갱신요구 등에 관한 임시 특례)까지의 규정, 제11조의2(폐업으로 인한 임차인의 해지권) 및 제19조(표준계약서의 작성 등)는 상가건물임대차 보호법 제1항 단서에 따른 보증금액을 초과하는 임대차에 대하여도 적용한다(제2조 제3항).

상가건물 임대차보호법의 적용을 받는 일정 보증금액의 산정은 당해 지역의 경제여건 및 임대차 목적물의 규모 등을 감안하여 지역별로 구분하여 규정하되, 보증금 외에 차임이 있는 경우에는 그 차임액에 은행법에 의한 금융기관의 대출금리 등을 감안하여 대통령령이 정하는 비율을 곱하여 환산한 금액을 포함하여야 한다(제2조 제2항). 즉, 적용범위가 보증금액수와 사업자등록의 대상이 되는 건물로 제한되고 있는 것이다. 참고로 대통령령이 정하는 보증금액(시행령 제2조 제1항) 〈2022. 1. 4. 개정 기준〉은 ① 서울특별시는 9억 원, ② 수도권정비계획법에 의한 수도권중 과밀억제권역(서울특별시를 제외한다) 및 부산광역시는 6억 9천만 원, ③ 광역시(「수도권정비계획법」에 따른 과밀억제권역에 포함된 지역과 군지역, 부산광역시는 제외한다), 세종특별자치시, 파주시, 화성시, 안산시, 용인시, 김포시 및 광주시는 5억 4천만 원, ④ 그 밖의 지역은 3억 7천만 원이다.

보증금 외에 차임이 있는 경우의 차임액은 월 단위의 차임액으로 하고, 대통령령이 정하는 비율인 1분의 100을 곱하여 환산한다(시행령 제2조 제2항, 제3항). 예를들어 보증금이 1억원이고 월 100만원의 차임이 있는 경우의 총보증금은 2억원(1억원 + 100만원 ×100)이 된다.

상가건물 임대차보호법상 규정에 위반된 약정으로서 임차인에게 불리한 것은 그 효력이 없다(제15조).

제3자에 대한 대항력

상가건물임대차는 그 등기가 없는 경우에도 임차인이 건물의 인도와 부가가치세법 제8조, 소득세법 제168조 또는 법인세법 제111조의 규정에 의한 사업자 등록을 신청한 때에는 그 다음날부터 제3자에 대하여 효력이 발생한다(제3조 제1항). 임차건물의 양수인은 임대인의 지위를 승계한 것으로 본다(제3조 제2항). 민법 제575조 제1항, 제3항(제한물권이 있는 경우와 매도인의 담보책임) 및 제

578조(경매와 매도인의 담보책임)의 규정은 이 법에 의하여 임대차의 목적이 된 건물이 매매 또는 경매의 목적물이 된 경우에도 준용된다(제3조 제3항). 건물의 임대차에 이해관계가 있는 자는 건물의 소재지 관할 세무서장에게 임대차에 관한 자료의 열람 또는 제공을 요청할 수 있다(제4조).

▌보증금의 우선변제

상가건물의 인도와 사업자등록신청에 의한 대항요건을 갖추고 관할세무서장으로부터 임대차계약서상의 확정일자를 받은 임차인은 민사집행법에 의한 경매 또는 국세징수법에 의한 공매시 임차한 대지를 포함한 임차건물의 환가대금에서 후순위권리자 그 밖의 채권자보다 우선하여 변제 받을 권리를 가진다(제5조 제2항). 물론 임차인은 임차건물을 양수인에게 인도하지 아니하면 이러한 규정에 의한 보증금을 수령할 수 없다(제5조 제3항).

▌보증금 일정액의 최우선변제

임차인이 건물에 대한 경매신청의 등기 전에 임대건물의 인도와 사업자등록을 신청한 경우에는 보증금 중 일정액을 다른 담보물권자보다 우선하여 변제받을 수 있다(제14조 제1항). 우선변제를 받을 임차인 및 보증금 중 일정액의 범위와 기준은 임대건물가액(임대인 소유의 대지가액을 포함한다)의 2분의 1 범위에서 해당 지역의 경제 여건, 보증금 및 차임 등을 고려하여 제14조의2에 따른 상가건물임대차위원회의 심의를 거쳐 대통령령으로 정하도록 규정하고 있다(제14조 제3항). 여기서 임차인의 보증금중 일정액이 상가건물의 가액의 2분의 1을 초과하는 경우에는 상가건물의 가액의 2분의 1에 해당하는 금액에 한하여 우선변제권이 있다(시행령 제7조 제2항). 또, 하나의 상가건물에 임차인이 2인 이상이고, 그 각 보증금중 일정액의 합산액이 상가건물의 가액의 2분의 1을 초과하는 경우에는 그 각 보증금중 일정액의 합산액에 대한 각 임차인의 보증금중 일정액의 비율로 그 상가건물의 가액의 2분의 1에 해당하는 금액을 분할한 금액을 각 임차인의 보증금중 일정액으로 본다(시행령 제7조 제3항).

최우선변제를 받을 수 있는 보증금의 범위는(시행령 제6조) 〈2013. 12. 30. 개정 기준〉 ① 서울특별시는 6천500만원, ② 「수도권정비계획법」에 따른 과밀억제권역(서울특별시는 제외한다)는 5천500만원, ③ 광역시(「수도권정비계획법」에 따른 과밀억제권역에 포함된 지역과 군지역은 제외한다), 안산시, 용인시, 김포시 및 광주시는 3천800만원, ④ 그 밖의 지역는 3천만 원이다.

최우선변제를 받을 보증금 중 일정액은(시행령 제7조) 〈2013. 12. 30. 개정 기준〉 ① 서울특별시는 2천200만 원, ② 「수도권정비계획법」에 따른 과밀억제권역(서울특별시는 제외한다)은 1천900만 원, ③ 광역시(「수도권정비계획법」에 따른 과밀억제권역에 포함된 지역과 군지역은 제외한다), 안산시, 용인시, 김포시 및 광주시는 1천300만 원, ④ 그 밖의 지역은 1천만 원이다.

임차권등기명령

임대차가 종료된 후 보증금을 반환받지 못한 임차인은 임차건물의 소재지를 관할하는 지방법원·지방법원지원 또는 시·군법원에 임차권등기명령을 신청할 수 있다(제6조 제1항). 임차권등기명령을 신청하는 경우에는 ① 신청의 취지 및 이유, ② 임대차의 목적인 건물, ③ 임차권등기의 원인이 된 사실 등을 기재하여야 하며, 신청의 이유 및 임차권등기의 원인이 된 사실은 이를 소명하여야 한다(제6조 제2항).

임차인이 임차권등기 이전에 이미 대항력 또는 우선변제권을 취득한 경우에는 그 대항력 또는 우선변제권이 그대로 유지되며, 임차권등기 이후에는 대항요건을 상실하더라도 이미 취득한 대항력 또는 우선변제권을 상실하지 아니한다(제6조 제5항 단서). 임차인은 임차권등기명령의 신청 및 그에 따른 임차권등기와 관련하여 소요된 비용을 임대인에게 청구할 수 있다(제6조 제8항).

▌ 임대차의 존속기간 및 계약의 갱신

기간의 정함이 없거나 기간을 1년 미만으로 정한 임대차는 그 기간을 1년으로 보고 다만 임차인은 1년 미만으로 정한 기간이 유효함을 주장할 수 있도록 규정하고 있다(제9조 제1항). 임대차가 종료한 경우에도 임차인이 보증금을 반환받을 때까지는 임대차 관계는 존속하는 것으로 본다(제9조 제2항).

임대인은 임차인이 임대차기간 만료전 6월부터 1월까지 사이에 행한 계약갱신 요구에 대하여 정당한 사유 없이 이를 거절하지 못한다(제10조 제1항).

※ 정당한 사유에 해당하는 경우(제10조 제1항 각호)

1) 임차인이 3기의 차임액에 달하도록 차임을 연체한 사실이 있는 경우
2) 임차인이 허위 또는 기타 부정한 방법으로 임차한 경우
3) 쌍방 합의하에 임대인이 임차인에게 상당한 보상을 제공한 경우
4) 임차인이 임대인의 동의 없이 목적 건물의 일부 또는 전부를 전대한 경우
5) 임차인이 임차한 건물의 전부 또는 일부를 고의 또는 중대한 과실로 파손한 경우
6) 임차한 건물의 전부 또는 일부가 멸실되어 임대차의 목적을 달성하지 못할 경우
7) 임대인이 목적 건물의 전부 또는 대부분을 철거하거나 재건축하기 위해 목적건물의 점유 회복이 필요한 경우
8) 기타 임차인이 임차인으로서의 의무를 현저히 위반하거나 임대차를 존속하기 어려운 중대한 사유가 있는 경우

임차인의 갱신요구권은 최초의 임대차기간을 포함한 전체 임대차기간이 10년을 초과하지 않는 범위 내에서만 행사할 수 있다(제10조 제2항). 갱신되는 임대차는 전 임대차와 동일한 조건으로 다시 계약된 것으로 보되 다만 차임과 보증금은 증감할 수 있다(제10조 제3항). 임대인이 임대차기간 만료 6월부터 1월까지에 임차인에게 갱신 거절의 통지 또는 조건의 변경에 대한 통지를 하지 아니한 경우에 그 기간이 만료된 때에 전임대차와 동일한 조건으로 다시 임대한 것으로 보며, 이 경우에 임대차의 존속기간은 1년으로 본다(제10조 제4항). 이 경우 임차인은 언제든지 임대인에 대해 계약해지의 통지를 할 수 있고 임대인이 해지통고를 받은 날로부터 3월이 경과하면 그 효력이 발생한다(제10조 제5항).

임차인의 차임연체액이 3기의 차임액에 달하는 때에는 임대인은 계약을 해지할 수 있다(제10조의8). 임차인이 법률 제17490호 상가건물 임대차보호법 일부개정법률 시행일(2020. 09. 29)부터 6개월까지의 기간 동안 연체한 차임액은 제10조제1항제1호, 제10조의4제1항 단서 및 제10조의8의 적용에 있어서는 차임연체액으로 보지 아니한다. 이 경우 연체한 차임액에 대한 임대인의 그 밖의 권리는 영향을 받지 아니한다(제10조의9). 임차인은 감염병의 예방 및 관리에 관한 법률 제49조 제1항 제2호에 따른 집합 제한 또는 금지 조치(같은 항 제2호의2에 따라 운영시간을 제한한 조치를 포함한다)를 총 3개월 이상 받음으로써 발생한 경제사정의 중대한 변동으로 폐업한 경우에는 임대차계약을 해지할 수 있다(제11조의2 제1항). 이 경우 해지는 임대인이 계약해지의 통고를 받은 날부터 3개월이 지나면 효력이 발생한다(제11조의2 제2항).

▌차임 등의 증감청구권

차임 또는 보증금이 임차건물에 관한 조세, 공과금, 그 밖의 부담의 증감이나 감염병의 예방 및 관리에 관한 법률 제2조 제2호에 따른 제1급감염병 등에 의한 경제사정의 변동으로 인하여 상당하지 아니하게 된 경우에는 당사자는 장래의 차임 또는 보증금에 대하여 증감을 청구할 수 있다. 그러나 증액의 경우에는 대통령령이 정하는 기준에 따른 비율(청구당시의 차임 또는 보증금의 100분의 5)을 초과하지 못한다(제11조 제1항, 시행령 제4조).

감염병의 예방 및 관리에 관한 법률 제2조 제2호에 따른 제1급감염병에 의한 경제사정의 변동으로 차임 등이 감액된 후 임대인이 제11조 제1항에 따라 증액을 청구하는 경우에는 증액된 차임 등이 감액 전 차임 등의 금액에 달할 때까지는 같은 항 단서를 적용하지 아니한다(제11조 제3항).

보증금의 전부 또는 일부를 월단위의 차임으로 전환하는 경우에는 그 전환되는 금액에 ① 은행법에 따른 은행의 대출금리 및 해당 지역의 경제 여건 등을 고려하여 대통령령으로 정하는 비율(연 1할 2푼) 또는 ② 한국은행에서 공시한 기준금리에 대통령령으로 정하는 배수(4.5배)를 곱한 비율 중 낮은 비율을 곱한 월차임의 범위를 초과할 수 없다(제12조, 시행령 제5조).

권리금

권리금이란 임대차 목적물인 상가건물에서 영업을 하는 자 또는 영업을 하려는 자가 영업시설·비품, 거래처, 신용, 영업상의 노하우, 상가건물의 위치에 따른 영업상의 이점 등 유형·무형의 재산적 가치의 양도 또는 이용대가로서 임대인, 임차인에게 보증금과 차임 이외에 지급하는 금전 등의 대가를 말한다(제10조의3 제1항).

원칙적으로 임대인은 임대차기간이 끝나기 6개월 전부터 임대차 종료 시까지 일정한 행위를 함으로써 권리금 계약에 따라 임차인이 주선한 신규임차인이 되려는 자로부터 권리금을 지급받는 것을 방해하여서는 아니 된다고 규정하고 있으며(제10조의4 제1항), 이를 위반하여 임차인에게 손해를 발생하게 한 때에는 그 손해를 배상할 책임이 있다고(제10조의4 제3항) 규정하여 임차인의 권리금 회수의 기회를 보장하고 있다. 다만 ① 임대차 목적물인 상가건물이 유통산업발전법 제2조에 따른 대규모점포 또는 준대규모점포의 일부인 경우(다만, 전통시장 및 상점가 육성을 위한 특별법 제2조제1호에 따른 전통시장은 제외한다), ② 임대차 목적물인 상가건물이 국유재산법에 따른 국유재산 또는 공유재산 및 물품 관리법에 따른 공유재산인 경우 상가건물 임대차의 경우에는 제10조의4(권리금 회수기회 보호 등)를 적용하지 않는다.

※ 권리금 지급을 방해하는 행위(제10조의4 제1항)

1. 임차인이 주선한 신규임차인이 되려는 자에게 권리금을 요구하거나 임차인이 주선한 신규임차인이 되려는 자로부터 권리금을 수수하는 행위
2. 임차인이 주선한 신규임차인이 되려는 자로 하여금 임차인에게 권리금을 지급하지 못하게 하는 행위
3. 임차인이 주선한 신규임차인이 되려는 자에게 상가건물에 관한 조세, 공과금, 주변 상가건물의 차임 및 보증금, 그 밖의 부담에 따른 금액에 비추어 현저히 고액의 차임과 보증금을 요구하는 행위
4. 그 밖에 정당한 사유 없이 임대인이 임차인이 주선한 신규임차인이 되려는 자와 임대차계약의 체결을 거절하는 행위

※ 임대인이 임차인이 주선한 신규임차인이 되려는 자와 임대차계약의 체결을 거절할 수 있는 정당한 사유(제10조의4 제2항)

1. 임차인이 주선한 신규임차인이 되려는 자가 보증금 또는 차임을 지급할 자력이 없는 경우
2. 임차인이 주선한 신규임차인이 되려는 자가 임차인으로서의 의무를 위반할 우려가 있거나 그 밖에 임대차를 유지하기 어려운 상당한 사유가 있는 경우
3. 임대차 목적물인 상가건물을 1년 6개월 이상 영리목적으로 사용하지 아니한 경우
4. 임대인이 선택한 신규임차인이 임차인과 권리금 계약을 체결하고 그 권리금을 지급한 경우

이 계약서는 법무부에서 국토교통부·서울시·중소기업청 및 학계 전문가와 함께 민법, 상가건물 임대차보호법, 공인중개사법 등 관계법령에 근거하여 만들었습니다. **법의 보호를 받기 위해 【중요확인사항】(별지)을 꼭 확인하시기 바랍니다.**

□보증금 있는 월세
□전세 □월세

상가건물 임대차 표준계약서

임대인(이름 또는 법인명 기재)과 임차인(이름 또는 법인명 기재)은 아래와 같이 임대차 계약을 체결한다

[임차 상가건물의 표시]

소 재 지				
토 지	지목		면적	㎡
건 물	구조·용도		면적	㎡
임차할부분			면적	㎡
유의사항: 임차할 부분을 특정하기 위해서 도면을 첨부하는 것이 좋습니다.				

[계약내용]

제1조(보증금과 차임) 위 상가건물의 임대차에 관하여 임대인과 임차인은 합의에 의하여 보증금 및 차임을 아래와 같이 지급하기로 한다.

보 증 금	금 원정(₩)
계 약 금	금 원정(₩)은 계약시에 지급하고 수령함. 수령인 (인)
중 도 금	금 원정(₩)은 ____년 ____월 ____일에 지급하며
잔 금	금 원정(₩)은 ____년 ____월 ____일에 지급한다
차임(월세)	금 원정(₩)은 매월 일에 지급한다. 부가세 □ 불포함 □ 포함 (입금계좌:)
환산보증금	금 원정(₩)
유의사항: ① 당해 계약이 환산보증금을 초과하는 임대차인 경우 확정일자를 부여받을 수 없고, 전세권 등을 설정할 수 있습니다 ② 보증금 보호를 위해 등기사항증명서, 미납국세, 상가건물 확정일자 현황 등을 확인하는 것이 좋습니다 ※ 미납국세·선순위확정일자 현황 확인방법은 "별지"참조	

제2조(임대차기간) 임대인은 임차 상가건물을 임대차 목적대로 사용·수익할 수 있는 상태로 ____년 ____월 ___일까지 임차인에게 인도하고, 임대차기간은 인도일로부터 ____년 ____월 ____일까지로 한다.

제3조(임차목적) 임차인은 임차 상가건물을 ____(업종)을 위한 용도로 사용한다.

제4조(사용·관리·수선) ① 임차인은 임대인의 동의 없이 임차 상가건물의 구조·용도 변경 및 전대나 임차권 양도를 할 수 없다.

② 임대인은 계약 존속 중 임차 상가건물을 사용·수익에 필요한 상태로 유지하여야 하고, 임차인은 임대인이 임차 상가건물의 보존에 필요한 행위를 하는 때 이를 거절하지 못한다.

③ 임차인이 임대인의 부담에 속하는 수선비용을 지출한 때에는 임대인에게 그 상환을 청구할 수 있다.

제5조(계약의 해제) 임차인이 임대인에게 중도금(중도금이 없을 때는 잔금)을 지급하기 전까지, 임대인은 계약금의 배액을 상환하고, 임차인은 계약금을 포기하고 계약을 해제할 수 있다.

제6조(채무불이행과 손해배상) 당사자 일방이 채무를 이행하지 아니하는 때에는 상대방은 상당한 기간을 정하여 그 이행을 최고하고 계약을 해제할 수 있으며, 그로 인한 손해배상을 청구할 수 있다. 다만, 채무자가 미리 이행하지 아니할 의사를 표시한 경우의 계약해제는 최고를 요하지 아니한다.

제7조(계약의 해지) ① 임차인은 본인의 과실 없이 임차 상가건물의 일부가 멸실 기타 사유로 인하여 임대차의 목적대로 사용, 수익할 수 없는 때에는 임차인은 그 부분의 비율에 의한 차임의 감액을 청구할 수 있다. 이 경우에 그 잔존부분만으로 임차의 목적을 달성할 수 없는 때에는 임차인은 계약을 해지할 수 있다.

② 임대인은 임차인이 3기의 차임액에 달하도록 차임을 연체하거나, 제4조 제1항을 위반한 경우 계약을 해지할 수 있다.

제8조(계약의 종료와 권리금회수기회 보호) ① 계약이 종료된 경우에 임차인은 임차 상가건물을 원상회복하여 임대인에게 반환하고, 이와 동시에 임대인은 보증금을 임차인에게 반환하여야 한다.

② 임대인은 임대차기간이 끝나기 6개월 전부터 임대차 종료 시까지 「상가건물임대차보호법」 제10조의4제1항 각 호의 어느 하나에 해당하는 행위를 함으로써 권리금 계약에 따라 임차인이 주선한 신규임차인이 되려는 자로부터 권리금을 지급받는 것을 방해하여서는 아니 된다. 다만, 「상가건물임대차보호법」 제10조제1항 각

- 1 / 3 -

호의 어느 하나에 해당하는 사유가 있는 경우에는 그러하지 아니하다.

③ 임대인이 제2항을 위반하여 임차인에게 손해를 발생하게 한 때에는 그 손해를 배상할 책임이 있다. 이 경우 그 손해배상액은 신규임차인이 임차인에게 지급하기로 한 권리금과 임대차 종료 당시의 권리금 중 낮은 금액을 넘지 못한다.

④ 임차인은 임대인에게 신규임차인이 되려는 자의 보증금 및 차임을 지급할 자력 또는 그 밖에 임차인으로서의 의무를 이행할 의사 및 능력에 관하여 자신이 알고 있는 정보를 제공하여야 한다.

제9조(재건축 등 계획과 갱신거절) 임대인이 계약 체결 당시 공사시기 및 소요기간 등을 포함한 철거 또는 재건축 계획을 임차인에게 구체적으로 고지하고 그 계획에 따르는 경우, 임대인은 임차인이 상가건물임대차보호법 제10조 제1항 제7호에 따라 계약갱신을 요구하더라도 계약갱신의 요구를 거절할 수 있다.

제10조(비용의 정산) ① 임차인은 계약이 종료된 경우 공과금과 관리비를 정산하여야 한다.

② 임차인은 이미 납부한 관리비 중 장기수선충당금을 소유자에게 반환 청구할 수 있다. 다만, 임차 상가건물에 관한 장기수선충당금을 정산하는 주체가 소유자가 아닌 경우에는 그 자에게 청구할 수 있다.

제11조(중개보수 등) 중개보수는 거래 가액의 __________% 인 ______________원(부가세 □ 불포함 □ 포함)으로 임대인과 임차인이 각각 부담한다. 다만, 개업공인중개사의 고의 또는 과실로 인하여 중개의뢰인간의 거래행위가 무효·취소 또는 해제된 경우에는 그러하지 아니하다.

제12조(중개대상물 확인·설명서 교부) 개업공인중개사는 중개대상물 확인·설명서를 작성하고 업무보증관계증서(공제증서 등) 사본을 첨부하여 임대인과 임차인에게 각각 교부한다.

[특약사항]

※ 조정 관련 특약

① 상가 임대차 계약과 관련하여 분쟁이 있는 경우 임대인 또는 임차인은 법원에 소를 제기하기 전에 먼저 상가건물임대차분쟁조정위원회에 조정을 신청하여야 한다(□동의 / □부동의).

② 임차인이 상가건물임대차분쟁조정위원회에 상가 임대차 계약과 관련한 조정을 신청한 경우, 임대인은 조정 절차에 성실하게 응해야 한다(□동의 / □부동의).

○ 참고) 상가건물임대차분쟁조정위원회 조정을 통할 경우 60일(최대90일) 이내 신속하게 조정 결과를 받아볼 수 있습니다.

※ 해지권 특약

① 임차인은 「감염병의 예방 및 관리에 관한 법률」 제49조제1항제2호에 따른 집합 제한 또는 금지 조치를 3개월 이상 받음으로써 발생한 경제사정의 중대한 변동으로 인하여 폐업한 경우에는 임대차계약을 해지할 수 있다.

② 제1항에 따른 해지는 임대인이 계약해지의 통고를 받은 날부터 3개월이 지나면 효력이 발생한다(□동의 / □부동의).

※ 연체 관련 특약

① 코로나19 또는 그에 준하는 감염병으로 임차인이 집합금지조치 또는 집합제한조치를 받은 경우 그 기간 동안 연체한 차임액은 제10조제1항제1호, 제10조의4제1항 단서 및 제10조의8의 적용에 있어서는 차임연체액으로 보지 아니한다.

② 전항에 따라 연체한 것으로 보지 아니하는 차임액은 6개월분을 초과할 수 없다(□동의 / □부동의).

본 계약을 증명하기 위하여 계약 당사자가 이의 없음을 확인하고 각각 서명·날인 후 임대인, 임차인, 개업공인중개사는 매 장마다 간인하여, 각각 1통씩 보관한다. 년 월 일

임대인	주 소							서명 또는 날인㊞
	주민등록번호 (법인등록번호)			전 화		성 명 (회사명)		
	대 리 인	주 소		주민등록번호		성 명		
임차인	주 소							서명 또는 날인㊞
	주민등록번호 (법인등록번호)			전 화		성 명 (회사명)		
	대 리 인	주 소		주민등록번호		성 명		
개업공인중개사	사무소소재지			사무소소재지				
	사 무 소 명 칭			사 무 소 명 칭				
	대 표	서명 및 날인	㊞	대 표	서명 및 날인		㊞	
	등 록 번 호		전화	등 록 번 호		전화		
	소속공인중개사	서명 및 날인	㊞	소속공인중개사	서명 및 날인		㊞	

- 2 / 3 -

별지)

법의 보호를 받기 위한 중요사항! 반드시 확인하세요

< 계약 체결 시 꼭 확인하세요 >

【대항력 및 우선변제권 확보】

임차인이 **상가건물의 인도와 사업자등록**을 마친 때에는 그 다음날부터 제3자에게 임차권을 주장할 수 있고, 환산보증금을 초과하지 않는 임대차의 경우 계약서에 **확정일자**까지 받으면, 후순위권리자나 그 밖의 채권자에 우선하여 변제받을 수 있습니다.

※ 임차인은 최대한 신속히 ① 사업자등록과 ② 확정일자를 받아야 하고, 상가건물의 점유와 사업자등록은 임대차 기간 중 계속 유지하고 있어야 합니다.

< 계약기간 중 꼭 확인하세요 >

【계약갱신요구】

① 임차인이 임대차기간이 만료되기 6개월 전부터 1개월 전까지 사이에 계약갱신을 요구할 경우 임대인은 정당한 사유(3기의 차임액 연체 등, 상가건물 임대차보호법 제10조제1항 참조) 없이 거절하지 못합니다.

② 임차인의 계약갱신요구권은 최초의 임대차기간을 포함한 전체 임대차기간이 10년을 초과하지 아니하는 범위에서만 행사할 수 있습니다.

③ 갱신되는 임대차는 전 임대차와 동일한 조건으로 다시 계약된 것으로 봅니다. 다만, 차임과 보증금은 청구당시의 차임 또는 보증금의 100분의 5의 금액을 초과하지 아니하는 범위에서 증감할 수 있습니다.

※ 환산보증금을 초과하는 임대차의 계약갱신의 경우 상가건물에 관한 조세, 공과금, 주변 상가건물의 차임 및 보증금, 그 밖의 부담이나 경제사정의 변동 등을 고려하여 차임과 보증금의 증감을 청구할 수 있습니다.

【차임 등의 증감청구권】

차임 또는 보증금이 임차건물에 관한 조세, 공과금, 그 밖의 부담의 증감이나 제1급감염병 등에 의한 경제사정의 변동으로 인하여 상당하지 아니하게 된 경우에는 당사자는 장래의 차임 또는 보증금에 대하여 증감을 청구할 수 있다. 그러나 증액의 경우에는 대통령령으로 정하는 기준에 따른 비율을 초과하지 못합니다.

< 계약종료 시 꼭 확인하세요 >

【보증금액 변경시 확정일자 날인】

계약기간 중 보증금을 증액하거나, 재계약을 하면서 보증금을 증액한 경우에는 증액된 보증금액에 대한 우선변제권을 확보하기 위하여 반드시 **다시 확정일자**를 받아야 합니다.

- 3 / 3 -

제5절 임대차계약 체결시 주의사항

최근 전세사기 등 부동산 임대차를 둘러싸고 많은 사회문제들이 발생하였다. 임대차 계약을 할 때에는 여러 가지 사항들을 주의깊게 검토하여야 한다.

임대차계약에서 가장 중요한 사항은 일정한 기간 동안 안정적으로 해당 임차물을 사용할 수 있는지, 임차기간이 만료한 후 임차보증금을 안전하게 회수할 수 있는지 일 것이다. 예를 들어 보자. A는 한국대학교 1학년 학생이다. A는 집이 멀어 학교 기숙사에 들어가기로 결정하고 신청을 하였으나, 아쉽게 추첨에서 탈락되었다. 그래서 현재는 자취를 하는 친구의 집에서 숙식을 해결하고 있다. 그런데 같이 사는 친구의 사정상 더 이상 신세를 지는 것이 곤란해졌다. 이에 A는 학교 근처에 자취방을 구하기로 결심하고 집을 구하고 있다. 일단 A 생각에는 4년간 학교를 다녀야 하고, 매달 월세를 내는 것은 부담스러우므로, 다소 무리가 되더라도 전세방(채권적 전세)을 구하고 싶어 한다. 그런데 A는 이러한 계약이 처음이라서 무엇을 해야 할지 잘 모르고 있다. 이 사례에서 A가 계약기간 동안 안정적으로 방을 이용하고, 계약기간이 종료한 후에 보증금을 잘 회수하기 위해서는 다음과 같은 절차를 밟아야 할 것이다.

첫째, 등기부 등본에서 부동산 소유자를 확인해야 한다. 등기소나 대법원 인터넷 등기소(www.iros.go.kr)에서 토지와 건물의 등기부 등본상의 소유자가 실제 소유자이고 계약체결 당사자인지 주민등록증 등을 통해 확인하여야 한다. 만약 계약체결의 상대방이 등기부 등본상의 소유자가 아닌 경우에는 상대방에게 대리권이 있는지 여부를 위임장과 인감증명서를 통해서 반드시 확인해 보아야 한다. 간혹 계약체결의 대리권 없는 자가 계약을 체결하고 보증금만 받고 도주해 버리는 사례가 있다.

둘째, 등기부 등본에서 부동산에 저당권이 설정되어 있거나(부동산등기부의 을구를 확인) 가압류된 부동산은 아닌지(부동산등기부의 갑구를 확인) 살펴본다. 가능한 한 저당권설정이나 가압류가 되지 않은 부동산에 대해서 임대차계약을 체결하는 것이 좋다. 만약 등기부 등본을 확인한 결과 저당권이나 근저당권 등이 설정된 경우에는 어떻게 하여야 할까? 이 경우에는 은행 등 채권자에게 저당권이나 근저당권의 그 금액이 얼마인지, 건물의 시가는 얼마인지, 계약을 할 경우 자신의 순위는 몇 번째인지 등을 상세히 검토한 후 보증금 회수에 문제가 없다고 생각되는 경우에만 임대차 계약을 체결하여야 한다. 꼭 그 부동산을 임대하고 싶다면 전세가 아닌 월세로 계약하는 것이 추후 발생할 수 있는 피해를 최소화할 수 있는 방법이다.

이처럼 임대차계약을 맺고자 하는 사람은 위의 사항들을 살펴본 후 특별한 문제가 없다면 임대차 계약을 체결해도 무방할 것이다. 다만 계약체결 후 주택임대차보호법이나 상가건물 임대차보호법의 보호를 받기 위해서는 각 법에서 요구하고 있는 대항요건 및 확정일자 등을 반드시 받아두어야 한다.

※ 임대차 계약시 특약사항에 넣으면 좋은 조항 예시

〈임차인 입장〉

① 계약 당시 권리관계를 잔금일 익일까지 유지하고 위반시 계약은 무효로 한다.

② 잔금 납부 시 해당 부동산의 담보대출을 상환해야 한다.

③ 임대인은 계약 시점부터 만료시까지 근저당권 및 기타 제한물권을 설정하지 못한다.

④ 임대인은 임차보증금 반환 보증보험 등 가입에 적극 협조한다.

⑤ 대출 불가 판정시 본 계약은 무효로 하며 계약금 전액을 반환한다.

⑥ 계약 후 없던 근저당권이나 임대인의 세금체납 사실이 발견되면 계약을 해지하고 전세금을 반환한다.

⑦ 새로운 임대차의 체결과 관계없이 계약 만료일에 보증금 전액을 즉시 반환한다.

〈임대인 입장〉

① 임차인은 계약 만료시 훼손되거나 파손된 부분을 원상회복하여 반환한다.

② 임차인의 과실로 인한 파손에 따른 비용은 보증금에서 공제한다.

③ 청소상태가 불량할 경우 청소 후 임차목적물을 반환하며, 위반시 임대인은 청소 비용 상당액을 청구할 수 있다.

④ 지체된 차임에 대해서는 연○○%의 이자를 가산하고, 추후 보증금에서 이를 공제한다.

⑤ 계약 만료 전 중도해지 할 경우 임차인이 중개수수료 등 비용을 부담한다.

⑥ 보증금 반환은 다음 세입자로부터 잔금을 받은 이후에 지급한다.

⑦ 임대인의 동의 없이 임차목적물의 구조변경, 전대, 임차권의 양도를 할 수 없다.

제5장 부동산 금융과 세금 이해하기

제1절 부동산 금융

금융의 사전적 의미는 ① 경제에서 자금의 수요와 공급에 관계되는 활동, ② 자금, 즉 화폐나 통화의 융통을 가리키는 경제용어, ③ 돈을 빌리거나 빌려 주는 행위 등으로 정의된다. 부동산 금융은 부동산의 소유 및 이용을 위한 금융과 부동산을 활용한 금융으로 구분하여 살펴본다.

▌부동산의 소유 및 이용을 위한 금융

부동산의 소유 및 이용을 위한 자금이 충분하지 못한 경우에는 각종 대출을 통해 자금을 마련할 수 있으며, 담보대출과 신용대출이 가장 대표적인 방법에 해당한다. 담보대출은 담보물을 활용하여 필요한 자금을 융통하는 행위이다. 담보대출은 토지, 건물, 각종 예금, 보험 등에 대해 저당권(근저당권), 가등기담보권, 질권 등을 설정하는 방법으로 이루어진다. 부동산 구입을 위해 거래계에서 많이 활용되는 담보대출로는 ① 시중은행의 모기지론, ② 한국주택금융공사의 보금자리론, ③ 주택도시기금의 각종 서민 구입자금 대출 등이 있다. 부동산 이용과 관련된 담보대출로는 ① 시중은행의 전세자금대출(주택임차보증금반환채권에 대하여 질권을 설정), ② 한국주택금융공사의 전세대출(공사에서 발해한 보증서를 담보로 대출), ③ 주택도시기금의 각종 서민 전세자금 대출 등이 있다. 신용대출은 시중은행 등을 통해 별도의 담보없이 신청자의 신용만 평가하여 실행하는 대출이다.

※ 대출 관련 용어

1. LTV(Loan To Value)

주택담보 대출 비율(주택가치 만큼 빌리자)을 의미한다. 예를 들어 LTV가 60%, 집값이 1억 원이면 최대 6,000만 원까지 대출을 받을 수 있다.

2. DTI(Debt To Income)

총부채 상환 비율(갚을 능력만큼 빌리자)을 의미로, 내 연간 소득 중 부채 상환액이 차지하는 비율을 의미한다. 예를 들어 DTI가 60%, 연 소득이 5,000만 원이면 최대 3,000만 원까지 상환할 정도만 대출을 받을 수 있다.

3. DSR(Debt Service Ratio)

총부채 원리금 상환 비율(모든 대출원리금 다 더해서 갚은 능력만큼 빌리자)을 의미한다. DTI와 비슷한 개념이지만, 주택과 상관없는 다른 부채상환액까지 모두 포함된다. DSR은 주택담보대출 원리금뿐만 아니라 신용대출, 카드론 등 모든 대출 원리금을 모두 더하기 때문에 DTI보다 훨씬 엄격한 기준에 해당한다.

부동산을 활용한 금융

부동산을 활용한 금융으로는 주택연금, 농지연금, 담보대출 등을 생각해 볼 수 있다.

주택연금은 집을 소유하고 있지만 소득이 부족한 사람들이 평생 또는 일정기간 동안 안정적인 수입을 얻을 수 있도록 집을 담보로 맡기고 자기 집에 살면서 매달 국가가 보증하는 연금을 받는 제도이다. 대표적으로는 한국주택금융공사의 주택연금이 있다. 이 상품은 만 55세 이상(주택소유자 또는 배우자)의 대한민국 국민(주택소유자 또는 배우자)이 소유주택을 담보로 맡기고 평생 혹은 일정한 기간 동안 매월 연금방식으로 노후생활 자금을 지급받는 국가 보증의 금융상품으로, 한국주택금융공사는 연금 가입자를 위해 은행에 보증서를 발급하고 은행은 공사의 보증서에 의해 가입자에게 주택연금을 지급한다. 주택연금에 대한 상세한 내용은 한국주택금융공사 홈페이지(https://www.hf.go.kr/ko/index.do) 참조하면 된다.

농지연금은 만 60세 이상 고령농업인이 소유한 농지를 담보로 노후생활 안정자금을 매월연금으로 지급받는 제도이다. 농지연금에 대한 상세한 내용은 농지은행·농지연금 홈페이지(https://www.fbo.or.kr/index.do)를 참조하면 된다.

담보대출은 앞서 부동산의 소유 및 이용을 위한 금융 부분에서 기술한 내용과 동일하다.

제2절 부동산 세금

▌세금의 종류

세금은 국가 등의 정부기관이 특정한 목적의 달성 등을 위하여 개개인에게 소득 또는 행위에 대하여 징수하는 것을 말한다. 세금은 여러 기준에 따라 아래와 같이 구분해 볼 수 있다.

부과주체에 따른 구분	국세	소득세, 법인세, 상속세와 증여세, 종합부동산세, 부가가치세, 개별소비세, 교통·에너지·환경세, 주세(酒稅), 인지세(印紙稅), 증권거래세, 교육세, 농어촌특별세(국세기본법 제2조 제1호)
	지방세	취득세, 등록면허세, 레저세, 담배소비세, 지방소비세, 주민세, 지방소득세, 재산세, 자동차세, 지역자원시설세, 지방교육세(지방세기본법 제7조)
부담주체에 따른 구분	직접세	국가가 납세 의무자에게 직접 징수하는 조세로, 납세 의무자는 그 의무를 타인에게 전가할 수 없다. (예) 소득세, 법인세, 상속세, 재산세, 증여세
	간접세	세금을 납부할 의무가 있는 납세자와 세금을 최종적으로 부담하는 조세 부담자가 다른 조세 (예) 부가가치세, 개별소비세, 주세, 인지세, 증권거래세
	목적세	특정한 목적을 달성하기 위한 경비에 충당하려고 부과하는 세금 (예) 지방교육세, 지역자원시설세, 교통·에너지세, 농어촌특별세

부동산은 취득, 보유, 양도 시에 각각 관련 세금이 부과될 수 있다. 다만 부동산에 관련된 세금은 명칭부터 세율, 관련 법령까지 수시로 변경되므로, 필요시 관련 법령을 검색해 정확한 기준을 확인하여야 한다.

▌부동산 취득과 세금

부동산 취득시에는 우선 지방세인 취득세가 부과된다. 과거에는 등록세가 추가로 부과되었으나 2011년 세법 개정으로 등록세는 취득세로 통합되어 현재는 별도로 부과되지 않는다. 여기서 '취득'이란 매매, 교환, 상속, 증여, 기부, 법인에 대한 현물출자, 건축, 개수(改修), 공유수면의 매립, 간척에 의한 토지의 조성 등과 그 밖에 이와 유사한 취득으로서 원시취득(수용재결로 취득한 경우 등 과세대상이 이미 존재하는 상태에서 취득하는 경우는 제외한다), 승계취득 또는 유상·무상의 모든 취득을 말한다(지방세법 제6조 제1호).

취득세의 과세표준은 취득 당시의 가액으로 한다. 이때 부동산의 취득시기는 일반적으로 ① 유상승계 취득은 사실상 잔금지급일(사실상 잔금지급일을 확인할 수 없는 경우 계약상의 잔금지급일), ② 무상승계 취득은 계약일, ③ 취득일 전 등기 또는 등록을 한 경우에는 등기 또는 등록일, ④ 건축물 신축의 경우에는 사용승인서 교부일, 임시사용승인일 또는 사실상 사용일 중 빠른 날, ⑤ 상속의 경우에는 사망일이다. 부동산을 무상취득하는 경우에는 현재 불특정 다수인 사이에 자유롭게 거래가 이루어지는 경우 통상적으로 성립된다고 인정되는 가액(예: 매매사례가액, 감정가액, 공매가액 등)으로 취득당시가액을 산정하고 이를 '시가인정액'이라고 한다. 부동산 등을 유상거래로 승계취득하는 경우에는 취득시기 이전에 해당 물건을 취득하기 위하여 거래 상대방이나 제3자에게 지급하였거나 지급하여야 할 일체의 비용으로서 대통령령으로 정하는 사실상의 취득가격으로 취득당시가액을 산정하고 이를 '사실상취득가격'이라고 한다. 부동산을 원시취득하는 경우에는 취득당시가액은 사실상취득가격으로 한다.

부동산 취득의 세율은 과세표준에 지방세법 제11조 제1항에서 정한 표준세율을 적용하여 계산한 금액을 그 세액으로 정한다. 참고로 2023. 3. 14. 개정 지방세법 기준 상속으로 인한 취득은 농지는 0.023%, 농지 외의 것은 0.028%이고 원시취득은 0.028%이다.

취득세는 부동산을 취득한 날로부터 60일 이내에 관할 관청에 신고납부하여야 하며, 기한 후 신고시에는 20%의 무신고 가산세가 부가되고, 납부지연에 따른 가산세도 추가될 수 있다.

취득세에 부가적으로 농어촌특별세와 지방교육세가 부과된다. 다만 부동산에 부과되는 취득세 등은 비과세·감면 등이 다양하게 적용된다. 예를들어 생애 최초로 주택(실거래가 12억 원 이하 주택)을 구입하는 경우에는 2024년 기준 200만 원 한도내에서 취득세 전액 면제 혜택이 주어지고, 자녀 출생을 전후로 주택을 구입할 경우에는 최대 500만 원까지 취득세 감면이 가능하며, 전세사기 피해자가 부동산을 취득하는 경우에는 최대 200만 원까지 취득세가 감면된다. 취득세는 신고하기 전에 위택스 등에서 제공하는 취득세 계산기를 통해 미리 계산해 볼 수 있다.

▌부동산 보유와 세금

부동산은 보유하기만 해도 지방세인 재산세과 부과된다. 재산세는 6월 1일 기준으로 가지고 있는 재산을 과세객체로 하고, 그 재산을 실질적으로 소유한 사람 또는 법인을 납세의무자로 지정한 후, 과세권자인 지방자치단체가 납세고지서를 발송해 징수한다(고지납부). 재산세 과세는 실질적 소유자가 기준이기 때문에 등기 날짜가 아니라 잔금 완납일 또는 전 주인과의 합의에 의해 사용할 수 있게 된 날이 기준이 된다. 또한 기준이 6월 1일이기 때문에 5월 31일에 사서 6월 2일에 팔았다 하더라도 취득세를 부담하게 된다.

토지·건축물·주택에 대한 재산세의 과세표준은 특별한 사정이 없는 한 해당 부동산의 시가표준액에 부동산 시장의 동향과 지방재정 여건 등을 고려하여 정한 범위(토지 및 건축물는 시가표준액의 100분의 50부터 100분의 90까지, 주택은 시가표준액의 100분의 40부터 100분의 80까지, 1세대 1주택은 100분의 30부터 100분의 70까지)에서 대통령령으로 정하는 공정시장가액비율을 곱하여 산정한 가액으로 한다.

* 대통령령으로 정하는 공정시장가액비율

〈2024. 5. 28. 개정 지방세법 시행령 기준〉

1. 토지 및 건축물: 시가표준액의 100분의 70
2. 주택: 시가표준액의 100분의 60. 다만, 2024년도에 납세의무가 성립하는 재산세의 과세표준을 산정하는 경우 제110조의2에 따라 1세대 1주택으로 인정되는 주택(시가표준액이 9억원을 초과하는 주택을 포함한다)에 대해서는 다음 각 목의 구분에 따른다.
   가. 시가표준액이 3억원 이하인 주택: 시가표준액의 100분의 43
   나. 시가표준액이 3억원을 초과하고 6억원 이하인 주택: 시가표준액의 100분의 44
   다. 시가표준액이 6억원을 초과하는 주택: 시가표준액의 100분의 45

주택이나 토지를 많이 보유하고 있는 사람들을 대상으로 국세인 종합부동산세가 재산세 이외에 별도로 과세되고 있다. 참고로 종합부동산세가 과세되면 농어촌특별세가 부가적으로 부과된다. 부동산을 많이 보유한 사람에 대한 세금을 강화해 과세형평을 제고하고, 비생산적인 부동산 투기수요를 억제하여 부동산 가격을 안정시키기 위한 목적으로 2005년부터 시행되었다.

부동산 처분과 세금

부동산 양도시에는 양도소득세가 부과될 수 있다. 양도소득세는 자산양도로 인하여 받은 이익에 대해 부과하는 세금을 말한다. 예를들어 1년 전에 10억 원에 샀던 토지나 건물을 1년만에 12억 원에 팔아 2억 원의 양도차익을 거두었을 때 여기에 부과하는 세금이다. 양도소득세는 양도금액에서 취득가액과 취등록세, 부동산 등의 가치를 증대시키기 위해 투자한 금액 등의 필요경비를 뺀 차익에 대해 과세한다. 1세대 1주택자의 경우 양도소득세 비과세 혜택을 받는다. 1세대가 양도일 현재 국내에 1주택을 보유하고 있으며, 해당 주택의 보유기간이 2년 이상일 경우 양도소득세가 면제된다. 물론 그 소유주택에 자기가 직접 거주하지 않았다 하더라도 비과세 혜택을 받는다. 다만 1세대 2주택자라 하더라도 일시적 보유에 대한 폭넓은 예외규정을 두고 있기 때문에, 대부분 2주택까지는 양도소득세가 과세되지 않는다. 예를들어 1주택을 양도하기 전에 다른 주택을 대체취득하거나 상속, 혼인 등으로 인하여 2주택 이상을 보유하는 경우에 과세가 되지 않는다. 또한 국내에 1주택을 소유한 1세대가 종전의 주택을 양도하기 전에 다른 주택을 취득함으로써 일시적으로 2주택이 된 경우에도 비과세 특례가 적용된다. 이를 일시적 1세대 2주택 비과세 특례라고 한다. 이러한 비과세 특례를 받으려면 종전의 주택을 취득한 날로부터 1년 이상이 지난 후 신규 주택을 취득하고 신규 주택을 취득한 날로부터 3년 이내에 종전의 주택을 양도하여야 한다.

시세차익이 없거나 증여, 상속 등 기타 무상으로 부동산을 제3자에게 넘기는 경우, 주는 사람에게는 비과세이지만 증여받는 사람에게는 증여세가, 상속받는 사람에게는 상속세가 부과된다.

※ 절세와 탈세

절세와 탈세는 모두 납세자가 자기의 세금부담을 줄이고자 하는 목적에서 행해진다는 점에서는 같다. 그러나 그 방법이 세법이 허용하는 범위 내에 있을 때는 '절세'라고 할 수 있으나, 사기 및 기타 부정한 방법으로 세금부담을 줄이는 것은 '탈세'로서 조세범처벌법에 의하여 처벌을 받게 된다.

절세란 세법이 인정하는 범위 내에서 합법적·합리적으로 세금을 줄이는 행위를 말한다. 절세에 특별한 비결이 있는 것은 아니며, 세법을 충분히 이해하고 법 테두리 안에서 세금을 줄일 수 있는 가장 유리한 방법을 찾는 것이 절세의 지름길이다.

탈세란 고의로 사실을 왜곡하는 등의 불법적인 방법을 동원해서 세금부담을 줄이려는 행위를 말한다. 탈세의 유형은 여러 가지가 있으나 ① 수입금액 누락, ② 실물거래가 없는데도 비용을 지출한 것으로 처리하는 가공경비 계상, ③ 실제보다 비용을 부풀려 처리하는 비용의 과대계상, ④ 허위계약서 작성, ⑤ 명의위장, ⑥ 공문서 위조 등이 대표적이다.

제6장 부동산을 통해 나의 진로 찾기

우리는 진로 또는 직업을 선택하기 위해 자신의 성격, 가치관, 강점과 약점, 흥미, 적성 등을 신중하게 파악하고, 어떤 것이 나에게 적합한지를 고민하게 된다. 우리 사회에는 다양한 분야의 다양한 직업이 존재한다. 앞에서 살펴본 부동산을 활용하는 진로나 직업 분야도 매우 다양하다. 여기서는 부동산을 활용하는 진로 또는 직업과 관련하여 부동산 관련 전문자격증을 중심으로 설명한다.

제1절 공인중개사

부동산 관련 직업 또는 진로를 생각하면 가장 먼저 생각나는 것이 공인중개사일 것이다. 공인중개사는 공인중개사 자격을 취득한 사람을 의미한다. 공인중개사는 토지와 건축물, 그 밖의 토지의 정착물과 일정한 재산권 및 물건 등의 중개대상물에 대하여 거래당사자간의 매매·교환·임대차 그 밖의 권리의 득실변경에 관한 행위를 수행한다. 우리나라는 공인중개사법을 별도로 제정하여 공인중개사의 업무 등에 관한 사항을 정하고 있다.

공인중개사가 되려고 하는 사람은 공인중개사 자격시험에 합격하여야 한다. 공인중개사 자격시험은 국토교통부가 주관하고 한국산업인력공단에서 시행을 하며 매년 8월경 원서접수를 받아 10월 마지막주 토요일에 시험을 실시한다.

공인중개사 시험은 1차와 2차로 구분되는데 모두 같은 날 시험을 본다. 1차 과목은 부동산학개론과 민법 및 민사특별법이고, 2차 과목은 공인중개사법 및 실무, 부동산 관련 공법, 부동산 관련 공시

법령 및 세법이다. 1차, 2차 모두 각 과목 40문제(총 200문제)이며 과락(40점 미만)없이 평균 60점 이상을 취득해야 합격할 수 있다.

공인중개사 자격시험에 관한 자세한 사항은 Q-Net 공인중개사(https://www.q-net.or.kr/man001.do?id=&gId=08&gSite=L)를 통해 확인할 수 있다.

공인중개사 자격을 가진 사람이 중개업을 하기 위해서는 중개사무소(법인의 경우에는 주된 중개사무소를 말한다)를 두려는 지역을 관할하는 시장(구가 설치되지 아니한 시의 시장과 특별자치도 행정시의 시장을 말한다)·군수 또는 구청장 등 등록관청에 중개사무소의 개설등록을 하여야 한다.

공인중개사에 관한 자세한 사항은 한국공인중개사협회 홈페이지(https://www.kar.or.kr/)를 통해 확인할 수 있다.

제2절 감정평가사

감정평가사는 다른 사람의 의뢰를 받아 토지 등 유·무형자산의 경제적 가치를 감정평가하는 것을 그 직무로 하는 국가전문자격을 가진 가치평가 전문직이다. 감정평가사 역시 감정평가 및 감정평가사에 관한 법률에 의해 규율되고 있다.

감정평가사의 직무 대상은 토지, 건물 등 유형자산뿐 아니라 저작권·산업재산권·어업권·양식업권·광업권 등 무형자산까지 포함된다. 감정평가사의 주요 수행 직무로는 표준지공시지가 조사·평가, 공익사업을 위한 취득 및 사용 보상을 위한 평가, 법원의 소송·경매감정평가, 금융기관의 대출을 위한 담보 감정평가, 조세 부과를 위한 감정평가, 기업가치평가 등 무형자산 감정평가 외에도 부동산 컨설팅 및 자문업무가 있다.

감정평가사 자격을 취득하기 위해서는 국토교통부가 주관하고 한국산업인력공단이 시행하는 감정평가사 1·2차 자격시험에 합격하고

1년 이상의 실무수습을 마쳐야 한다. 다만 감정평가 및 감정평가사에 관한 법률 시행령으로 정하는 기관에서 5년 이상 감정평가와 관련된 업무에 종사한 사람은 제1차 시험이 면제되며, 실무수습기간이 4주로 줄어든다. 실무수습을 마친 감정평가사는 국토교통부 장관에게 등록한 후 감정평가법인에 소속되거나 법인을 설립할 수 있으며, 감정평가사사무소를 개설할 수 있다. 감정평가사 자격시험의 1차 시험은 민법(총칙, 물권), 경제학원론, 부동산학원론, 감정평가관계법규, 회계학으로 각 과목별 40문항의 선택형 문제가 출제된다. 2차 시험은 감정평가실무, 감정평가이론, 감정평가 및 보상법규로 각 과목별 4문항(필요시 증감가능)의 서술형 문제가 출제된다. 합격결정기준은 1차시험은 매 과목 100점을 만점으로 매 과목 40점 이상, 전 과목 평균 60점 이상의 득점으로 한다. 2차 시험은 매 과목 100점을 만점으로 하여 매 과목 40점 이상, 전 과목 평균 60점 이상을 득점한 자를 합격자로 결정하되, 매 과목 40점 이상, 전 과목 평균 60점 이상을 득점한 자가 최소합격인원에 미달하는 경우에는 최소합격인원의 범위 안에서 매 과목 40점 이상 득점한 자 중에서 전 과목 평균득점에 의한 고득점자 순으로 합격자를 결정한다. 다만, 최소합격인원의 범위 안에서 고득점자 순으로 합격자를 결정할 경우 동점자로 인하여 최소합격인원을 초과하는 경우에는 당해 동점자 모두를 합격자로 결정한다.

감정평가사 자격시험에 관한 자세한 사항은 Q-Net 감정평가사(https://www.q-net.or.kr/man001.do?id=&gId=60&gSite=L)를 통해 확인할 수 있다.

감정평가사 자격이 있는 사람이 감정평가업무를 수행하고자 하는 경우에는 실무수습 또는 교육연수를 마치고 반드시 등록 절차를 통하여 등록증을 교부받은 후 감정평가업무를 수행하여야 한다.

감정평가사에 관한 자세한 사항은 한국감정평가사협회 홈페이지(https://www.kapanet.or.kr/)를 통해 확인할 수 있다.

제3절 주택관리사

주택관리사는 아파트, 오피스텔 등과 같은 공동주택의 관리와 유지보수를 담당하는 전문직업으로, 이러한 업무를 수행하기 위해서는 주택관리사 자격증이 필요하다. 주택관리사는 주택관리사보 시험에 합격한 후 대통령령으로 정하는 주택 관련 실무 경력의 요건을 갖추고 시·도지사로부터 주택관리사 자격증을 발급받은 사람을 말하고, 주택관리사보는 주택관리사보 자격시험에 합격한 후 시·도지사로부터 합격증서를 발급받은 사람을 말한다. 주택관리사는 공동주택관리법의 규율을 받는다.

주택관리사보 자격을 취득하기 위해서는 국토교통부가 주관하고 한국산업인력공단이 시행하는 주택관리사보 1·2차 자격시험에 합격하여야 한다. 1차 시험 과목은 회계원리, 공동주택시설개론(목구조·특수구조를 제외한 일반건축구조와 철골구조, 홈네트워크를 포함한 건축설비개론 및 장기수선계획 수립 등을 위한 건축적산 포함), 민법(총칙, 물권, 채권 중 총칙·계약총칙·매매·임대차·도급·위임·부당이득·불법행위)이고, 2차 시험 과목은 주택관리관계 법규와 공동주택관리실무이다. 합격기준은 1차 시험은 과목당 100점을 만점으로 하여 모든 과목 40점 이상이고 전 과목 평균 60점 이상의 득점을 해야 한다. 2차 시험은 과목당 100점을 만점으로 하여 모든 과목 40점 이상이고 전 과목 평균 60점 이상의 득점을 하여야 한다. 다만, 모든 과목 40점 이상이고 전 과목 평균 60점 이상의 득점을 한 사람의 수가 선발예정인원에 미달하는 경우에는 모든 과목 40점 이상을 득점한 사람이 합격되며, 동점자로 인하여 선발예정인원을 초과하는 경우에는 그 동점자 모두를 합격자로 결정한다.

주택관리사보 자격시험에 관한 자세한 사항은 Q-Net 주택관리사보(https://www.q-net.or.kr/man001.do?id=&gId=59&gSite=L)를 통해 확인할 수 있다.

주택관리업자, 입주자대표회의 또는 임대사업자는 공동주택의 관리사무소장으로 주택관리사 또는 주택관리사보를 배치하여야 한다. 500세대 미만의 공동주택은 주택관리사 또는 주택관리사보, 500세대 이상의 공동주택은 주택관리사를 배치하여야 한다. 또한 ① 300세대 이상의 공동주택, ② 150세대 이상으로서 승강기가 설치된 공동주택, ③ 150세대 이상으로서 중앙집중식 난방방식(지역난방방식을 포함)의 공동주택, ④ 건축법 제11조에 따른 건축허가를 받아 주택 외의 시설과 주택을 동일 건축물로 건축한 건축물로서 주택이 150세대 이상인 건축물 등에도 주택관리사 또는 주택관리사보를 배치하여야 한다.

주택관리사 및 주택관리사보에 관한 자세한 사항은 대한주택관리사협회 홈페이지(https://www.khma.org/portal/portal.web)를 통해 확인할 수 있다.

제4절 법무사

법무사는 민사소송, 형사소송, 등기, 민사집행, 가압류, 가처분, 공탁, 개인회생, 파산, 가사사건, 이혼사건, 개명사건 등의 서류작성, 공경매사건 관련 신청대리, 위 사무를 위한 법률자문·상담 등 업무를 수행한다. 법무사 업무 수행을 위해서는 법원행정처에서 실시하는 법무사 자격시험에 합격해야 한다. 법무사 역시 법무사법의 규율을 받는다.

법무사 자격시험은 1차 객관식 시험과 2차 주관식 시험으로 구분된다. 1차 시험과목은 헌법, 상법, 민법, 가족관계의 등록 등에 관한 법률, 민사집행법, 상업등기법 및 비송사건절차법, 부동산등기법, 공탁법이고, 2차 시험 과목은 민법, 형법, 형사소송법, 민사소송법, 민사관련서류의 작성, 부동산등기법, 등기신청서류의 작성이다.

법무사 자격시험의 합격기준은 1차 시험에 있어서는 매 과목

100점을 만점으로 하여 매과목 40점이상을 득점한 자 중에서 시험성적과 응시자수를 참작하여 전과목 총득점의 고득점자순으로 합격자를 결정한다. 2차 시험에 있어서는 매과목 100점을 만점으로 하여 매과목 40점이상을 득점한 자 중 선발예정인원의 범위안에서 전과목 총득점의 고득점자 순으로 합격자를 결정한다. 만일 합격결정을 함에 있어 동점자로 인하여 선발예정인원을 초과하는 경우에는 해당 동점자 모두를 합격자로 한다.

법무사 자격시험에 관한 자세한 사항은 대한민국 법원 시험정보 - 법무사(https://exam.scourt.go.kr/wex/exinfo/info03.jsp)를 통해 확인할 수 있다.

법무사자격이 있는 사람이 법무사업무를 하려면 등록전 연수교육을 마친 후 가입하려는 지방법무사회를 거쳐 대한법무사협회에 등록을 하여야 한다. 법무사는 소속지방법무사회를 감독하는 지방법원의 관할 구역에 사무소를 설치하여야 하고, 소속지방법무사회의 운영에 필요한 회비를 부담할 의무가 있다. 또한 위임인에 대한 손해배상책임을 보장하기 위하여 업무를 개시하기 전에 이행보증보험 또는 공제에 가입하여야 하며, 이행보증보험을 가입한 경우에는 그 가입을 증명하는 서류를 첨부하여 소속지방법무사회에 가입사실을 신고하여야 한다. 지방법무사회는 소속 회원의 지도 및 연락에 관한 사무와 법무사 등록에 관한 사무를 하며, 등록서류와 등록료 등을 받아 협회에 제출 및 납부한다.

법무사에 관한 자세한 사항은 대한법무사협회 홈페이지(https://kjaar.kabl.kr/index.do)를 통해 확인할 수 있다.

* 법무사와 유사한 직종

1. 변호사

법무사는 법무사법에 업무로 정해져 있는 일(등기, 공탁, 경매 입찰대리, 회생 파산신청대리와 법원이나 검찰청에 제출하는 서류의 작성 및 제출

대행 업무 등)만 할 수 있고, 변호사는 이를 포함하여 법률사무 전반에 관한 일을 할 수 있다.
법무사는 법무사법상 소송대리권이 없고 소송서류의 작성 및 제출 대행 권한만 있다.

2. 행정사
행정사는 행정사법에 따라 행정기관에 제출하는 서류의 작성, 권리·의무나 사실증명에 관한 서류의 작성, 행정기관의 업무에 관련된 서류의 번역, 위 서류의 제출 대행, 인가·허가 및 면허 등을 받기 위하여 행정기관에 하는 신청·청구 및 신고 등의 대리, 행정 관계 법령 및 행정에 대한 상담 또는 자문에 대한 응답 등 업무를 한다.
일반적으로 법무사는 법원이나 검찰청 등 사법기관에 제출하는 서류와 관련된 일을 주로 하고, 행정사는 행정기관에 제출하는 서류와 관련된 일을 주로 한다.

3. 변리사
변리사는 변리사법에 따라 특허청 또는 법원에 대하여 특허, 실용신안, 디자인 또는 상표에 관한 사항을 대리하고 그 사항에 관한 감정과 그 밖의 사무를 수행한다.

제5절 변호사

변호사는 공공성을 지닌 독립된 법률전문직으로서 국민의 기본적 인권을 옹호하고 사회정의를 실현하며 사회질서 유지 및 법률제도의 개선에 노력하여야 할 사명이 있다. 또한 소송에 관한 행위 및 행정처분의 청구에 관한 대리행위와 일반 법률사무를 그 직무로 하고, 품위유지의 의무, 진실의 의무, 비밀유지의 의무, 공익활동 등 지정업무처리의 의무, 장부작성 및 보관의 의무, 변호인선임서 등의 지방변호사회 경유의 의무 등을 수행하여야 할 책임이 있다. 변호사는 변호사법의 규율을 받으며, 변호사 업무를 수행하기 위해서는 변호사 자격증이 필요하다.

변호사 자격은 과거에는 법무부가 주관하는 사법시험을 통해 취득하였으나, 사법시험 제도의 여러 가지 폐해로 인해 사법시험제도는 폐지되었다. 현재 변호사 자격을 취득하기 위해서는 전국 25개 대학에 설치된 법학전문대학원을 졸업하고 소정의 변호사 시험에 합격하여야 한다. 우리나라 법학전문대학원의 입학정원은 2천명이다.

변호사 자격을 취득하기 위한 첫 번째 관문은 법학전문대학원에 입학하는 것이다. 법학전문대학원 입학을 위해서는 25개 법학전문대학원이 요구하고 일정한 요건을 갖추고 입학시험에 합격하여야 한다. 대부분의 법학전문대학원은 학부성적, 공인영어성적, 법학적성시험(LEET)성적, 면접 등을 기초로 하여 학생을 선발한다. 법학적성시험(LEET)은 언어이해 30문항(5지선다형), 추리논증 40문항(5지선다형), 논술 2문항으로 구성되며 매년 7월 중에 시행한다. 법학적성시험에 관한 자세한 사항은 법학적성시험 홈페이지(https://leet.uwayapply.com/)를 통해 확인할 수 있다.

변호사시험은 법학전문대학원의 석사학위를 취득한 사람 및 3개월 이내에 위 석사학위를 취득할 것으로 예정된 사람에 한하여 응시가 가능하다. 또한 변호사시험은 법학전문대학원의 석사학위를 취득한 달의 말일부터 5년 내에 5회만 응시할 수 있다. 변호사시험은 변호사에게 필요한 직업윤리와 법률지식 등 법률사무를 수행할 수 있는 능력을 검정하기 위한 시험으로 선택형 및 논술형 필기시험과 별도의 법조윤리시험으로 실시된다. 변호사시험은 매년 1월 실시되며, 공법, 민사법, 형사법의 경우 선택형 및 논술형(실무능력 평가 포함) 필기시험으로, 전문적 법률과목의 경우 논술형 필기시험으로 실시된다. 공법은 헌법 및 행정법 분야의 과목을 말하고, 민사법은 민법, 상법, 민사소송법 분야의 과목을 말하고, 형사법은 형법 및 형사소송법분야의 과목을 말하고, 전문적 법률분야에 관한 과목은 국제법, 국제거래법, 노동법, 조세법, 지적재산권법, 경제법, 환경법 중 응시자가 선택하는 1개 과목을 말한다.

변호사시험의 합격은 선택형 필기시험과 논술형 필기시험의 점수를 일정한 비율로 환산하여 합산한 총득점으로 결정한다. 다만, 각 과목 중 어느 하나라도 과목별 합격최저점수 이상을 취득하지 못한 경우에는 불합격으로 한다. 논술형 필기시험 만점을 선택형 필기시험 만점의 300%로 환산하고, 민사법 과목의 만점은 공법, 형사법 과목 만점의 175%이고, 선택과목의 만점은 공법, 형사법 과목 만점의 40%이다. 각 과목별 필기시험의 합격최저점수는 각 과목 만점의 40%이다. 참고로 변호사시험의 만점은 1660점이고, 변호사시험 커트라인은 최근 5년 평균 약900점 내외이다.

변호사시험에 관한 자세한 사항은 법무부 - 변호사시험(https://www.moj.go.kr/moj/440/subview.do)을 통해 확인할 수 있다.

변호사의 자격이 있다고 하여 무조건 변호사법률사무소를 개설할 수는 없다. 변호사의 자격이 있는 사람은 대한변호사협회 변호사 자격등록을 하고 본인이 입회하고자 하는 지방변호사회에 입회신청을 하여 승인을 얻은 후 개업신고를 하여야 한다. 다만, 변호사 자격등록을 신청한 자가 변호사로서 결격사유가 있거나 변호사의 직무를 수행함에 현저하게 부적당한 사유가 있을 때에는 대한변호사협회 등록심사위원회의 의결을 거쳐 등록을 거부할 수 있다.

변호사에 관한 자세한 사항은 대한변호사협회 홈페이지(https://www.koreanbar.or.kr/pages/main/main.asp?v=1)를 통해 확인할 수 있다.

임대차 관련 특별법

※ 아래는 2025. 1. 1. 현재 시행 중인 법률의 주요 규정을 발췌한 것으로, 상세한 내용은 법제처 국가법령정보센터(https://www.law.go.kr/LSW/main.html)를 통해 확인 가능함

▌주택임대차보호법(약칭: 주택임대차법)

제1조(목적) 이 법은 주거용 건물의 임대차(賃貸借)에 관하여 「민법」에 대한 특례를 규정함으로써 국민 주거생활의 안정을 보장함을 목적으로 한다.

제2조(적용 범위) 이 법은 주거용 건물(이하 "주택"이라 한다)의 전부 또는 일부의 임대차에 관하여 적용한다. 그 임차주택(賃借住宅)의 일부가 주거 외의 목적으로 사용되는 경우에도 또한 같다.

제3조(대항력 등) ① 임대차는 그 등기(登記)가 없는 경우에도 임차인(賃借人)이 주택의 인도(引渡)와 주민등록을 마친 때에는 그 다음 날부터 제삼자에 대하여 효력이 생긴다. 이 경우 전입신고를 한 때에 주민등록이 된 것으로 본다.

② 주택도시기금을 재원으로 하여 저소득층 무주택자에게 주거생활 안정을 목적으로 전세임대주택을 지원하는 법인이 주택을 임차한 후 지방자치단체의 장 또는 그 법인이 선정한 입주자가 그 주택을 인도받고 주민등록을 마쳤을 때에는 제1항을 준용한다. 이 경우 대항력이 인정되는 법인은 대통령령으로 정한다.

③ 「중소기업기본법」 제2조에 따른 중소기업에 해당하는 법인이 소속 직원의 주거용으로 주택을 임차한 후 그 법인이 선정한 직원이 해당 주택을 인도받고 주민등록을 마쳤을 때에는 제1항을 준용한다. 임대차가 끝나기 전에 그 직원이 변경된 경우에는 그 법인이 선정한 새로운 직원이 주택을 인도받고 주민등록을 마친 다음 날부터 제삼자에 대하여 효력이 생긴다.

④ 임차주택의 양수인(讓受人)(그 밖에 임대할 권리를 승계한 자를 포함한다)은 임대인(賃貸人)의 지위를 승계한 것으로 본다.

⑤ 이 법에 따라 임대차의 목적이 된 주택이 매매나 경매의 목적물이 된 경우에는 「민법」 제575조제1항·제3항 및 같은 법 제578조를 준용한다.

⑥ 제5항의 경우에는 동시이행의 항변권(抗辯權)에 관한 「민법」 제536조를 준용한다.

제3조의2(보증금의 회수) ① 임차인(제3조제2항 및 제3항의 법인을 포함한다. 이하 같다)이 임차주택에 대하여 보증금반환청구소송의 확정판결이나 그 밖에 이에 준하는 집행권원(執行權原)에 따라서 경매를 신청하는 경우에는 집행개시(執行開始)요건에 관한 「민사집행법」 제41조에도 불구하고 반대의무(反對義務)의 이행이나 이행의 제공을 집행개시의 요건으로 하지 아니한다.

② 제3조제1항·제2항 또는 제3항의 대항요건(對抗要件)과 임대차계약증서(제3조제2항 및 제3항의 경우에는 법인과 임대인 사이의 임대차계약증서를 말한다)상의 확정일자(確定日字)를 갖춘 임차인은 「민사집행법」에 따른 경매 또는 「국세징수법」에 따른 공매(公賣)를 할 때에 임차주택(대지를 포함한다)의 환가대금(換價代金)에서 후순위권리자(後順位權利者)나 그 밖의 채권자보다 우선하여 보증금을 변제(辨濟)받을 권리가 있다.

③ 임차인은 임차주택을 양수인에게 인도하지 아니하면 제2항에 따른 보증금을 받을 수 없다.

④ 제2항 또는 제7항에 따른 우선변제의 순위와 보증금에 대하여 이의가 있는 이해관계인은 경매법원이나 체납처분청에 이의를 신청할 수 있다.

⑤ 제4항에 따라 경매법원에 이의를 신청하는 경우에는 「민사집행법」 제152조부터 제161조까지의 규정을 준용한다.

⑥ 제4항에 따라 이의신청을 받은 체납처분청은 이해관계인이 이의신청일부터 7일 이내에 임차인 또는 제7항에 따라 우선변제권을 승계한 금융기관 등을 상대로 소(訴)를 제기한 것을 증명하면 해당 소송이 끝날 때까지 이의가 신청된 범위에서 임차인 또는 제7항에 따라 우선변제권을 승계한 금융기관 등에 대한 보증금의 변제를 유보(留保)하고 남은 금액을 배분하여야 한다. 이 경우 유보된 보증금은 소송의 결과에 따라 배분한다.

⑦ 다음 각 호의 금융기관 등이 제2항, 제3조의3제5항, 제3조의4제1항에 따른 우선변제권을 취득한 임차인의 보증금반환채권을 계약으로 양수한 경우에는 양수한 금액의 범위에서 우선변제권을 승계한다.

1. 「은행법」에 따른 은행
2. 「중소기업은행법」에 따른 중소기업은행
3. 「한국산업은행법」에 따른 한국산업은행
4. 「농업협동조합법」에 따른 농협은행

5. 「수산업협동조합법」에 따른 수협은행
6. 「우체국예금·보험에 관한 법률」에 따른 체신관서
7. 「한국주택금융공사법」에 따른 한국주택금융공사
8. 「보험업법」 제4조제1항제2호라목의 보증보험을 보험종목으로 허가 받은 보험회사
9. 「주택도시기금법」에 따른 주택도시보증공사
10. 그 밖에 제1호부터 제9호까지에 준하는 것으로서 대통령령으로 정하는 기관

⑧ 제7항에 따라 우선변제권을 승계한 금융기관 등(이하 "금융기관등"이라 한다)은 다음 각 호의 어느 하나에 해당하는 경우에는 우선변제권을 행사할 수 없다.

1. 임차인이 제3조제1항·제2항 또는 제3항의 대항요건을 상실한 경우
2. 제3조의3제5항에 따른 임차권등기가 말소된 경우
3. 「민법」 제621조에 따른 임대차등기가 말소된 경우

⑨ 금융기관등은 우선변제권을 행사하기 위하여 임차인을 대리하거나 대위하여 임대차를 해지할 수 없다.

제3조의3(임차권등기명령) ① 임대차가 끝난 후 보증금이 반환되지 아니한 경우 임차인은 임차주택의 소재지를 관할하는 지방법원·지방법원지원 또는 시·군 법원에 임차권등기명령을 신청할 수 있다.

② 임차권등기명령의 신청서에는 다음 각 호의 사항을 적어야 하며, 신청의 이유와 임차권등기의 원인이 된 사실을 소명(疎明)하여야 한다.

1. 신청의 취지 및 이유
2. 임대차의 목적인 주택(임대차의 목적이 주택의 일부분인 경우에는 해당 부분의 도면을 첨부한다)
3. 임차권등기의 원인이 된 사실(임차인이 제3조제1항·제2항 또는 제3항에 따른 대항력을 취득하였거나 제3조의2제2항에 따른 우선변제권을 취득한 경우에는 그 사실)
4. 그 밖에 대법원규칙으로 정하는 사항

③ 다음 각 호의 사항 등에 관하여는 「민사집행법」 제280조제1항, 제281조, 제283조, 제285조, 제286조, 제288조제1항, 같은 조 제2항 본문, 제289조, 제290조제2항 중 제288조제1항에 대한 부분, 제291조, 제292조제3항 및 제293조를 준용한다. 이 경우 "가압류"는 "임차권등기"로, "채권자"는 "임차인"으로, "채무자"는 "임대인"으로 본다.

1. 임차권등기명령의 신청에 대한 재판
2. 임차권등기명령의 결정에 대한 임대인의 이의신청 및 그에 대한 재판
3. 임차권등기명령의 취소신청 및 그에 대한 재판
4. 임차권등기명령의 집행

④ 임차권등기명령의 신청을 기각(棄却)하는 결정에 대하여 임차인은 항고(抗告)할 수 있다.

⑤ 임차인은 임차권등기명령의 집행에 따른 임차권등기를 마치면 제3조제1항·제2항 또는 제3항에 따른 대항력과 제3조의2제2항에 따른 우선변제권을 취득한다. 다만, 임차인이 임차권등기 이전에 이미 대항력이나 우선변제권을 취득한 경우에는 그 대항력이나 우선변제권은 그대로 유지되며, 임차권등기 이후에는 제3조제1항·제2항 또는 제3항의 대항요건을 상실하더라도 이미 취득한 대항력이나 우선변제권을 상실하지 아니한다.

⑥ 임차권등기명령의 집행에 따른 임차권등기가 끝난 주택(임대차의 목적이 주택의 일부분인 경우에는 해당 부분으로 한정한다)을 그 이후에 임차한 임차인은 제8조에 따른 우선변제를 받을 권리가 없다.

⑦ 임차권등기의 촉탁(囑託), 등기관의 임차권등기 기입(記入) 등 임차권등기명령을 시행하는 데에 필요한 사항은 대법원규칙으로 정한다.

⑧ 임차인은 제1항에 따른 임차권등기명령의 신청과 그에 따른 임차권등기와 관련하여 든 비용을 임대인에게 청구할 수 있다.

⑨ 금융기관등은 임차인을 대위하여 제1항의 임차권등기명령을 신청할 수 있다. 이 경우 제3항·제4항 및 제8항의 "임차인"은 "금융기관등"으로 본다.

제3조의4(「민법」에 따른 주택임대차등기의 효력 등) ① 「민법」 제621조에 따른 주택임대차등기의 효력에 관하여는 제3조의3제5항 및 제6항을 준용한다.

② 임차인이 대항력이나 우선변제권을 갖추고 「민법」 제621조제1항에 따라 임대인의 협력을 얻어 임대차등기를 신청하는 경우에는 신청서에 「부동산등기법」 제74조제1호부터 제6호까지의 사항 외에 다음 각 호의 사항을 적어야 하며, 이를 증명할 수 있는 서면(임대차의 목적이 주택의 일부분인 경우에는 해당 부분의 도면을 포함한다)을 첨부하여야 한다.

1. 주민등록을 마친 날
2. 임차주택을 점유(占有)한 날
3. 임대차계약증서상의 확정일자를 받은 날

제3조의5(경매에 의한 임차권의 소멸) 임차권은 임차주택에 대하여 「민사집행

법」에 따른 경매가 행하여진 경우에는 그 임차주택의 경락(競落)에 따라 소멸한다. 다만, 보증금이 모두 변제되지 아니한, 대항력이 있는 임차권은 그러하지 아니하다.

제3조의6(확정일자 부여 및 임대차 정보제공 등) ① 제3조의2제2항의 확정일자는 주택 소재지의 읍·면사무소, 동 주민센터 또는 시(특별시·광역시·특별자치시는 제외하고, 특별자치도는 포함한다)·군·구(자치구를 말한다)의 출장소, 지방법원 및 그 지원과 등기소 또는 「공증인법」에 따른 공증인(이하 이 조에서 "확정일자부여기관"이라 한다)이 부여한다.

② 확정일자부여기관은 해당 주택의 소재지, 확정일자 부여일, 차임 및 보증금 등을 기재한 확정일자부를 작성하여야 한다. 이 경우 전산처리정보조직을 이용할 수 있다.

③ 주택의 임대차에 이해관계가 있는 자는 확정일자부여기관에 해당 주택의 확정일자 부여일, 차임 및 보증금 등 정보의 제공을 요청할 수 있다. 이 경우 요청을 받은 확정일자부여기관은 정당한 사유 없이 이를 거부할 수 없다.

④ 임대차계약을 체결하려는 자는 임대인의 동의를 받아 확정일자부여기관에 제3항에 따른 정보제공을 요청할 수 있다.

⑤ 제1항·제3항 또는 제4항에 따라 확정일자를 부여받거나 정보를 제공받으려는 자는 수수료를 내야 한다.

⑥ 확정일자부에 기재하여야 할 사항, 주택의 임대차에 이해관계가 있는 자의 범위, 확정일자부여기관에 요청할 수 있는 정보의 범위 및 수수료, 그 밖에 확정일자부여사무와 정보제공 등에 필요한 사항은 대통령령 또는 대법원규칙으로 정한다.

제3조의7(임대인의 정보 제시 의무) 임대차계약을 체결할 때 임대인은 다음 각 호의 사항을 임차인에게 제시하여야 한다.

1. 제3조의6제3항에 따른 해당 주택의 확정일자 부여일, 차임 및 보증금 등 정보. 다만, 임대인이 임대차계약을 체결하기 전에 제3조의6제4항에 따라 동의함으로써 이를 갈음할 수 있다.
2. 「국세징수법」 제108조에 따른 납세증명서 및 「지방세징수법」 제5조제2항에 따른 납세증명서. 다만, 임대인이 임대차계약을 체결하기 전에 「국세징수법」 제109조제1항에 따른 미납국세와 체납액의 열람 및 「지방세징수법」 제6조제1항에 따른 미납지방세의 열람에 각각 동의함으로써

이를 갈음할 수 있다.

제4조(임대차기간 등) ① 기간을 정하지 아니하거나 2년 미만으로 정한 임대차는 그 기간을 2년으로 본다. 다만, 임차인은 2년 미만으로 정한 기간이 유효함을 주장할 수 있다.

② 임대차기간이 끝난 경우에도 임차인이 보증금을 반환받을 때까지는 임대차관계가 존속되는 것으로 본다.

제5조 삭제

제6조(계약의 갱신) ① 임대인이 임대차기간이 끝나기 6개월 전부터 2개월 전까지의 기간에 임차인에게 갱신거절(更新拒絶)의 통지를 하지 아니하거나 계약조건을 변경하지 아니하면 갱신하지 아니한다는 뜻의 통지를 하지 아니한 경우에는 그 기간이 끝난 때에 전 임대차와 동일한 조건으로 다시 임대차한 것으로 본다. 임차인이 임대차기간이 끝나기 2개월 전까지 통지하지 아니한 경우에도 또한 같다.

② 제1항의 경우 임대차의 존속기간은 2년으로 본다.

③ 2기(期)의 차임액(借賃額)에 달하도록 연체하거나 그 밖에 임차인으로서의 의무를 현저히 위반한 임차인에 대하여는 제1항을 적용하지 아니한다.

제6조의2(묵시적 갱신의 경우 계약의 해지) ① 제6조제1항에 따라 계약이 갱신된 경우 같은 조 제2항에도 불구하고 임차인은 언제든지 임대인에게 계약해지(契約解止)를 통지할 수 있다.

② 제1항에 따른 해지는 임대인이 그 통지를 받은 날부터 3개월이 지나면 그 효력이 발생한다.

제6조의3(계약갱신 요구 등) ① 제6조에도 불구하고 임대인은 임차인이 제6조제1항 전단의 기간 이내에 계약갱신을 요구할 경우 정당한 사유 없이 거절하지 못한다. 다만, 다음 각 호의 어느 하나에 해당하는 경우에는 그러하지 아니하다.

1. 임차인이 2기의 차임액에 해당하는 금액에 이르도록 차임을 연체한 사실이 있는 경우
2. 임차인이 거짓이나 그 밖의 부정한 방법으로 임차한 경우
3. 서로 합의하여 임대인이 임차인에게 상당한 보상을 제공한 경우

4. 임차인이 임대인의 동의 없이 목적 주택의 전부 또는 일부를 전대(轉貸)한 경우
5. 임차인이 임차한 주택의 전부 또는 일부를 고의나 중대한 과실로 파손한 경우
6. 임차한 주택의 전부 또는 일부가 멸실되어 임대차의 목적을 달성하지 못할 경우
7. 임대인이 다음 각 목의 어느 하나에 해당하는 사유로 목적 주택의 전부 또는 대부분을 철거하거나 재건축하기 위하여 목적 주택의 점유를 회복할 필요가 있는 경우
   가. 임대차계약 체결 당시 공사시기 및 소요기간 등을 포함한 철거 또는 재건축 계획을 임차인에게 구체적으로 고지하고 그 계획에 따르는 경우
   나. 건물이 노후·훼손 또는 일부 멸실되는 등 안전사고의 우려가 있는 경우
   다. 다른 법령에 따라 철거 또는 재건축이 이루어지는 경우
8. 임대인(임대인의 직계존속·직계비속을 포함한다)이 목적 주택에 실제 거주하려는 경우
9. 그 밖에 임차인이 임차인으로서의 의무를 현저히 위반하거나 임대차를 계속하기 어려운 중대한 사유가 있는 경우

② 임차인은 제1항에 따른 계약갱신요구권을 1회에 한하여 행사할 수 있다. 이 경우 갱신되는 임대차의 존속기간은 2년으로 본다.

③ 갱신되는 임대차는 전 임대차와 동일한 조건으로 다시 계약된 것으로 본다. 다만, 차임과 보증금은 제7조의 범위에서 증감할 수 있다.

④ 제1항에 따라 갱신되는 임대차의 해지에 관하여는 제6조의2를 준용한다.

⑤ 임대인이 제1항제8호의 사유로 갱신을 거절하였음에도 불구하고 갱신요구가 거절되지 아니하였더라면 갱신되었을 기간이 만료되기 전에 정당한 사유 없이 제3자에게 목적 주택을 임대한 경우 임대인은 갱신거절로 인하여 임차인이 입은 손해를 배상하여야 한다.

⑥ 제5항에 따른 손해배상액은 거절 당시 당사자 간에 손해배상액의 예정에 관한 합의가 이루어지지 않는 한 다음 각 호의 금액 중 큰 금액으로 한다.

1. 갱신거절 당시 월차임(차임 외에 보증금이 있는 경우에는 그 보증금을 제7조의2 각 호 중 낮은 비율에 따라 월 단위의 차임으로 전환한 금액을 포함한다. 이하 "환산월차임"이라 한다)의 3개월분에 해당하

는 금액

2. 임대인이 제3자에게 임대하여 얻은 환산월차임과 갱신거절 당시 환산월차임 간 차액의 2년분에 해당하는 금액
3. 제1항제8호의 사유로 인한 갱신거절로 인하여 임차인이 입은 손해액

제7조(차임 등의 증감청구권) ① 당사자는 약정한 차임이나 보증금이 임차주택에 관한 조세, 공과금, 그 밖의 부담의 증감이나 경제사정의 변동으로 인하여 적절하지 아니하게 된 때에는 장래에 대하여 그 증감을 청구할 수 있다. 이 경우 증액청구는 임대차계약 또는 약정한 차임이나 보증금의 증액이 있은 후 1년 이내에는 하지 못한다.

② 제1항에 따른 증액청구는 약정한 차임이나 보증금의 20분의 1의 금액을 초과하지 못한다. 다만, 특별시·광역시·특별자치시·도 및 특별자치도는 관할 구역 내의 지역별 임대차 시장 여건 등을 고려하여 본문의 범위에서 증액청구의 상한을 조례로 달리 정할 수 있다.

제7조의2(월차임 전환 시 산정률의 제한) 보증금의 전부 또는 일부를 월 단위의 차임으로 전환하는 경우에는 그 전환되는 금액에 다음 각 호 중 낮은 비율을 곱한 월차임(月借賃)의 범위를 초과할 수 없다.

1. 「은행법」에 따른 은행에서 적용하는 대출금리와 해당 지역의 경제 여건 등을 고려하여 대통령령으로 정하는 비율
2. 한국은행에서 공시한 기준금리에 대통령령으로 정하는 이율을 더한 비율

제8조(보증금 중 일정액의 보호) ① 임차인은 보증금 중 일정액을 다른 담보물권자(擔保物權者)보다 우선하여 변제받을 권리가 있다. 이 경우 임차인은 주택에 대한 경매신청의 등기 전에 제3조제1항의 요건을 갖추어야 한다.

② 제1항의 경우에는 제3조의2제4항부터 제6항까지의 규정을 준용한다.

③ 제1항에 따라 우선변제를 받을 임차인 및 보증금 중 일정액의 범위와 기준은 제8조의2에 따른 주택임대차위원회의 심의를 거쳐 대통령령으로 정한다. 다만, 보증금 중 일정액의 범위와 기준은 주택가액(대지의 가액을 포함한다)의 2분의 1을 넘지 못한다.

제8조의2(주택임대차위원회) ① 제8조에 따라 우선변제를 받을 임차인 및 보증금 중 일정액의 범위와 기준을 심의하기 위하여 법무부에 주택임대차위원회(이하 "위원회"라 한다)를 둔다.

② 위원회는 위원장 1명을 포함한 9명 이상 15명 이하의 위원으로 성별을 고려하여 구성한다.

③ 위원회의 위원장은 법무부차관이 된다.

④ 위원회의 위원은 다음 각 호의 어느 하나에 해당하는 사람 중에서 위원장이 임명하거나 위촉하되, 제1호부터 제5호까지에 해당하는 위원을 각각 1명 이상 임명하거나 위촉하여야 하고, 위원 중 2분의 1 이상은 제1호·제2호 또는 제6호에 해당하는 사람을 위촉하여야 한다.

1. 법학·경제학 또는 부동산학 등을 전공하고 주택임대차 관련 전문지식을 갖춘 사람으로서 공인된 연구기관에서 조교수 이상 또는 이에 상당하는 직에 5년 이상 재직한 사람
2. 변호사·감정평가사·공인회계사·세무사 또는 공인중개사로서 5년 이상 해당 분야에서 종사하고 주택임대차 관련 업무경험이 풍부한 사람
3. 기획재정부에서 물가 관련 업무를 담당하는 고위공무원단에 속하는 공무원
4. 법무부에서 주택임대차 관련 업무를 담당하는 고위공무원단에 속하는 공무원(이에 상당하는 특정직 공무원을 포함한다)
5. 국토교통부에서 주택사업 또는 주거복지 관련 업무를 담당하는 고위공무원단에 속하는 공무원
6. 그 밖에 주택임대차 관련 학식과 경험이 풍부한 사람으로서 대통령령으로 정하는 사람

⑤ 그 밖에 위원회의 구성 및 운영 등에 필요한 사항은 대통령령으로 정한다.

제9조(주택 임차권의 승계) ① 임차인이 상속인 없이 사망한 경우에는 그 주택에서 가정공동생활을 하던 사실상의 혼인 관계에 있는 자가 임차인의 권리와 의무를 승계한다.

② 임차인이 사망한 때에 사망 당시 상속인이 그 주택에서 가정공동생활을 하고 있지 아니한 경우에는 그 주택에서 가정공동생활을 하던 사실상의 혼인 관계에 있는 자와 2촌 이내의 친족이 공동으로 임차인의 권리와 의무를 승계한다.

③ 제1항과 제2항의 경우에 임차인이 사망한 후 1개월 이내에 임대인에게 제1항과 제2항에 따른 승계 대상자가 반대의사를 표시한 경우에는 그러하지 아니하다.

④ 제1항과 제2항의 경우에 임대차 관계에서 생긴 채권·채무는 임차인의

권리의무를 승계한 자에게 귀속된다.

제10조(강행규정) 이 법에 위반된 약정(約定)으로서 임차인에게 불리한 것은 그 효력이 없다.

제10조의2(초과 차임 등의 반환청구) 임차인이 제7조에 따른 증액비율을 초과하여 차임 또는 보증금을 지급하거나 제7조의2에 따른 월차임 산정률을 초과하여 차임을 지급한 경우에는 초과 지급된 차임 또는 보증금 상당금액의 반환을 청구할 수 있다.

제11조(일시사용을 위한 임대차) 이 법은 일시사용하기 위한 임대차임이 명백한 경우에는 적용하지 아니한다.

제12조(미등기 전세에의 준용) 주택의 등기를 하지 아니한 전세계약에 관하여는 이 법을 준용한다. 이 경우 "전세금"은 "임대차의 보증금"으로 본다.

제13조(「소액사건심판법」의 준용) 임차인이 임대인에 대하여 제기하는 보증금반환청구소송에 관하여는 「소액사건심판법」 제6조, 제7조, 제10조 및 제11조의2를 준용한다.

〈제14조 ~ 제31조 생략/ 주택임대차분쟁조정위원회 관련 규정〉

▌상가건물 임대차보호법(약칭: 상가임대차법)

제1조(목적) 이 법은 상가건물 임대차에 관하여 「민법」에 대한 특례를 규정하여 국민 경제생활의 안정을 보장함을 목적으로 한다.

제2조(적용범위) ① 이 법은 상가건물(제3조제1항에 따른 사업자등록의 대상이 되는 건물을 말한다)의 임대차(임대차 목적물의 주된 부분을 영업용으로 사용하는 경우를 포함한다)에 대하여 적용한다. 다만, 제14조의2에 따른 상가건물임대차위원회의 심의를 거쳐 대통령령으로 정하는 보증금액을 초과하는 임대차에 대하여는 그러하지 아니하다.

② 제1항 단서에 따른 보증금액을 정할 때에는 해당 지역의 경제 여건 및 임대차 목적물의 규모 등을 고려하여 지역별로 구분하여 규정하되, 보증금 외에 차임이 있는 경우에는 그 차임액에 「은행법」에 따른 은행의 대출금리 등을 고려하여 대통령령으로 정하는 비율을 곱하여 환산한 금액을 포함하여야 한다.

③ 제1항 단서에도 불구하고 제3조, 제10조제1항, 제2항, 제3항 본문, 제10조의2부터 제10조의9까지의 규정, 제11조의2 및 제19조는 제1항 단서에 따른 보증금액을 초과하는 임대차에 대하여도 적용한다.

제3조(대항력 등) ① 임대차는 그 등기가 없는 경우에도 임차인이 건물의 인도와 「부가가치세법」 제8조, 「소득세법」 제168조 또는 「법인세법」 제111조에 따른 사업자등록을 신청하면 그 다음 날부터 제3자에 대하여 효력이 생긴다.

② 임차건물의 양수인(그 밖에 임대할 권리를 승계한 자를 포함한다)은 임대인의 지위를 승계한 것으로 본다.

③ 이 법에 따라 임대차의 목적이 된 건물이 매매 또는 경매의 목적물이 된 경우에는 「민법」 제575조제1항·제3항 및 제578조를 준용한다.

④ 제3항의 경우에는 「민법」 제536조를 준용한다.

제4조(확정일자 부여 및 임대차정보의 제공 등) ① 제5조제2항의 확정일자는 상가건물의 소재지 관할 세무서장이 부여한다.

② 관할 세무서장은 해당 상가건물의 소재지, 확정일자 부여일, 차임 및 보증금 등을 기재한 확정일자부를 작성하여야 한다. 이 경우 전산정보처리조직을 이용할 수 있다.

③ 상가건물의 임대차에 이해관계가 있는 자는 관할 세무서장에게 해당 상가건물의 확정일자 부여일, 차임 및 보증금 등 정보의 제공을 요청할 수 있다. 이 경우 요청을 받은 관할 세무서장은 정당한 사유 없이 이를 거부할 수 없다.

④ 임대차계약을 체결하려는 자는 임대인의 동의를 받아 관할 세무서장에게 제3항에 따른 정보제공을 요청할 수 있다.

⑤ 확정일자부에 기재하여야 할 사항, 상가건물의 임대차에 이해관계가 있는 자의 범위, 관할 세무서장에게 요청할 수 있는 정보의 범위 및 그 밖에 확정일자 부여사무와 정보제공 등에 필요한 사항은 대통령령으로 정한다.

제5조(보증금의 회수) ① 임차인이 임차건물에 대하여 보증금반환청구소송의 확정판결, 그 밖에 이에 준하는 집행권원에 의하여 경매를 신청하는 경우에는 「민사집행법」 제41조에도 불구하고 반대의무의 이행이나 이행의 제공을 집행개시의 요건으로 하지 아니한다.

② 제3조제1항의 대항요건을 갖추고 관할 세무서장으로부터 임대차계약서상의 확정일자를 받은 임차인은 「민사집행법」에 따른 경매 또는 「국세징수법」에 따른 공매 시 임차건물(임대인 소유의 대지를 포함한다)의 환가대금에서 후순위권리자나 그 밖의 채권자보다 우선하여 보증금을 변제받을 권리가 있다.

③ 임차인은 임차건물을 양수인에게 인도하지 아니하면 제2항에 따른 보증금을 받을 수 없다.

④ 제2항 또는 제7항에 따른 우선변제의 순위와 보증금에 대하여 이의가 있는 이해관계인은 경매법원 또는 체납처분청에 이의를 신청할 수 있다.

⑤ 제4항에 따라 경매법원에 이의를 신청하는 경우에는 「민사집행법」 제152조부터 제161조까지의 규정을 준용한다.

⑥ 제4항에 따라 이의신청을 받은 체납처분청은 이해관계인이 이의신청일부터 7일 이내에 임차인 또는 제7항에 따라 우선변제권을 승계한 금융기관 등을 상대로 소(訴)를 제기한 것을 증명한 때에는 그 소송이 종결될 때까지 이의가 신청된 범위에서 임차인 또는 제7항에 따라 우선변제권을 승계한 금융기관 등에 대한 보증금의 변제를 유보(留保)하고 남은 금액을 배분하여야 한다. 이 경우 유보된 보증금은 소송 결과에 따라 배분한다.

⑦ 다음 각 호의 금융기관 등이 제2항, 제6조제5항 또는 제7조제1항에

따른 우선변제권을 취득한 임차인의 보증금반환채권을 계약으로 양수한 경우에는 양수한 금액의 범위에서 우선변제권을 승계한다.

1. 「은행법」에 따른 은행
2. 「중소기업은행법」에 따른 중소기업은행
3. 「한국산업은행법」에 따른 한국산업은행
4. 「농업협동조합법」에 따른 농협은행
5. 「수산업협동조합법」에 따른 수협은행
6. 「우체국예금·보험에 관한 법률」에 따른 체신관서
7. 「보험업법」 제4조제1항제2호라목의 보증보험을 보험종목으로 허가 받은 보험회사
8. 그 밖에 제1호부터 제7호까지에 준하는 것으로서 대통령령으로 정하는 기관

⑧ 제7항에 따라 우선변제권을 승계한 금융기관 등(이하 "금융기관등"이라 한다)은 다음 각 호의 어느 하나에 해당하는 경우에는 우선변제권을 행사할 수 없다.

1. 임차인이 제3조제1항의 대항요건을 상실한 경우
2. 제6조제5항에 따른 임차권등기가 말소된 경우
3. 「민법」 제621조에 따른 임대차등기가 말소된 경우

⑨ 금융기관등은 우선변제권을 행사하기 위하여 임차인을 대리하거나 대위하여 임대차를 해지할 수 없다.

제6조(임차권등기명령) ① 임대차가 종료된 후 보증금이 반환되지 아니한 경우 임차인은 임차건물의 소재지를 관할하는 지방법원, 지방법원지원 또는 시·군법원에 임차권등기명령을 신청할 수 있다.

② 임차권등기명령을 신청할 때에는 다음 각 호의 사항을 기재하여야 하며, 신청 이유 및 임차권등기의 원인이 된 사실을 소명하여야 한다.

1. 신청 취지 및 이유
2. 임대차의 목적인 건물(임대차의 목적이 건물의 일부분인 경우에는 그 부분의 도면을 첨부한다)
3. 임차권등기의 원인이 된 사실(임차인이 제3조제1항에 따른 대항력을 취득하였거나 제5조제2항에 따른 우선변제권을 취득한 경우에는 그 사실)
4. 그 밖에 대법원규칙으로 정하는 사항

③ 임차권등기명령의 신청에 대한 재판, 임차권등기명령의 결정에 대한

임대인의 이의신청 및 그에 대한 재판, 임차권등기명령의 취소신청 및 그에 대한 재판 또는 임차권등기명령의 집행 등에 관하여는 「민사집행법」 제280조제1항, 제281조, 제283조, 제285조, 제286조, 제288조제1항·제2항 본문, 제289조, 제290조제2항 중 제288조제1항에 대한 부분, 제291조, 제293조를 준용한다. 이 경우 "가압류"는 "임차권등기"로, "채권자"는 "임차인"으로, "채무자"는 "임대인"으로 본다.

④ 임차권등기명령신청을 기각하는 결정에 대하여 임차인은 항고할 수 있다.

⑤ 임차권등기명령의 집행에 따른 임차권등기를 마치면 임차인은 제3조제1항에 따른 대항력과 제5조제2항에 따른 우선변제권을 취득한다. 다만, 임차인이 임차권등기 이전에 이미 대항력 또는 우선변제권을 취득한 경우에는 그 대항력 또는 우선변제권이 그대로 유지되며, 임차권등기 이후에는 제3조제1항의 대항요건을 상실하더라도 이미 취득한 대항력 또는 우선변제권을 상실하지 아니한다.

⑥ 임차권등기명령의 집행에 따른 임차권등기를 마친 건물(임대차의 목적이 건물의 일부분인 경우에는 그 부분으로 한정한다)을 그 이후에 임차한 임차인은 제14조에 따른 우선변제를 받을 권리가 없다.

⑦ 임차권등기의 촉탁, 등기관의 임차권등기 기입 등 임차권등기명령의 시행에 관하여 필요한 사항은 대법원규칙으로 정한다.

⑧ 임차인은 제1항에 따른 임차권등기명령의 신청 및 그에 따른 임차권등기와 관련하여 든 비용을 임대인에게 청구할 수 있다.

⑨ 금융기관등은 임차인을 대위하여 제1항의 임차권등기명령을 신청할 수 있다. 이 경우 제3항·제4항 및 제8항의 "임차인"은 "금융기관등"으로 본다.

제7조(「민법」에 따른 임대차등기의 효력 등) ① 「민법」 제621조에 따른 건물 임대차등기의 효력에 관하여는 제6조제5항 및 제6항을 준용한다.

② 임차인이 대항력 또는 우선변제권을 갖추고 「민법」 제621조제1항에 따라 임대인의 협력을 얻어 임대차등기를 신청하는 경우에는 신청서에 「부동산등기법」 제74조제1호부터 제6호까지의 사항 외에 다음 각 호의 사항을 기재하여야 하며, 이를 증명할 수 있는 서면(임대차의 목적이 건물의 일부분인 경우에는 그 부분의 도면을 포함한다)을 첨부하여야 한다.

1. 사업자등록을 신청한 날
2. 임차건물을 점유한 날

3. 임대차계약서상의 확정일자를 받은 날

제8조(경매에 의한 임차권의 소멸) 임차권은 임차건물에 대하여 「민사집행법」에 따른 경매가 실시된 경우에는 그 임차건물이 매각되면 소멸한다. 다만, 보증금이 전액 변제되지 아니한 대항력이 있는 임차권은 그러하지 아니하다.

제9조(임대차기간 등) ① 기간을 정하지 아니하거나 기간을 1년 미만으로 정한 임대차는 그 기간을 1년으로 본다. 다만, 임차인은 1년 미만으로 정한 기간이 유효함을 주장할 수 있다.

② 임대차가 종료한 경우에도 임차인이 보증금을 돌려받을 때까지는 임대차 관계는 존속하는 것으로 본다.

제10조(계약갱신 요구 등) ① 임대인은 임차인이 임대차기간이 만료되기 6개월 전부터 1개월 전까지 사이에 계약갱신을 요구할 경우 정당한 사유 없이 거절하지 못한다. 다만, 다음 각 호의 어느 하나의 경우에는 그러하지 아니하다.

1. 임차인이 3기의 차임액에 해당하는 금액에 이르도록 차임을 연체한 사실이 있는 경우
2. 임차인이 거짓이나 그 밖의 부정한 방법으로 임차한 경우
3. 서로 합의하여 임대인이 임차인에게 상당한 보상을 제공한 경우
4. 임차인이 임대인의 동의 없이 목적 건물의 전부 또는 일부를 전대(轉貸)한 경우
5. 임차인이 임차한 건물의 전부 또는 일부를 고의나 중대한 과실로 파손한 경우
6. 임차한 건물의 전부 또는 일부가 멸실되어 임대차의 목적을 달성하지 못할 경우
7. 임대인이 다음 각 목의 어느 하나에 해당하는 사유로 목적 건물의 전부 또는 대부분을 철거하거나 재건축하기 위하여 목적 건물의 점유를 회복할 필요가 있는 경우
   가. 임대차계약 체결 당시 공사시기 및 소요기간 등을 포함한 철거 또는 재건축 계획을 임차인에게 구체적으로 고지하고 그 계획에 따르는 경우
   나. 건물이 노후·훼손 또는 일부 멸실되는 등 안전사고의 우려가 있는

경우

다. 다른 법령에 따라 철거 또는 재건축이 이루어지는 경우

8. 그 밖에 임차인이 임차인으로서의 의무를 현저히 위반하거나 임대차를 계속하기 어려운 중대한 사유가 있는 경우

② 임차인의 계약갱신요구권은 최초의 임대차기간을 포함한 전체 임대차기간이 10년을 초과하지 아니하는 범위에서만 행사할 수 있다.

③ 갱신되는 임대차는 전 임대차와 동일한 조건으로 다시 계약된 것으로 본다. 다만, 차임과 보증금은 제11조에 따른 범위에서 증감할 수 있다.

④ 임대인이 제1항의 기간 이내에 임차인에게 갱신 거절의 통지 또는 조건 변경의 통지를 하지 아니한 경우에는 그 기간이 만료된 때에 전 임대차와 동일한 조건으로 다시 임대차한 것으로 본다. 이 경우에 임대차의 존속기간은 1년으로 본다.

⑤ 제4항의 경우 임차인은 언제든지 임대인에게 계약해지의 통고를 할 수 있고, 임대인이 통고를 받은 날부터 3개월이 지나면 효력이 발생한다.

제10조의2(계약갱신의 특례) 제2조제1항 단서에 따른 보증금액을 초과하는 임대차의 계약갱신의 경우에는 당사자는 상가건물에 관한 조세, 공과금, 주변 상가건물의 차임 및 보증금, 그 밖의 부담이나 경제사정의 변동 등을 고려하여 차임과 보증금의 증감을 청구할 수 있다.

제10조의3(권리금의 정의 등) ① 권리금이란 임대차 목적물인 상가건물에서 영업을 하는 자 또는 영업을 하려는 자가 영업시설·비품, 거래처, 신용, 영업상의 노하우, 상가건물의 위치에 따른 영업상의 이점 등 유형·무형의 재산적 가치의 양도 또는 이용대가로서 임대인, 임차인에게 보증금과 차임 이외에 지급하는 금전 등의 대가를 말한다.

② 권리금 계약이란 신규임차인이 되려는 자가 임차인에게 권리금을 지급하기로 하는 계약을 말한다.

제10조의4(권리금 회수기회 보호 등) ① 임대인은 임대차기간이 끝나기 6개월 전부터 임대차 종료 시까지 다음 각 호의 어느 하나에 해당하는 행위를 함으로써 권리금 계약에 따라 임차인이 주선한 신규임차인이 되려는 자로부터 권리금을 지급받는 것을 방해하여서는 아니 된다. 다만, 제10조제1항 각 호의 어느 하나에 해당하는 사유가 있는 경우에는 그러하지 아니하다.

1. 임차인이 주선한 신규임차인이 되려는 자에게 권리금을 요구하거나 임차인이 주선한 신규임차인이 되려는 자로부터 권리금을 수수하는 행위
2. 임차인이 주선한 신규임차인이 되려는 자로 하여금 임차인에게 권리금을 지급하지 못하게 하는 행위
3. 임차인이 주선한 신규임차인이 되려는 자에게 상가건물에 관한 조세, 공과금, 주변 상가건물의 차임 및 보증금, 그 밖의 부담에 따른 금액에 비추어 현저히 고액의 차임과 보증금을 요구하는 행위
4. 그 밖에 정당한 사유 없이 임대인이 임차인이 주선한 신규임차인이 되려는 자와 임대차계약의 체결을 거절하는 행위

② 다음 각 호의 어느 하나에 해당하는 경우에는 제1항제4호의 정당한 사유가 있는 것으로 본다.

1. 임차인이 주선한 신규임차인이 되려는 자가 보증금 또는 차임을 지급할 자력이 없는 경우
2. 임차인이 주선한 신규임차인이 되려는 자가 임차인으로서의 의무를 위반할 우려가 있거나 그 밖에 임대차를 유지하기 어려운 상당한 사유가 있는 경우
3. 임대차 목적물인 상가건물을 1년 6개월 이상 영리목적으로 사용하지 아니한 경우
4. 임대인이 선택한 신규임차인이 임차인과 권리금 계약을 체결하고 그 권리금을 지급한 경우

③ 임대인이 제1항을 위반하여 임차인에게 손해를 발생하게 한 때에는 그 손해를 배상할 책임이 있다. 이 경우 그 손해배상액은 신규임차인이 임차인에게 지급하기로 한 권리금과 임대차 종료 당시의 권리금 중 낮은 금액을 넘지 못한다.

④ 제3항에 따라 임대인에게 손해배상을 청구할 권리는 임대차가 종료한 날부터 3년 이내에 행사하지 아니하면 시효의 완성으로 소멸한다.

⑤ 임차인은 임대인에게 임차인이 주선한 신규임차인이 되려는 자의 보증금 및 차임을 지급할 자력 또는 그 밖에 임차인으로서의 의무를 이행할 의사 및 능력에 관하여 자신이 알고 있는 정보를 제공하여야 한다.

제10조의5(권리금 적용 제외) 제10조의4는 다음 각 호의 어느 하나에 해당하는 상가건물 임대차의 경우에는 적용하지 아니한다.

1. 임대차 목적물인 상가건물이 「유통산업발전법」 제2조에 따른 대규

모점포 또는 준대규모점포의 일부인 경우(다만, 「전통시장 및 상점가 육성을 위한 특별법」 제2조제1호에 따른 전통시장은 제외한다)

2. 임대차 목적물인 상가건물이 「국유재산법」에 따른 국유재산 또는 「공유재산 및 물품 관리법」에 따른 공유재산인 경우

제10조의6(표준권리금계약서의 작성 등) 국토교통부장관은 법무부장관과 협의를 거쳐 임차인과 신규임차인이 되려는 자의 권리금 계약 체결을 위한 표준권리금계약서를 정하여 그 사용을 권장할 수 있다.

제10조의7(권리금 평가기준의 고시) 국토교통부장관은 권리금에 대한 감정평가의 절차와 방법 등에 관한 기준을 고시할 수 있다.

제10조의8(차임연체와 해지) 임차인의 차임연체액이 3기의 차임액에 달하는 때에는 임대인은 계약을 해지할 수 있다.

제10조의9(계약 갱신요구 등에 관한 임시 특례) 임차인이 이 법(법률 제17490호 상가건물 임대차보호법 일부개정법률을 말한다) 시행일부터 6개월까지의 기간 동안 연체한 차임액은 제10조제1항제1호, 제10조의4 제1항 단서 및 제10조의8의 적용에 있어서는 차임연체액으로 보지 아니한다. 이 경우 연체한 차임액에 대한 임대인의 그 밖의 권리는 영향을 받지 아니한다.

제11조(차임 등의 증감청구권) ① 차임 또는 보증금이 임차건물에 관한 조세, 공과금, 그 밖의 부담의 증감이나 「감염병의 예방 및 관리에 관한 법률」 제2조제2호에 따른 제1급감염병 등에 의한 경제사정의 변동으로 인하여 상당하지 아니하게 된 경우에는 당사자는 장래의 차임 또는 보증금에 대하여 증감을 청구할 수 있다. 그러나 증액의 경우에는 대통령령으로 정하는 기준에 따른 비율을 초과하지 못한다.

② 제1항에 따른 증액 청구는 임대차계약 또는 약정한 차임 등의 증액이 있은 후 1년 이내에는 하지 못한다.

③ 「감염병의 예방 및 관리에 관한 법률」 제2조제2호에 따른 제1급감염병에 의한 경제사정의 변동으로 차임 등이 감액된 후 임대인이 제1항에 따라 증액을 청구하는 경우에는 증액된 차임 등이 감액 전 차임 등의 금액에 달할 때까지는 같은 항 단서를 적용하지 아니한다.

제11조의2(폐업으로 인한 임차인의 해지권) ① 임차인은 「감염병의 예방 및 관리에 관한 법률」 제49조제1항제2호에 따른 집합 제한 또는 금지 조치(같은 항 제2호의2에 따라 운영시간을 제한한 조치를 포함한다)를 총 3개월 이상 받음으로써 발생한 경제사정의 중대한 변동으로 폐업한 경우에는 임대차계약을 해지할 수 있다.

② 제1항에 따른 해지는 임대인이 계약해지의 통고를 받은 날부터 3개월이 지나면 효력이 발생한다.

제12조(월 차임 전환 시 산정률의 제한) 보증금의 전부 또는 일부를 월 단위의 차임으로 전환하는 경우에는 그 전환되는 금액에 다음 각 호 중 낮은 비율을 곱한 월 차임의 범위를 초과할 수 없다.

1. 「은행법」에 따른 은행의 대출금리 및 해당 지역의 경제 여건 등을 고려하여 대통령령으로 정하는 비율
2. 한국은행에서 공시한 기준금리에 대통령령으로 정하는 배수를 곱한 비율

제13조(전대차관계에 대한 적용 등) ① 제10조, 제10조의2, 제10조의8, 제10조의9(제10조 및 제10조의8에 관한 부분으로 한정한다), 제11조 및 제12조는 전대인(轉貸人)과 전차인(轉借人)의 전대차관계에 적용한다.

② 임대인의 동의를 받고 전대차계약을 체결한 전차인은 임차인의 계약갱신요구권 행사기간 이내에 임차인을 대위(代位)하여 임대인에게 계약갱신요구권을 행사할 수 있다.

제14조(보증금 중 일정액의 보호) ① 임차인은 보증금 중 일정액을 다른 담보물권자보다 우선하여 변제받을 권리가 있다. 이 경우 임차인은 건물에 대한 경매신청의 등기 전에 제3조제1항의 요건을 갖추어야 한다.

② 제1항의 경우에 제5조제4항부터 제6항까지의 규정을 준용한다.

③ 제1항에 따라 우선변제를 받을 임차인 및 보증금 중 일정액의 범위와 기준은 임대건물가액(임대인 소유의 대지가액을 포함한다)의 2분의 1 범위에서 해당 지역의 경제 여건, 보증금 및 차임 등을 고려하여 제14조의2에 따른 상가건물임대차위원회의 심의를 거쳐 대통령령으로 정한다.

제14조의2(상가건물임대차위원회) ① 상가건물 임대차에 관한 다음 각 호의 사항을 심의하기 위하여 법무부에 상가건물임대차위원회(이하 "위원회"라 한다)를 둔다.

1. 제2조제1항 단서에 따른 보증금액
2. 제14조에 따라 우선변제를 받을 임차인 및 보증금 중 일정액의 범위와 기준

② 위원회는 위원장 1명을 포함한 10명 이상 15명 이하의 위원으로 성별을 고려하여 구성한다.

③ 위원회의 위원장은 법무부차관이 된다.

④ 위원회의 위원은 다음 각 호의 어느 하나에 해당하는 사람 중에서 위원장이 임명하거나 위촉하되, 제1호부터 제6호까지에 해당하는 위원을 각각 1명 이상 임명하거나 위촉하여야 하고, 위원 중 2분의 1 이상은 제1호·제2호 또는 제7호에 해당하는 사람을 위촉하여야 한다.

1. 법학·경제학 또는 부동산학 등을 전공하고 상가건물 임대차 관련 전문지식을 갖춘 사람으로서 공인된 연구기관에서 조교수 이상 또는 이에 상당하는 직에 5년 이상 재직한 사람
2. 변호사·감정평가사·공인회계사·세무사 또는 공인중개사로서 5년 이상 해당 분야에서 종사하고 상가건물 임대차 관련 업무경험이 풍부한 사람
3. 기획재정부에서 물가 관련 업무를 담당하는 고위공무원단에 속하는 공무원
4. 법무부에서 상가건물 임대차 관련 업무를 담당하는 고위공무원단에 속하는 공무원(이에 상당하는 특정직공무원을 포함한다)
5. 국토교통부에서 상가건물 임대차 관련 업무를 담당하는 고위공무원단에 속하는 공무원
6. 중소벤처기업부에서 소상공인 관련 업무를 담당하는 고위공무원단에 속하는 공무원
7. 그 밖에 상가건물 임대차 관련 학식과 경험이 풍부한 사람으로서 대통령령으로 정하는 사람

⑤ 그 밖에 위원회의 구성 및 운영 등에 필요한 사항은 대통령령으로 정한다.

제15조(강행규정) 이 법의 규정에 위반된 약정으로서 임차인에게 불리한 것은 효력이 없다.

제16조(일시사용을 위한 임대차) 이 법은 일시사용을 위한 임대차임이 명백한 경우에는 적용하지 아니한다.

제17조(미등기전세에의 준용) 목적건물을 등기하지 아니한 전세계약에 관하여 이 법을 준용한다. 이 경우 "전세금"은 "임대차의 보증금"으로 본다.

제18조(「소액사건심판법」의 준용) 임차인이 임대인에게 제기하는 보증금반환청구소송에 관하여는 「소액사건심판법」 제6조·제7조·제10조 및 제11조의2를 준용한다.

제19조(표준계약서의 작성 등) 법무부장관은 국토교통부장관과 협의를 거쳐 보증금, 차임액, 임대차기간, 수선비 분담 등의 내용이 기재된 상가건물임대차표준계약서를 정하여 그 사용을 권장할 수 있다.

〈제20조 ~ 제22조 생략/ 상가건물임대차분쟁조정위원회 관련 규정〉

전세사기피해자 지원 및 주거안정에 관한 특별법 (약칭: 전세사기피해자법)

제1장 총칙

제1조(목적) 이 법은 전세사기로 피해를 입은 임차인에게 경·공매 절차 및 조세 징수 등에 관한 특례를 부여함으로써 전세사기피해자를 지원하고 주거안정을 도모함을 목적으로 한다.

제2조(정의) 이 법에서 사용하는 용어의 정의는 다음과 같다.

1. "주택"이란 「주택임대차보호법」 제2조에 따른 주거용 건물(공부상 주거용 건물이 아니라도 임대차계약 체결 당시 임대차목적물의 구조와 실질이 주거용 건물이고 임차인의 실제 용도가 주거용인 경우를 포함한다)을 말한다.
2. "임대인등"이란 임대인 또는 다음 각 목의 어느 하나에 해당하는 자를 말한다.
   가. 임대인의 대리인, 그 밖에 임대인을 위하여 주택의 임대에 관하여 업무를 처리하는 자
   나. 임대인의 의뢰를 받은 공인중개사(중개보조인을 포함한다)
   다. 임대인을 위하여 임차인을 모집하는 자(그 피고용인을 포함한다)
   라. 다수 임대인의 배후에 있는 동일인
   마. 라목의 동일인이 지배하거나 경제적 이익을 공유하는 조직
   바. 라목의 동일인이나 마목의 조직을 배후에 둔 다수의 임대인
3. "전세사기피해자"란 제3조의 요건을 모두 갖춘 자로서 제6조에 따른 전세사기피해지원위원회의 심의·의결을 거쳐 국토교통부장관이 결정한 임차인을 말한다.
4. "전세사기피해자등"이란 다음 각 목의 어느 하나에 해당하는 자를 말한다.
   가. 전세사기피해자
   나. 제3조제1항제1호·제3호 및 제4호의 요건을 모두 충족하는 자(같은 조 제2항 각 호의 어느 하나에 해당하는 경우는 제외한다)로서 제6조에 따른 전세사기피해지원위원회의 심의·의결을 거쳐 국토교통부장관이 결정한 임차인
   다. 제3조제1항제2호 및 제4호의 요건을 모두 충족하고 임차인으로서 임차주택(적법한 임대권한을 가지지 아니한 자와 임대차계약이 체결된 주택을 포함한다)을 인도(과거에 인도받았거나 인도가 불가능하였

던 경우를 포함한다)받았으며, 「주민등록법」 제16조에 따라 전입신고를 하고 그 임대차계약증서상의 확정일자를 받은 자(제3조제2항 각 호의 어느 하나에 해당하는 경우는 제외한다)로서 제6조에 따른 전세사기피해지원위원회의 심의·의결을 거쳐 국토교통부장관이 결정한 임차인

5. "전세사기피해주택"이란 전세사기피해자가 임차인인 임대차계약의 목적물인 주택(「주택임대차보호법」 제3조의3에 따라 임대차가 끝난 후 임차권등기를 마친 주택도 포함한다)을 말한다.
6. "특정건축물"이란 다음 각 목의 어느 하나에 해당하는 건축물을 말한다.
   가. 「건축법」 제11조 또는 제14조에 따라 건축허가를 받거나 건축신고를 하여야 하는 건축물을 건축허가를 받지 아니하거나 건축신고를 하지 아니하고 건축하거나 대수선한 건축물
   나. 「건축법」 제11조 또는 제14조에 따라 건축허가를 받거나 건축신고를 하고 건축하거나 대수선한 건축물로서 같은 법 제22조에 따른 사용승인을 받지 못한 건축물
   다. 「건축법」 제19조에 따른 용도변경 허가를 받지 아니하거나 신고를 하지 아니한 건축물

제3조(전세사기피해자의 요건) ① 제14조에 따라 전세사기피해자로 결정받고자 하는 임차인(자연인에 한정한다. 이하 같다)은 다음 각 호의 요건을 모두 갖추어야 한다. 다만, 경매 또는 공매 절차가 완료된 임차인의 경우에는 제1호 및 제3호의 요건은 제외한다.

1. 「주택임대차보호법」 제3조에 따라 주택의 인도와 주민등록을 마치고(이 경우 전입신고를 한 때 주민등록을 한 것으로 본다) 같은 법 제3조의2 제2항에 따라 임대차계약증서상의 확정일자(이하 "확정일자"라 한다)를 갖출 것(「주택임대차보호법」 제3조의3에 따른 임차권등기를 마친 경우 또는 「민법」 제303조에 따른 전세권이 설정된 경우도 포함한다)
2. 임차인의 임차보증금이 5억원 이하일 것. 다만, 임차보증금의 상한액은 제6조에 따른 전세사기피해지원위원회가 시·도별 여건 및 피해자의 여건 등을 고려하여 2억원의 범위에서 상향 조정할 수 있다.
3. 임대인의 파산 또는 회생절차 개시, 임차주택의 경매 또는 공매절차의 개시(국세 또는 지방세의 체납으로 인하여 임차주택이 압류된 경우도 포함한다), 임차인의 집행권원 확보 등에 해당하여 2인 이상의 임차인에게 임차보증금반환채권의 변제를 받지 못하는 피해가 발생하였거나 발생할 것이 예상될 것

4. 임대인등에 대한 수사 개시, 임대인등의 기망, 임차보증금을 반환할 능력이 없는 자에 대한 임차주택의 양도 또는 임차보증금을 반환할 능력 없이 다수의 주택 취득·임대 등 임대인이 임차보증금반환채무를 이행하지 아니할 의도가 있었다고 의심할 만한 상당한 이유가 있을 것

② 다음 각 호의 어느 하나에 해당하는 경우는 제1항의 적용대상에서 제외한다.

1. 임차인이 임차보증금 반환을 위한 보증 또는 보험에 가입하였거나 임대인이 임차보증금 반환을 위한 보증에 가입하여 임차인에게 보증금의 전액 반환이 가능한 경우
2. 임차인의 보증금 전액이 최우선변제가 가능한 「주택임대차보호법」 제8조제1항에 따른 보증금 중 일정액에 해당하는 경우
3. 임차인이 「주택임대차보호법」에 따라 대항력 또는 우선변제권 행사를 통하여 보증금 전액을 자력으로 회수할 수 있다고 판단되는 경우

제4조(임차인보호대책의 수립) 국가 및 지방자치단체는 전세사기피해자등에 대한 지원을 위하여 다음 각 호의 보호대책을 수립하여야 한다.

1. 피해사실의 조사에 필요한 대책
2. 전세사기피해주택의 매입 대책
3. 전세사기피해자등에 대한 법률상담지원 대책
4. 전세사기피해자등에 대한 금융지원 대책
5. 전세사기피해자등에 대한 주거지원 대책
6. 그 밖에 임차인 보호를 위하여 제6조에 따른 전세사기피해지원위원회가 필요하다고 인정하는 대책

제4조의2(실태조사) ① 국토교통부장관은 제4조에 따른 임차인보호대책의 수립과 시행을 위하여 6개월마다 전세사기의 유형·피해규모 등에 관한 실태조사를 실시하고, 그 결과를 국회 소관 상임위원회에 보고하여야 한다.

② 제1항에 따른 실태조사를 위하여 필요한 전세사기피해자등에 대한 자료요청, 국가기관 등에 대한 자료 또는 정보의 제공요청 등에 관하여는 제13조제1항부터 제4항까지 및 같은 조 제6항을 준용한다.

제5조(다른 법률과의 관계) 이 법은 전세사기피해자등의 피해 및 주거안정 지원에 관하여 다른 법률에 우선하여 적용한다.

제2장 전세사기피해지원위원회 등

〈제6조 ~ 제11조 생략〉

제3장 전세사기피해자등 결정

제12조(임차인의 신청) ① 제14조에 따른 전세사기피해자등 결정을 받으려는 임차인은 국토교통부장관에게 신청하여야 한다.

② 그 밖에 전세사기피해자등 결정의 신청 방법 및 절차 등에 필요한 사항은 국토교통부령으로 정한다.

제13조(피해사실의 조사) ① 국토교통부장관은 제12조제1항에 따른 신청이 있는 경우 제14조에 따른 전세사기피해자 등 결정 등을 위하여 임차주택의 가격 및 실태, 임차주택의 권리관계, 임대인의 채무 등 필요한 정보나 자료를 조사할 수 있다.

② 국토교통부장관은 제1항의 조사를 수행하는 경우 다음 각 호의 어느 하나에 해당하는 조치를 할 수 있다.

1. 임차인, 임대인 등, 이해관계인 및 참고인에 대한 진술서 제출 요구
2. 임차인, 임대인 등, 이해관계인 및 참고인에 대한 관련 자료 제출 요구

③ 국토교통부장관은 제1항에 따른 조사를 위하여 필요한 경우에는 다음 각 호의 구분에 따라 국가기관, 공공기관, 금융기관 등에 대하여 자료 또는 정보의 제공을 요청할 수 있다. 이 경우 요청을 받은 기관의 장은 정당한 사유가 없으면 이에 따라야 한다.

1. 주택 매각 절차의 현황, 권리관계 및 배당액: 법원, 「한국자산관리공사 설립 등에 관한 법률」 제6조에 따라 설립된 한국자산관리공사(이하 "한국자산관리공사"라 한다)
2. 임대인이 보유한 주택 등의 소유 현황: 법원, 국토교통부(제29조제1항에 따라 국토교통부장관의 권한을 위임받은 특별시장·광역시장·특별자치시장·도지사·특별자치도지사가 자료 또는 정보의 제공을 요청하는 경우에 한정한다. 이하 이 항에서 같다)
3. 임대인이 임대한 주택에 대한 「주택임대차보호법」 제3조의6제3항 및 제6항에 따른 확정일자 정보: 국토교통부
4. 임대인등의 「부동산 거래신고 등에 관한 법률」 제3조 및 제3조의2에 따른 부동산 거래, 해제등 신고 내역: 국토교통부
5. 「부동산 거래신고 등에 관한 법률」 제6조의2 및 제6조의3에 따른 주택 임대차계약의 신고 내역, 변경 및 해제 신고 내역: 국토교통부
6. 임대인의 미지급 임금 등의 사항: 「산업재해보상보험법」에 따른 근로복지공단
7. 임대인에게 부과되거나 납부의무가 발생한 국세 및 지방세의 부과·징수·납부에 관한 사항: 국세청, 지방자치단체, 행정안전부

8. 임대인의 산업재해보상보험료, 고용보험료, 국민연금보험료, 국민건강보험료 등의 부과·징수·납부에 관한 사항: 「산업재해보상보험법」에 따른 근로복지공단, 「국민연금법」에 따른 국민연금공단, 「국민건강보험법」에 따른 국민건강보험공단
9. 금융기관 등의 보전처분, 압류, 저당권 등 담보권의 설정 관련 권리관계: 「금융산업의 구조개선에 관한 법률」에 따른 금융기관, 「예금자보호법」에 따른 부보금융회사 및 예금보험공사, 「한국자산관리공사 설립 등에 관한 법률」에 따른 금융회사등 및 한국자산관리공사, 「대부업 등의 등록 및 금융이용자 보호에 관한 법률」에 따른 대부업자·대부중개업자, 「신용정보의 이용 및 보호에 관한 법률」 제25조에 따른 신용정보집중기관 및 그 밖의 대통령령으로 정하는 법률에 따라 금융업무 등을 하는 기관
10. 임대인등에 대한 수사 개시 여부, 처분 결과 및 피해자 현황: 검찰청, 경찰청
11. 임차인 및 임대인의 전세보증금반환보증 등 가입 여부: 「주택도시기금법」 제16조에 따른 주택도시보증공사(이하 "주택도시보증공사"라 한다), 「한국주택금융공사법」에 따른 한국주택금융공사, 서울보증보험
12. 「민간임대주택에 관한 특별법」 제60조에 따른 임대주택 정보에 관한 사항: 국토교통부
13. 그 밖에 임차인의 임차보증금 피해조사를 위하여 필요한 국토교통부령으로 정하는 자료 및 정보: 관련 국가기관, 공공기관, 금융기관 등

④ 제3항에 따라 제공되는 자료 또는 정보에 대하여는 사용료와 수수료 등을 면제한다.

⑤ 국토교통부장관은 제12조제1항에 따른 신청을 받은 날부터 30일 이내에 제1항에 따른 조사를 마쳐야 한다.

⑥ 그 밖에 피해사실의 조사 방법 및 절차 등에 필요한 사항은 국토교통부령으로 정한다.

제14조(전세사기피해자등 결정) ① 국토교통부장관은 제13조제1항에 따른 조사를 마치면 다음 각 호의 자료를 첨부하여 위원회에 심의를 요청하여야 한다.

1. 제13조에 따른 피해사실의 조사 결과
2. 전세사기피해자등 결정 여부에 대한 검토의견
3. 그 밖에 위원회의 심의에 필요한 자료

② 위원회는 신청인이 제3조의 요건 등을 충족하였는지 판단하여 전세사기피해자등 결정안을 심의·의결하여야 한다.

③ 위원회는 안건이 상정된 날부터 30일 이내에 제2항에 따른 심의·의결을 마쳐야 한다. 다만, 이 기간 내에 심의를 마칠 수 없는 부득이한 사유가 있는 경우에는 15일 이내의 범위에서 한 차례만 그 기간을 연장할 수 있다.

④ 국토교통부장관은 위원회의 심의를 위하여 필요하다고 인정하는 경우 조사를 추가로 실시할 수 있다. 추가 조사에 관하여는 제13조제1항부터 제4항까지 및 같은 조 제6항을 준용한다.

⑤ 국토교통부장관은 위원회의 심의·의결에 따라 전세사기피해자등 결정을 하여야 한다. 다만, 국토교통부장관은 제13조에 따른 피해사실의 조사 또는 제4항에 따른 추가 조사(제15조제3항에서 준용하는 경우를 포함한다) 과정에서 제3조제2항제1호 또는 제2호에 해당하는 경우에는 위원회의 심의·의결을 거치지 아니하고 전세사기피해자등에 해당하지 아니함을 결정할 수 있으며, 이 경우 결정 결과를 다음 위원회의 전체회의에 보고하여야 한다.

⑥ 국토교통부장관은 결정문 정본을 국토교통부령으로 정하는 바에 따라 신청인에게 송달하여야 한다.

⑦ 국토교통부장관은 전세사기피해자등이 동의한 경우 법원행정처장, 관계 중앙행정기관의 장, 지방자치단체의 장, 공공기관의 장 등 피해지원과 관련된 기관에 전세사기피해자등의 정보를 제공할 수 있다.

⑧ 국토교통부장관은 결정의 실효성을 확보하기 위하여 필요하다고 인정하는 경우에는 위원회에 제6조제2항제2호의 심의를 요청할 수 있다.

⑨ 그 밖에 전세사기피해자등 결정의 방법 및 절차 등에 필요한 사항은 국토교통부령으로 정한다.

제14조의2(전세사기피해자등 지원의 신청기간) 제4장에 따른 전세사기피해자등 지원의 신청기간은 제14조 또는 제15조에 따라 전세사기피해자등으로 결정된 날부터 3년 이내로 한다. 다만, 경매 또는 공매 절차의 진행 등 부득이한 사유로 그 기간 내에 신청할 수 없는 때에는 경매 또는 공매 절차가 완료된 날부터 1년 이내로 한다.

제15조(이의신청) ① 제14조에 따른 전세사기피해자등 결정에 관하여 이의가 있는 신청인은 결정을 송달받은 날부터 30일 이내에 국토교통부장관에게 이의를 신청할 수 있다.

② 국토교통부장관은 제1항에 따른 이의신청을 받은 날부터 20일 이내에 결정하여야 한다. 이 경우 국토교통부장관은 위원회에 재심의를 요청하고, 위원회가 재심의하여 의결한 전세사기피해자등 결정안에 따라 전세사기피해

자등 결정을 하여야 한다.

③ 제2항에 따른 재심의에 관하여는 제14조제2항·제4항 및 제6항부터 제9항까지를 준용한다.

④ 제1항부터 제3항까지에서 규정한 사항 외에 이의신청에 관한 사항은 「행정기본법」 제36조에 따른다.

제15조의2(전세사기피해자등 결정의 취소 등) ① 국토교통부장관은 다음 각 호의 어느 하나에 해당하는 경우에는 위원회의 심의를 거쳐 제14조 및 제15조에 따른 결정을 취소 또는 철회(이하 "결정취소등"이라 한다)할 수 있다. 다만, 제1호 또는 제3호에 해당하는 경우에는 결정을 취소하여야 한다.

1. 거짓이나 그 밖에 부정한 방법으로 결정을 받은 경우
2. 임차보증금 전액을 회수한 경우(「주택임대차보호법」에 따라 대항력 또는 우선변제권 행사, 임차보증금반환채권의 변제, 제25조·제25조의2 및 제25조의3에 따른 지원액을 합하여 임차보증금 전액을 회수한 경우를 포함한다)
3. 결정을 받은 자가 임대인등에 해당하는 경우
4. 결정을 받은 자가 임차보증금 전액을 회수하는 등의 사유로 결정 철회를 신청하는 경우
5. 그 밖에 이 법으로 정하는 사항을 위반한 경우

② 전세사기피해자등이 임차보증금 전액을 회수한 경우나 임차보증금반환채권을 변제받은 경우에는 그 사실을 지체 없이 국토교통부장관과 「공공주택 특별법」 제4조제1항제2호 또는 제3호에 따른 공공주택사업자(이하 "공공주택사업자"라 한다)에게 신고하여야 한다.

③ 국토교통부장관은 제1항에 따라 결정취소등을 한 경우에는 그 사실을 지체 없이 법원행정처장, 관계 중앙행정기관의 장, 지방자치단체의 장, 공공기관의 장 등 피해지원과 관련된 기관에 통보하여야 한다.

④ 피해지원과 관련된 기관의 장은 제3항에 따라 결정취소등 통보를 받은 자에 대하여 제4장에 따른 전세사기피해자등 지원을 취소 또는 철회할 수 있다.

⑤ 제25조, 제25조의2 및 제25조의3에 따른 지원을 받은 자가 제1항에 따라 전세사기피해자등 결정이 취소 또는 철회되는 경우에는 공공주택사업자에게 그 지원액을 반납하여야 한다. 다만, 제1항제2호 또는 제4호의 사유로 취소 또는 철회되는 경우에는 임차보증금을 초과하여 지급받은 금액에 한정하여 반납한다.

⑥ 공공주택사업자는 제5항에 따라 지원액을 반납하여야 할 자가 국토교통

부령에 따라 정하여진 기간 내에 반납하지 아니하면 국토교통부장관의 승인을 받아 국세 강제징수의 예에 따라 징수할 수 있다.

⑦ 그 밖에 전세사기피해자등 결정취소등의 방법 및 절차 등에 필요한 사항은 국토교통부령으로 정한다.

〈제16조 생략〉

제4장 전세사기피해자등 지원

제17조(경매의 유예·정지) ① 전세사기피해주택에 대하여 「민사집행법」 제78조 또는 같은 법 제264조에 따른 경매절차가 진행 중인 경우(「채무자 회생 및 파산에 관한 법률」 제496조제1항 또는 같은 법 제497조에 따라 환가하는 경우를 포함한다) 전세사기피해자는 법원에 매각기일의 지정을 보류하거나 지정된 매각기일의 취소 및 변경 등 경매절차의 유예·정지(이하 "경매유예등"이라 한다)를 신청할 수 있다.

② 국토교통부장관은 다음 각 호의 어느 하나에 해당하는 경우 법원에 경매유예등의 협조를 요청할 수 있다.

1. 위원회가 제6조제2항제2호에 관한 사항을 심의·의결한 경우
2. 매각기일이 위원회 개최일 이전에 있는 등 위원회가 제1호에 따른 의결을 할 수 없는 긴급한 경우

③ 법원은 「민사집행법」 제104조에도 불구하고 제1항에 따른 신청이나 제2항에 따른 요청이 있고, 전세사기피해자(제12조에 따라 전세사기피해자등 결정을 신청한 자를 포함한다)가 임차보증금을 반환받지 못하여 생계나 주거안정에 지장을 줄 것이 우려되는 경우에는 채권자 및 채무자의 생활형편 등을 고려하여 경매유예등을 결정할 수 있다.

④ 제3항에 따른 경매유예등의 기간은 그 유예 또는 정지한 날의 다음 날부터 1년 이내로 한다. 다만, 법원은 제3항에 따른 경매유예등의 사유가 해소되지 아니하였다고 인정되는 경우 직권으로 또는 전세사기피해자의 신청을 받아 그 기간을 연장할 수 있다.

⑤ 국토교통부장관이 제2항제2호에 따라 경매유예등의 협조를 요청한 때에는 다음 위원회 또는 분과위원회에 보고하여 심의·의결을 받아야 하며, 부결된 경우에는 법원에 그 사실을 통보하여야 한다.

제18조(국세의 체납으로 인하여 압류된 주택의 매각 유예·정지) ① 전세사기피해자는 전세사기피해주택이 「국세징수법」 제31조에 따라 압류되었거나 같은

법 제64조에 따른 매각절차가 진행 중인 경우 매각결정기일 전까지 관할 세무서장에게 매각절차의 유예 또는 정지(이하 이 조에서 "매각유예등"이라 한다)를 신청할 수 있다.

② 국토교통부장관은 다음 각 호의 어느 하나에 해당하는 경우 관할 세무서장에게 매각유예등의 협조를 요청할 수 있다.

1. 위원회가 제6조제2항제2호에 관한 사항을 심의·의결한 경우
2. 매각결정기일이 위원회 개최일 이전에 있는 등 위원회가 제1호에 따른 의결을 할 수 없는 긴급한 경우

③ 관할 세무서장은 「국세징수법」 제88조제2항 및 같은 법 제105조제1항에도 불구하고 제1항에 따른 신청이나 제2항에 따른 요청이 있고, 전세사기피해자(제12조에 따라 전세사기피해자등 결정을 신청한 자를 포함한다)가 임차보증금을 반환받지 못하여 생계나 주거안정에 지장을 줄 것이 우려되는 경우에는 채권자 및 채무자의 생활형편 등을 고려하여 매각유예등을 할 수 있다.

④ 제3항에 따른 매각유예등의 기간은 그 유예 또는 정지한 날의 다음 날부터 1년 이내로 한다. 다만, 관할 세무서장은 제3항에 따른 매각유예등의 사유가 해소되지 아니하였다고 인정되는 경우 직권으로 또는 전세사기피해자의 신청을 받아 그 기간을 연장할 수 있다.

⑤ 국토교통부장관이 제2항제2호에 따라 매각유예등의 협조를 요청한 때에는 다음 위원회 또는 분과위원회에 보고하여 심의·의결을 받아야 하며, 부결된 경우에는 관할 세무서장에게 그 사실을 통보하여야 한다.

제19조(지방세의 체납으로 인하여 압류된 주택의 매각 유예·중지) ① 전세사기피해자는 전세사기피해주택이 「지방세징수법」 제33조에 따라 압류되었거나 같은 법 제71조에 따른 매각절차가 진행 중인 경우 매각결정기일 전까지 지방자치단체의 장에게 매각절차의 유예 또는 중지(이하 이 조에서 "매각유예등"이라 한다)를 신청할 수 있다.

② 국토교통부장관은 다음 각 호의 어느 하나에 해당하는 경우 지방자치단체의 장에게 매각유예등의 협조를 요청할 수 있다.

1. 위원회가 제6조제2항제2호에 관한 사항을 심의·의결한 경우
2. 매각결정기일이 위원회 개최일 이전에 있는 등 위원회가 제1호에 따른 의결을 할 수 없는 긴급한 경우

③ 지방자치단체의 장은 「지방세징수법」 제83조제1항 및 같은 법 제105조제1항에도 불구하고 제1항에 따른 신청이나 제2항에 따른 요청이 있고, 전세사기피해자(제12조에 따라 전세사기피해자등 결정을 신청한 자를 포함한다)가 임차보증금을 반환받지 못하여 생계나 주거안정에 지장을 줄 것이 우

려되는 경우에는 채권자 및 채무자의 생활형편 등을 고려하여 매각유예등을 할 수 있다.

④ 제3항에 따른 매각유예등의 기간은 그 유예 또는 중지한 날의 다음 날부터 1년 이내로 한다. 다만, 지방자치단체의 장은 제3항에 따른 매각유예등의 사유가 해소되지 아니하였다고 인정되는 경우 직권으로 또는 전세사기피해자의 신청을 받아 그 기간을 연장할 수 있다.

⑤ 국토교통부장관이 제2항제2호에 따라 매각유예등의 협조를 요청한 때에는 다음 위원회 또는 분과위원회에 보고하여 심의·의결을 받아야 하며, 부결된 경우에는 지방자치단체의 장에게 그 사실을 통보하여야 한다.

제20조(경매절차에서의 우선매수권) ① 전세사기피해주택을 「민사집행법」에 따라 경매(「채무자 회생 및 파산에 관한 법률」 제496조제1항 또는 같은 법 제497조에 따라 환가하는 경우를 포함한다)하는 경우 전세사기피해자는 매각기일까지 「민사집행법」 제113조에 따른 보증을 제공하고 최고매수신고가격과 같은 가격으로 우선매수하겠다는 신고를 할 수 있다.

② 제1항의 경우에 법원은 최고가매수신고가 있더라도 제1항의 전세사기피해자에게 매각을 허가하여야 한다.

③ 법원은 여러 사람의 전세사기피해자가 우선매수하겠다는 신고를 하고 제2항의 절차를 마친 때에는 전세사기피해자 간의 특별한 협의가 없으면 변제받을 수 있는 임차보증금의 비율에 따라 전세사기피해주택을 매수하게 한다.

④ 제1항에 따라 전세사기피해자가 우선매수신고를 한 경우에는 최고가매수신고인을 「민사집행법」 제114조에 따른 차순위매수신고인으로 본다.

제21조(「국세징수법」에 따른 공매절차에서의 우선매수권) ① 전세사기피해주택이 「국세징수법」에 따라 공매되는 경우 전세사기피해자는 매각결정기일 전까지 같은 법 제71조에 따른 공매보증을 제공하고 다음 각 호의 구분에 따른 가격으로 그 주택을 우선매수하겠다는 신청을 할 수 있다.

1. 「국세징수법」 제82조에 따른 최고가 매수신청인이 있는 경우: 최고가 매수가격
2. 「국세징수법」 제82조에 따른 최고가 매수신청인이 없는 경우: 공매예정가격

② 관할 세무서장은 제1항에 따른 우선매수 신청이 있는 경우 「국세징수법」 제84조에도 불구하고 전세사기피해자에게 매각결정을 하여야 한다.

③ 관할 세무서장은 여러 사람의 전세사기피해자가 우선매수 신청을 하고 제2항의 절차를 마친 경우 전세사기피해자 간의 특별한 협의가 없으면 변제

받을 수 있는 임차보증금의 비율에 따라 전세사기피해주택을 매수하게 한다.

④ 제1항에 따라 전세사기피해자가 우선매수 신청을 한 경우 「국세징수법」 제82조에 따른 최고가 매수신청인을 같은 법 제83조에 따른 차순위 매수신청인으로 본다.

제22조(「지방세징수법」에 따른 공매절차에서의 우선매수권) ① 전세사기피해주택이 「지방세징수법」에 따라 공매되는 경우 전세사기피해자는 매각결정기일 전까지 같은 법 제76조에 따른 공매보증금을 제공하고 다음 각 호의 구분에 따른 가격으로 그 주택을 우선매수하겠다는 신청을 할 수 있다.

1. 「지방세징수법」 제88조에 따른 최고액 입찰자가 있는 경우: 최고액 입찰가
2. 「지방세징수법」 제88조에 따른 최고액 입찰자가 없는 경우: 매각예정가격

② 지방자치단체의 장은 제1항에 따른 우선매수 신청이 있는 경우 「지방세징수법」 제92조에도 불구하고 전세사기피해자에게 매각결정을 하여야 한다.

③ 지방자치단체의 장은 여러 사람의 전세사기피해자가 우선매수 신청을 하고 제2항의 절차를 마쳤을 때에는 전세사기피해자 간의 특별한 협의가 없으면 변제받을 수 있는 임차보증금의 비율에 따라 전세사기피해주택을 매수하게 한다.

④ 제1항에 따라 전세사기피해자가 우선매수 신청을 한 경우 「지방세징수법」 제88조에 따른 최고액 입찰자를 같은 법 제90조에 따른 차순위 매수신고자로 본다.

제23조(국세의 우선 징수에 대한 특례) ① 관할 세무서장은 국세의 강제징수 또는 경매 절차 등을 통하여 임대인의 국세를 징수하려 할 때 다음 각 호의 요건을 모두 충족하는 경우에는 해당 임대인의 국세를 「국세기본법」 제35조제1항에도 불구하고 대통령령으로 정하는 기준에 따라 해당 임대인이 보유한 모든 주택에 각각의 가격비율에 따라 안분하여 징수할 수 있다. 이 경우 안분된 국세의 우선권은 「국세기본법」에 따른다.

1. 임대인이 2개 이상의 주택을 보유하고 있을 것
2. 제1호의 주택의 전부 또는 일부에 대하여 전세사기피해자 또는 제2조제4호나목에 따른 임차인의 임차권에 의하여 담보된 임차보증금반환채권 또는 「주택임대차보호법」 제2조에 따른 주거용 건물에 설정된 전세권에 의하여 담보된 채권보다 우선징수가 가능한 국세가 존재할 것
3. 전세사기피해자 또는 제2조제4호나목에 따른 임차인의 제3항에 따른 안분 적용 신청이 있을 것

② 제1항에 따라 안분하는 국세에는 「국세기본법」 제35조제3항에 따른 해

당 재산에 대하여 부과된 국세는 제외한다.

③ 제1항에 따른 국세의 안분을 적용받으려는 전세사기피해자 또는 제2조제4호나목에 따른 임차인은 관할 세무서장, 경매 등을 주관하는 법원 또는 공매를 대행하는 한국자산관리공사에 안분 적용을 신청하여야 한다. 이 경우 안분 적용 신청을 받은 법원 또는 한국자산관리공사는 그 신청사실을 즉시 관할 세무서장에게 통지하여야 한다.

④ 국세청장은 제1항에 따른 안분을 하기 위하여 필요한 경우 법원행정처장 또는 국토교통부장관에게 임대인에 대한 정보 및 임대인이 보유한 주택현황에 대한 정보를 요구할 수 있다.

⑤ 그 밖에 국세의 안분 방법, 신청 등에 필요한 사항은 대통령령으로 정한다.

제24조(지방세의 우선 징수에 대한 특례) ① 지방자치단체의 장은 지방세의 체납처분 또는 경매 절차 등을 통하여 임대인의 지방세(가산금을 포함한다. 이하 이 조에서 같다)를 징수하려 할 때 다음 각 호의 요건을 모두 충족하는 경우에는 해당 임대인의 지방세를 「지방세기본법」 제71조제1항에도 불구하고 대통령령으로 정하는 기준에 따라 해당 임대인이 보유한 모든 주택에 각각의 가격비율에 따라 안분하여 징수할 수 있다. 이 경우 안분된 지방세의 우선권은 「지방세기본법」에 따른다.

1. 임대인이 2개 이상의 주택을 보유하고 있을 것
2. 제1호의 주택의 전부 또는 일부에 대하여 전세사기피해자 또는 제2조제4호나목에 따른 임차인의 임차권에 의하여 담보된 임차보증금반환채권 또는 「주택임대차보호법」 제2조에 따른 주거용 건물에 설정된 전세권에 의하여 담보된 채권보다 우선징수가 가능한 지방세가 존재할 것
3. 전세사기피해자 또는 제2조제4호나목에 따른 임차인의 제3항에 따른 안분 적용 신청이 있을 것

② 제1항에 따라 안분하는 지방세에는 체납처분 대상 주택에 대하여 부과된 다음 각 호의 지방세는 제외한다.

1. 재산세
2. 지역자원시설세(소방분에 대한 지역자원시설세만 해당한다)
3. 지방교육세(재산세에 부가되는 지방교육세만 해당한다)

③ 제1항에 따른 지방세의 안분을 적용받으려는 전세사기피해자 또는 제2조제4호나목에 따른 임차인은 지방자치단체의 장, 경매 등을 주관하는 법원 또는 공매를 대행하는 한국자산관리공사 등에 안분 적용을 신청하여야 한다. 이 경우 안분 적용 신청을 받은 법원 또는 한국자산관리공사는 그 신청사실을 즉시 지방자치단체의 장에게 통지하여야 한다.

④ 행정안전부장관 또는 지방자치단체의 장은 제1항에 따른 안분을 하기 위하여 필요한 경우 법원행정처장 또는 국토교통부장관에게 임대인에 대한 정보 및 임대인이 보유한 주택현황에 대한 정보를 요구할 수 있다.
⑤ 그 밖에 지방세의 안분 방법, 신청 등에 필요한 사항은 대통령령으로 정한다.

제25조(공공주택사업자의 전세사기피해주택 매입) ① 전세사기피해자는 공공주택사업자와 사전에 협의하여 전세사기피해주택의 매입을 요청할 수 있다.
② 전세사기피해자가 제1항에 따라 매입을 요청한 경우에는 제20조부터 제22조까지에 따른 우선 매수할 수 있는 권리를 공공주택사업자에게 양도한 것으로 간주한다. 이 경우 공공주택사업자는 「민사집행법」 제113조, 「국세징수법」 제71조 및 「지방세징수법」 제76조에 따른 보증의 제공 없이 우선 매수 신고를 할 수 있다.
③ 제2항에 따라 우선매수할 수 있는 권리를 양수한 공공주택사업자는 해당 전세사기피해주택에 대하여 제17조부터 제19조까지에 따라 경매절차의 유예·정지, 매각절차의 유예 또는 정지 및 매각절차의 유예 또는 중지 중인 경우 법원, 관할 세무서장 또는 지방자치단체의 장에게 절차의 속행을 요청할 수 있다.
④ 제2항에 따라 우선 매수할 수 있는 권리를 양수한 공공주택사업자가 「민사집행법」에 따른 경매, 「국세징수법」 또는 「지방세징수법」에 따른 공매의 방법으로 전세사기피해주택을 취득한 경우에는 「공공주택 특별법」 제2조제1호가목에 따른 공공임대주택으로 공급하되, 해당 주택의 전세사기피해자에게 우선 공급할 수 있고, 전세사기피해자는 최장 10년간 거주할 수 있다.
⑤ 제4항에 따라 전세사기피해주택을 취득하는 데 소요되는 비용은 「공공주택 특별법」 제43조에 따른 공공주택사업자의 기존주택등 매입의 예에 따라 국가 또는 지방자치단체가 재정이나 「주택도시기금법」에 따른 주택도시기금(이하 "주택도시기금"이라 한다)으로 지원한다.
⑥ 공공주택사업자는 제4항에 따라 취득하는 데 소요되는 비용과 「공공주택 특별법」 제43조에 따라 매입하였을 때 소요되었을 금액에 차액이 발생한 경우에는 이를 전세사기피해자의 공공임대주택 거주에 따른 임대료로 사용하여야 한다.
⑦ 국가 또는 지방자치단체는 제6항에 따른 차액이 제4항에 따른 거주기간 동안 전세사기피해자가 납부하여야 할 임대료에 미치지 못할 경우에는 대통령령으로 정하는 바에 따라 재정으로 이를 지원할 수 있다.
⑧ 공공주택사업자는 전세사기피해자가 제4항에 따라 우선 공급된 공공임대

주택에서 이주하는 경우(이미 이주한 경우를 포함한다) 다음 각 호의 어느 하나에 해당하는 방법으로 지원할 수 있다.

1. 이주하는 지역에 있는 공공임대주택 중 제4항에 따라 공급된 주택과 유사한 수준 이상의 공공임대주택(「공공주택 특별법」 제45조의2에 따라 기존주택을 임차하여 공공임대주택으로 공급하는 경우를 포함한다)의 우선 공급, 제6항 및 제7항에 따른 임대료 지원
2. 제6항에 따른 차액에서 거주기간 동안의 임대료 지원액을 차감하고 남은 금액의 지급

⑨ 전세사기피해자가 제4항에 따라 10년간 거주하였을 경우에는 다음 각 호의 어느 하나에 해당하는 방법으로 지원할 수 있다.

1. 「공공주택 특별법」 제49조에 따른 임대료 수준으로 해당 주택 거주기간 최장 10년 연장
2. 제6항에 따른 차액에서 10년간 임대료 지원액을 차감하고 남은 금액의 지급

⑩ 제6항부터 제9항까지에 따른 지원액의 총합은 전세사기피해자의 임차보증금에서 「주택임대차보호법」에 따라 대항력 또는 우선변제권을 행사하고 받은 금액과 임차보증금반환채권을 통하여 변제받은 금액을 제외한 금액을 넘을 수 없다.

⑪ 공공주택사업자는 제2항에도 불구하고 국토교통부장관이 정하는 바에 따라 「민사집행법」에 따른 경매, 「국세징수법」 또는 「지방세징수법」에 따른 공매 외의 방법으로 전세사기피해주택을 매입할 수 있다.

⑫ 공공주택사업자는 전세사기피해주택의 매입을 위하여 필요한 경우 제14조제7항에 따라 전세사기피해자 정보의 제공을 국토교통부장관에게 요청할 수 있다.

⑬ 공공주택사업자에 대한 재정 지원에 필요한 사항은 대통령령으로 정하며, 전세사기피해주택의 매입기준, 임대조건 등은 국토교통부장관이 정하는 바에 따른다.

제25조의2(공공임대주택 지원) ① 공공주택사업자는 다음 각 호의 어느 하나에 해당하는 임차인에 대하여 공공임대주택(「공공주택 특별법」 제45조의2에 따라 기존주택을 임차하여 공공임대주택으로 공급하는 경우를 포함한다)을 우선 공급할 수 있고, 그 임차인은 최장 10년간 거주할 수 있다.

1. 제25조제1항에 따라 전세사기피해주택의 매입을 요청하였으나 그 주택을 공공임대주택으로 우선 공급받지 못한 전세사기피해자

2. 제2조제4호다목에 따른 임차인

② 공공주택사업자는 제1항에 따라 우선 공급된 공공임대주택의 임대료를 감면할 수 있으며, 이 경우 국가 또는 지방자치단체는 대통령령으로 정하는 바에 따라 감면된 임대료에 해당하는 비용을 재정으로 지원할 수 있다.

③ 전세사기피해자가 제1항에 따라 10년간 거주하였을 경우에는 「공공주택 특별법」 제49조에 따른 임대료 수준으로 해당 주택에 거주기간을 최장 10년간 연장할 수 있다.

④ 제2항에 따른 임대료 지원액의 총합은 전세사기피해자의 임차보증금에서 「주택임대차보호법」에 따라 대항력 또는 우선변제권을 행사하고 받은 금액과 임차보증금반환채권을 통하여 변제받은 금액을 제외한 금액을 넘을 수 없다.

⑤ 공공주택사업자에 대한 재정 지원에 필요한 사항은 대통령령으로 정하며, 제1항에 따른 공공임대주택의 공급기준, 임대조건 등에 필요한 사항은 국토교통부장관이 정하는 바에 따른다.

제25조의3(공공주택사업자의 신탁사기피해주택 매입) ① 「신탁법」에 따라 수탁자에게 신탁된 주택을 적법한 임대권한을 가지지 아니한 자와 임대차계약을 체결한 제2조제4호다목에 따른 임차인(이하 "신탁사기피해자"라 한다)은 공공주택사업자와 사전에 협의하여 해당 주택(이하 "신탁사기피해주택"이라 한다)의 매입을 요청할 수 있다.

② 제1항에 따라 매입을 요청한 경우 공공주택사업자는 신탁사기피해주택을 「공공주택 특별법」 제43조에 따라 매입할 수 있다.

③ 공공주택사업자의 신탁사기피해주택 매입에 관하여는 제25조제4항부터 제10항까지, 제12항 및 제13항을 준용한다. 이 경우 "전세사기피해자"는 "신탁사기피해자"로, "전세사기피해주택"은 "신탁사기피해주택"으로 본다.

제25조의4(공공주택사업자의 책무) 공공주택사업자는 전세사기피해자 또는 신탁사기피해자의 사전 협의 요청이 있는 경우 제25조 또는 제25조의3에 따라 전세사기피해주택 또는 신탁사기피해주택(이하 "전세사기피해주택등"이라 한다)을 매입할 수 있도록 적극 노력하여야 한다.

제25조의5(공공주택사업자의 전세사기피해주택등 매각) ① 제25조 또는 제25조의3에 따라 전세사기피해주택등을 매입한 공공주택사업자는 「공공주택 특별법」 제50조의2제1항에 따른 임대의무기간이 경과한 후 해당 주택을 무주택자인 전세사기피해자(제25조제8항 또는 제9항에 따라 공공주택사업자로부터 임대

료 지원액을 차감하고 남은 금액을 받은 경우는 제외한다. 이하 이 조에서 같다) 또는 신탁사기피해자(제25조의3제3항에 따라 공공주택사업자로부터 임대료 지원액을 차감하고 남은 금액을 받은 경우는 제외한다. 이하 이 조에서 같다)에게 우선 매각할 수 있다.

② 공공주택사업자는 무주택자인 전세사기피해자 또는 신탁사기피해자에게 「공공주택 특별법」 제2조제1호가목에 따른 공공임대주택 중 같은 법 제50조의2제1항에 따른 임대의무기간이 경과한 주택을 매각할 수 있다. 이 경우 매각 대상 주택은 국토교통부장관이 정하는 주택에 한정한다.

③ 그 밖에 공공주택사업자의 주택 매각기준, 매각가격 및 매각절차 등에 관하여 필요한 사항은 국토교통부장관이 정하는 바에 따른다.

제25조의6(「건축법」에 관한 특례) ① 특별시장·광역시장·특별자치시장·특별자치도지사(이하 "시·도지사"라 한다) 또는 시장·군수·구청장(자치구의 구청장을 말한다. 이하 같다)은 공공주택사업자가 제25조 또는 제25조의3에 따라 전세사기피해주택등을 매입하는 경우 공공주택사업자에 대하여는 그 소유권 보유기간 동안 그 소유권 취득 전에 발생한 「건축법」 위반 사항과 관련하여 같은 법 제79조에 따른 명령, 제80조에 따른 이행강제금 부과 또는 제85조에 따른 행정대집행 등의 조치를 취하지 아니한다.

② 공공주택사업자가 제25조 또는 제25조의3에 따라 전세사기피해자 또는 신탁사기피해자로부터 전세사기피해주택등의 매입을 요청받아 매입하려는 해당 건축물이 특정건축물(이하 "대상건축물"이라 한다)이면 공공주택사업자는 국토교통부령으로 정하는 바에 따라 해당 대상건축물을 관할하는 시·도지사 또는 시장·군수·구청장에게 사전심의를 신청할 수 있다.

③ 시·도지사 또는 시장·군수·구청장은 제2항에 따라 사전심의 신청을 받은 대상건축물(제2조제6호다목의 건축물은 제외한다)이 다음 각 호의 요건을 모두 충족하는 경우에는 「건축법」 및 관계 법률에도 불구하고 사전심의 신청을 받은 날부터 30일 이내에 「건축법」 제4조에 따라 해당 지방자치단체에 두는 건축위원회의 심의를 거쳐 해당 대상건축물을 매입하려는 공공주택사업자에게 사전심의 결과 사용승인 판단을 통보하여야 한다.

1. 임대인 소유의 대지(사용 승낙을 받은 타인 소유의 대지를 포함한다) 또는 국유지·공유지(관계 법률에 따라 그 처분 등이 제한되어 있지 아니한 경우에 한정한다)에 건축한 건축물일 것
2. 「건축법」 제44조, 제46조 및 제47조(해당 규정의 적용에 있어서 도로의 최소 너비는 「건축법」 제2조제1항제11호에도 불구하고 3미터로 한다.

이하 같다)를 위반하지 아니하고 구조안전·위생·방화와 도시계획사업의 시행 및 인근 주민의 일조권(日照權) 향유에 현저한 지장이 없는 건축물일 것

④ 시·도지사 또는 시장·군수·구청장은 제2항에 따라 사전심의 신청을 받은 대상건축물(제2조제6호다목의 건축물에 한정한다)이 제3항 각 호의 요건을 모두 충족하는 경우에는 「건축법」 및 관계 법률에도 불구하고 사전심의 신청을 받은 날부터 30일 이내에 해당 대상건축물을 매입하려는 공공주택사업자에게 사전심의 결과 용도변경 신고 수리(受理) 판단을 통보하여야 한다.

⑤ 제3항 또는 제4항에 따라 사전심의 결과를 통보받은 공공주택사업자가 제25조 또는 제25조의3에 따라 해당 대상건축물을 매입하는 경우 공공주택사업자는 국토교통부령으로 정하는 바에 따라 해당 대상건축물을 관할하는 시·도지사 또는 시장·군수·구청장에게 신고를 하여야 한다.

⑥ 시·도지사 또는 시장·군수·구청장은 특별한 사유가 없으면 사전심의 결과에 따라 공공주택사업자에게 사용승인서를 내주거나 용도변경 신고를 수리하여야 한다.

⑦ 제6항의 사용승인 또는 용도변경으로 인하여 「주차장법」 제19조에 따른 부설주차장의 설치기준에 미달하게 된 공공주택사업자는 추가적으로 부설주차장을 설치할 의무를 지지 아니한다.

⑧ 공공주택사업자는 제25조 또는 제25조의3에 따라 매입한 대상건축물을 매각하려는 경우에는 미리 국토교통부장관의 승인을 받아야 한다.

⑨ 그 밖에 신고 등에 필요한 사항은 국토교통부령으로 정한다.

제25조의7(「주택임대차보호법」 적용의 일부 배제) 공공주택사업자가 제25조에 따라 전세사기피해주택을 취득하는 경우에는 「주택임대차보호법」 제3조의5 단서를 적용하지 아니한다.

제25조의8(전세사기피해자등 지원액의 압류금지) 제25조 또는 제25조의3에 따라 공공주택사업자가 전세사기피해자 또는 신탁사기피해자에게 지급하는 임대료 지원액을 차감하고 남은 금액은 압류할 수 없다.

제26조(경매 및 공매의 지원) ① 주택도시보증공사는 전세사기피해자의 신청을 받아 「민사집행법」 제78조 또는 같은 법 제264조에 따른 경매(「채무자 회생 및 파산에 관한 법률」 제496조제1항 또는 같은 법 제497조에 따라 환가하는 경우를 포함한다)나 「국세징수법」 제64조 또는 「지방세징수법」 제71조에

따른 매각절차와 관련하여 경매 및 공매의 지원서비스를 제공할 수 있다.

② 국가는 제1항에 따른 경매 및 공매의 지원서비스 제공에 필요한 비용의 일부를 「주택도시기금법」 제9조에 따라 지원할 수 있다.

제27조(금융지원 등) ① 국가 및 지방자치단체는 전세사기피해자 및 제2조제4호다목에 따른 임차인의 긴박한 주거안정을 보호하기 위하여 필요한 자금을 융자하거나 그 밖에 필요한 지원을 할 수 있다.

② 국가는 「주택임대차보호법」 제8조에 따른 우선변제를 받지 못하여 시급한 지원이 필요하다고 인정되는 전세사기피해자에게 주택도시기금에서 주택의 임대차에 필요한 자금을 융자할 수 있다.

③ 「한국자산관리공사 설립 등에 관한 법률」에 따른 금융회사등은 전세사기피해자등의 보증금이 모두 변제되지 아니한 경우 「신용정보의 이용 및 보호에 관한 법률」 제25조에 따른 신용정보집중기관이 같은 법 제26조의 신용정보집중관리위원회를 통하여 정한 기준에 따라 이들의 해당 전세 관련 대출에 대한 채무의 불이행 및 대위변제의 등록을 유예하거나 삭제할 수 있다.

④ 전세사기피해자 및 제2조제4호다목에 따른 임차인에 대하여는 「한국주택금융공사법」 제2조제3호의 주택저당채권대상에 「주택법」 제2조제4호에 따른 준주택 중 주거목적으로 사용되는 오피스텔을 포함한다.

제28조(「긴급복지지원법」에 대한 특례) ① 전세사기피해자, 제2조제4호다목에 따른 임차인 또는 그 임차인(전세사기피해자를 포함한다)과 생계 및 주거를 같이 하고 있는 가구의 구성원은 「긴급복지지원법」 제5조에 따른 긴급지원대상자로 본다.

② 제1항에 따른 지원의 기준·기간·종류·방법 및 절차 등에 필요한 사항은 「긴급복지지원법」에 따른다.

제28조의2(전세사기피해주택의 안전관리 및 감독) ① 전세사기피해주택의 소재지를 관할하는 지방자치단체의 장은 「공동주택관리법」 제34조 및 제93조제1항을 준용하여 전세사기피해주택의 안전관리 및 감독 업무를 수행할 수 있다.

② 지방자치단체의 장은 전세사기피해주택의 임대인등이 소재불명 또는 연락두절 등으로 안전 확보 및 피해 복구가 시급한 경우 다음 각 호의 어느 하나에 해당하는 조치를 할 수 있다.

1. 전세사기피해주택의 관리 현황 및 피해 조사, 그에 따른 조치
2. 전세사기피해주택의 공공위탁관리

③ 지방자치단체의 장은 그 지방자치단체의 조례로 정하는 바에 따라 제2항

각 호의 시행을 위하여 필요한 비용의 일부를 지원할 수 있다.

④ 제1항부터 제3항까지에 따른 전세사기피해주택의 안전관리 및 감독, 전세사기피해주택 관리 현황 조사 및 조치, 공공위탁관리 및 비용지원 등에 필요한 사항은 해당 지방자치단체의 조례로 정한다.

제28조의3(「국가공무원법」 및 「지방공무원법」에 관한 특례) 전세사기피해자등에 대하여는 「국가공무원법」 제33조제2호 및 「지방공무원법」 제31조제2호를 적용하지 아니한다.

제5장 보칙

〈제29조 ~ 제32조 생략〉

제6장 벌칙

제33조(벌칙) ① 다음 각 호의 어느 하나에 해당하는 자는 5년 이하의 징역 또는 5천만원 이하의 벌금에 처한다.

1. 거짓이나 그 밖의 부정한 방법으로 이 법에 의한 지원을 받은 자
2. 제31조제1항을 위반하여 자료 또는 정보를 사용·제공 또는 누설한 자

② 제31조제2항을 위반하여 직무상 비밀을 누설하거나 직무수행 이외의 목적을 위하여 이용한 자는 2년 이하의 징역 또는 2천만원 이하의 벌금에 처한다.

제34조(과태료) 제13조에 따른 조사 또는 제14조제4항에 따른 추가 조사(제15조제3항에서 준용하는 경우를 포함한다)를 정당한 사유 없이 거부·방해·기피하거나 거짓의 진술서 또는 자료를 제출한 자에게는 3천만원 이하의 과태료를 부과한다.

부칙 〈법률 제19425호, 2023. 6. 1.〉

제1조(시행일) 이 법은 공포한 날부터 시행한다. 다만, 제10조, 제23조 및 제24조는 공포 후 1개월이 경과한 날부터 시행한다.

제2조(유효기간) 이 법은 시행 후 2년이 경과하는 날까지 효력을 가진다.

〈제3조~제5조 생략〉

생활에 도움이 되는 법률정보 사이트

- 법제처: 종합법령검색, 찾기 쉬운 생활법령정보
- 대법원 종합법률정보: 판례, 법령, 문헌 등
- 헌법재판소: 판례, 문헌 등
- 전자저널: RISS, KISS, DBPIA, 교보문고 스콜라, 로앤비
- 국회 및 국회 전자도서관
- 법무부 법사랑 사이버랜드(http://www.lawnorder.go.kr/cyberland): 다양한 법교육 프로그램
- 대법원 전자민원센터: 소송절차 및 양식
- 형사사법포털: 경찰, 검찰, 법원사건조회
- 전국은행연합회 휴면계좌통합조회시스템(www.sleepmoney.or.kr)
- 각종 보험가입조회 - 생명보험협회, 손해보험협회
- 금융감독원 상속인 금융거래 조회서비스 (e-금융민원센터, http://www.fcsc.kr)
- 정부24: 주민등록표등본, 토지대장, 토지이용계획확인신청, 지방세납입증명, 전입신고 등
- 인터넷등기소: 부동산등기부열람 및 발급
- 전자가족관계등록시스템: 가족관계등록부 발급, 제적부 발급 (http://efamily.scourt.go.kr)
- 부동산정보통합 포털: 부동산통계 등(https://seereal.lh.or.kr)

참고문헌

- 김준호, 민법개론, 자운, 2024
- 김판기, 부동산물권 법리의 쟁점, 충북대학교출판부, 2018
- 김판기, 사법입문, 진원사, 2015
- 박창욱·송호신, 부동산거래의 이해, 한올출판사, 2017
- 박창욱·송호신, 부동산거래입문, 한올출판사, 2022
- 박창욱·송호신, 생활법률, 한올출판사, 2018
- 서진형, 부동산 중개이론과 실무, 부연사, 2024
- 양형우, 민법의 세계, 정독, 2024
- 양형우, 민사법특강, 정독, 2024
- 양형우, 판례민법강의, 정독, 2024
- 이주희·홍진희·조한상·김판기, SMART 법과생활, 삼영사, 2019
- 조성민, 새로 쓴 가족법, 두성사, 2021
- 조성민, 새로 쓴 민법총칙, 두성사, 2020
- 조성민, 신민법강의, 동방문화사, 2013
- 지원림, 민법강의, 홍문사, 2024

슬기로운 부동산 생활

저　　자 : 김 판 기
발 행 처 : 충북대학교 출판부
발 행 인 : 고 창 섭
주　　소 : 28644 충북 청주시 서원구 충대로 1
전　　화 : (043) 261-2952, 3014
팩　　스 : (043) 274-1256
이 메 일 : presscbu@chungbuk.ac.kr
등　　록 : 제1983-2001-7호
초 판 1 쇄 : 2025. 2. 28.
인 쇄 처 : 삼성디자인기획 042)221-3111

ISBN 978-89-7295-568-9 93360

값 19,000원

* 이 저서는 2024학년도 충북대학교 국립대학 육성사업에 의하여 지원 발간되었음.